中国轻工业“十四五”规划教材
高等职业教育汽车制造类专业系列教材
“互联网+”新形态立体化教学资源精品教材

新能源汽车故障诊断

主 编·彭 新 侯志华 聂 进

中国轻工业出版社

图书在版编目（CIP）数据

新能源汽车故障诊断 / 彭新，侯志华，聂进主编
--北京：中国轻工业出版社，2025.6
ISBN 978-7-5184-4024-5

Ⅰ.①新… Ⅱ.①彭… ②侯… ③聂… Ⅲ.①新能源
—汽车—故障诊断—职业教育—教材 Ⅳ.①U469.707

中国版本图书馆 CIP 数据核字（2022）第 096467 号

责任编辑：王 淳　　文字编辑：宋 博
策划编辑：宋 博　　责任终审：李建华　　封面设计：锋尚设计
版式设计：霸 州　　责任校对：宋绿叶　　责任监印：张 可

出版发行：中国轻工业出版社（北京鲁谷东街 5 号，邮编：100040）
印　　刷：三河市国英印务有限公司
经　　销：各地新华书店
版　　次：2025 年 6 月第 1 版第 2 次印刷
开　　本：787×1092　1/16　印张：12
字　　数：292 千字
书　　号：ISBN 978-7-5184-4024-5　定价：46.00 元
邮购电话：010－85119873
发行电话：010－85119832　010－85119912
网　　址：http://www.chlip.com.cn
Email：club@chlip.com.cn

如发现图书残缺请与我社邮购联系调换
251005J2C102ZBW

本 书 编 写 人 员

主　编　彭　新　侯志华　聂　进

副主编　李　琼　赵碧波　周　伍

参　编　彭　勇　罗胜华　卢文婕

　　　　　戴　莹　肖卫兵　谭德权

　　　　　黄波英　龙莉霞

主　审　邓志革

内容简介

本书采用“基于工作过程”的方法进行开发，结合全国职业院校技能大赛汽车技术赛项“电动汽车技术”竞赛规程，围绕新能源汽车的“低压供电不正常”“高压供电不正常”“车辆电气设备无法正常使用”“车辆无法正常行驶”“车辆无法充电”五种常见的故障现象进行分析与诊断，以市场主流电动汽车典型工作任务为载体进行组织，主要包括新能源汽车故障诊断技术基础、车身控制系统故障诊断与排除、整车控制系统故障诊断与排除、电池管理系统故障诊断与排除、电驱控制系统故障诊断与排除、充电系统故障诊断与排除以及辅助系统故障诊断与排除七个项目。每个项目下包含若干任务，每个任务以实际工作任务情景再现，所涉及的理论知识包含共性知识和个性知识，实践技能部分以吉利帝豪 EV300/EV450 电动汽车为例。本书适合于开设新能源汽车专业的职业院校使用，也可以供新能源汽车技术培训机构使用，同时也可作为新能源汽车从业人员学习参考书。

本书配有电子课件、视频、任务工单等教学资源，扫描书中二维码即可获取。凡使用本书作为教材的教师，均可加 QQ：18581046 免费获取更多配套资源。同时还有在线开放课程，网址：http://www.chlip.com.cn/qrcode/210838J2X101ZBW/mklj.html。欢迎广大读者与我们在线交流。

在线开放课程

前言

中国汽车产业正在从传统汽车转向以新能源汽车为代表的新增长点，国家和地方政府相继出台了一系列鼓励新能源汽车产业发展的政策。 2014 年，国务院办公厅发布《关于加快新能源汽车推广应用的指导意见》，明确要求推广应用城市新能源汽车比例不低于 30%。 2020 年 10 月 20 日国务院办公厅关于印发新能源汽车产业发展规划（2021～2035 年）的通知（国办发〔2020〕39 号）明确发展新能源汽车是我国从汽车大国迈向汽车强国的必由之路，是应对气候变化、推动绿色发展的战略举措。 提出到 2025 年，我国新能源汽车市场竞争力明显增强，动力电池、驱动电机、车用操作系统等关键技术取得重大突破，力争经过 15 年的持续努力，我国新能源汽车核心技术达到国际先进水平，质量品牌具备较强国际竞争力。

随着我国新能源汽车行业的快速发展，急需大批懂新能源汽车维护和维修技术的人才。 目前，我国职业院校肩负着培养新能源汽车技术技能人才的历史重任，国内已经掀起了开设新能源汽车专业的热潮。为了更好地促进新能源汽车维修人才的培养以及帮助一线维修人员解决新能源汽车维修过程中遇到的各种问题，我们编写了本书。

本书编写按照工作化过程的教学方法进行。 通过调研新能源汽车技术技能人才岗位需求，剖析岗位典型工作任务，再分解重构典型工作任务，以此为基础构建了工作过程系统化的课程体系。

本书通过“任务寄语”推动课程思政教育，以“工匠精神”为主线，结合社会主义核心价值观和节能环保理念设计出课程思政的主题，然后紧紧围绕价值塑造、能力培养、知识传授三位一体的课程建设目标，在课程内容中寻找相关的落脚点，通过案例、知识点等教学素材的设计运用，以润物细无声的方式将正确的价值追求有效地传递给学生。

本书是 2020 年湖南省职业教育教学改革研究项目：1＋X 证书课证融通研究（项目编号 ZJZD2020004）的阶段性成果，本书由湖南汽车工程职业学院邓志革担任主审，由湖南电气职业技术学院彭新、湖南汽车工程职业学院侯志华、娄底职业技术学院聂进担任主编，由湖南工业职业技术学院李琼、湖南电气职业技术学院赵碧波、娄底职业技术学院周伍担任副主编，湖南电气职业技术学院彭勇、罗胜华、卢文婕、肖卫兵、谭德权、黄波英，湖南工业职业技术学院戴莹参与编写。 本书在编写过程中参考了大量国内外相关著作和文献资料，在此一并向有关作者表示感谢。由于编者水平有限，难免有疏漏之处，敬请读者批评指正。

编者

目　录

项目一

新能源汽车故障诊断技术基础

教学课件

新能源汽车电路识读与分析

任务一　新能源汽车电路识读与分析

学习目标	
素质目标	1. 严格执行汽车的检修规范，养成严谨科学的工作态度。 2. 逐步养成“整理、整顿、清扫、清洁、素养、安全”的6S习惯。 3. 锻炼化繁为简的能力，养成认真严谨，精益求精的工匠精神理念。
知识目标	1. 理解新能源汽车电路图的基本组成及作用。 2. 掌握新能源汽车电路图中常用图形符号及标志。 3. 能够进行新能源汽车电路图的识读。
能力目标	1. 掌握新能源汽车电路图的使用方法。 2. 能根据电路图在实车上找出相应器件及各种线束的位置。

【任务寄语】 新能源汽车电路故障诊断，技术员首先要根据故障现象和诊断仪器设备确定故障范围，在此基础上分析电路图，并能够在车辆上找到相关组件和线束的位置才能进行测量与判断。本任务以吉利帝豪EV电动汽车电路为例，根据市场调研，以实际维修工作任务为导向设置教学任务。

自古以来，工匠以炉火纯青、登峰造极的技艺，以一丝不苟、精益求精的工作态度，以孜孜不倦、精雕细琢的职业精神，见证着平凡中的崇高与伟大，谱写了人生辉煌的乐章。“庖丁解牛”其技神乎其神！牛的身体机构无疑是很复杂的，但庖丁为什么能轻松简单将牛肢解了呢？是因为庖丁掌握了牛的肌理，自然懂得何处下刀。无论做什么事都是如此，如果能透解了、领悟了其中的道理，摸准了其中的规律，就能和庖丁一样，做到目中有牛又无牛，就能化繁为简，真正获得轻松。这就是工匠精神。

教学视频

新能源汽车电路识读与分析

一、汽车电路识读基础

汽车电路图是一种将汽车电器和电子设备用图形符号和代表导线的线条连接在一起的关系图，是对汽车电器的组成、工作原理、工作过程及安装要求所做的图解说明。电路图中表示的是不同电路相互之间的关系及彼此之间的连接，通过对电路图的识读，可以认识并确定电路图上所画电气元件的名称、型号和规格，清楚地掌握汽车电气系统的组成、相互关系、工作原理和安装位置，便于对汽车电路进行检查、维修、安装、配线等工作。

注：本书涉及的英文缩略语，可参照附录。

（一）汽车电路图形符号

为了使电路图具有通用性，便于进行技术交流，构成电路图的图形符号和文字符号，不是随意的，它有统一的国家标准和国际标准。要看懂电路图，必须了解图形符号和文字符号的含义、标注原则和使用方法。图形符号是用于电气图或其他文件中的表示项目或概念的一种图形、标记或字符，是电气技术领域中最基本的工程语言。因此，为了看懂汽车电路图，需要掌握和熟练地运用它。常用的图形符号，如表 1-1 所示。

表 1-1　常用的图形符号

名称	图形符号	名称	图形符号	名称	图形符号
蓄电池	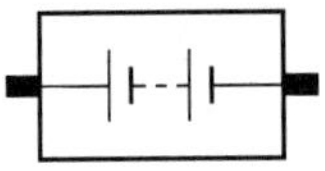	点火开关	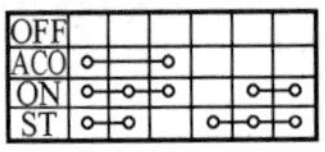	温度传感器	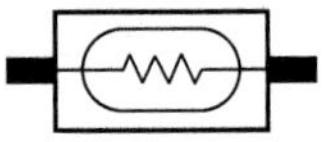
接地	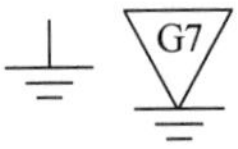	电容	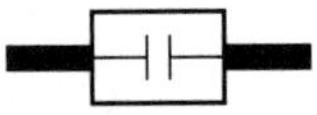	电磁阀	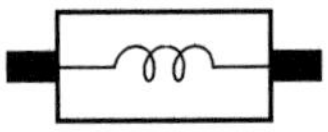
常开继电器	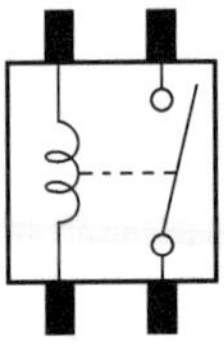	常闭继电器	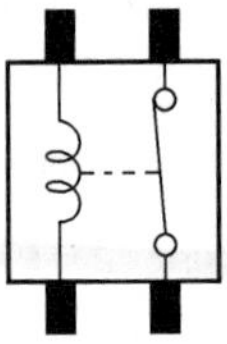	双掷继电器	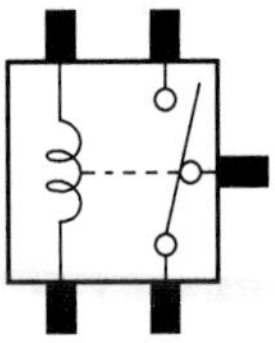
短接片	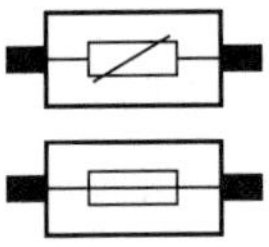	点烟器	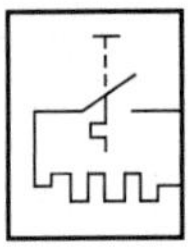	天线	
常开开关	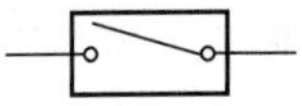	常闭开关	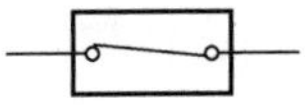	双掷开关	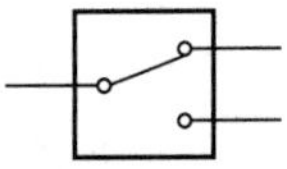
小负载保险丝	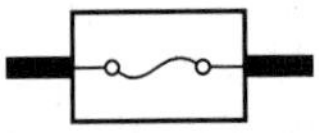	中负载保险丝	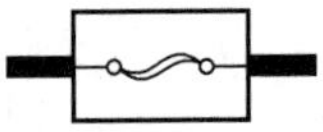	大负载保险丝	
电阻	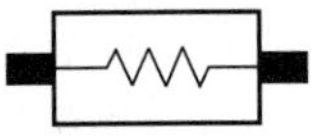	可变电阻器	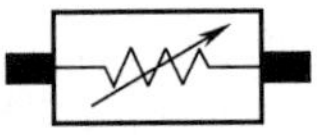	电位计	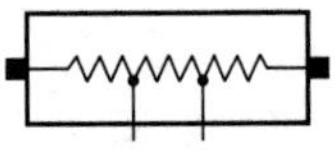
点火线圈	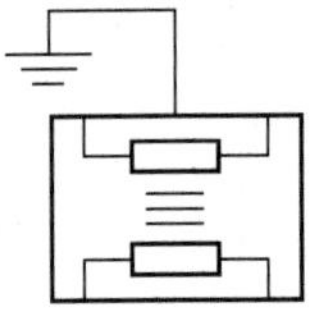	加热器	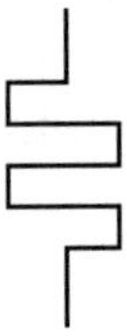	爆震传感器	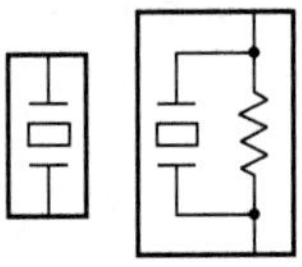
二极管	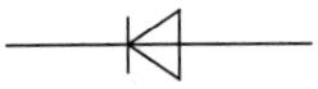	光电二极管	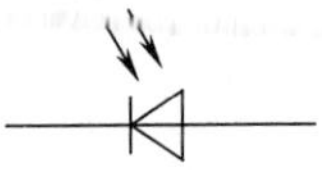	发光二极管	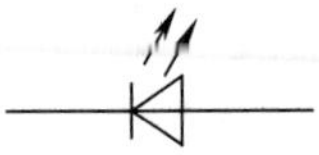
灯泡		喇叭	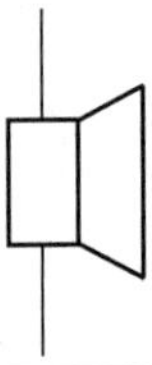	双绞线	

续表

名称	图形符号	名称	图形符号	名称	图形符号
电磁阀	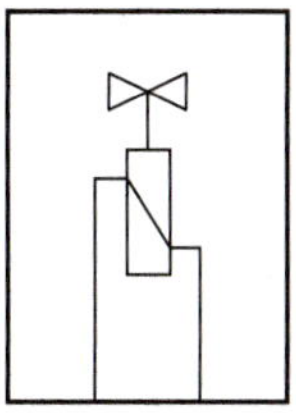	安全带预紧器	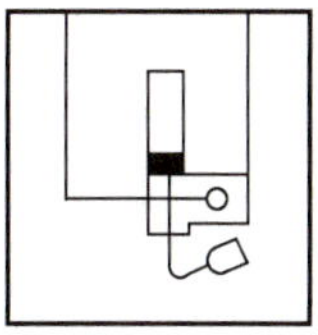	启动机	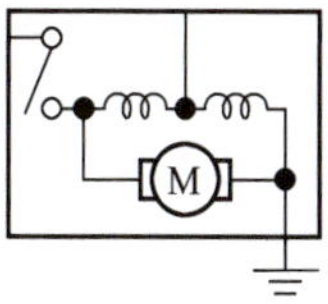
电机*	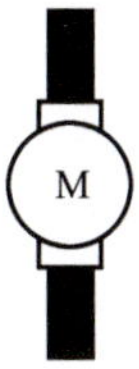	限位开关	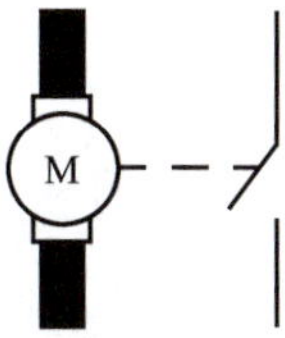	时钟弹簧	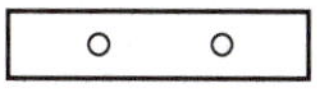
未连接交叉线路	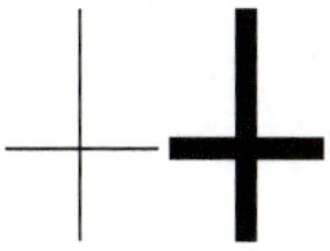	连接交叉线路	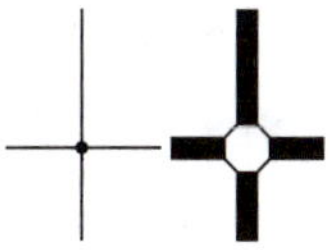	氧传感器	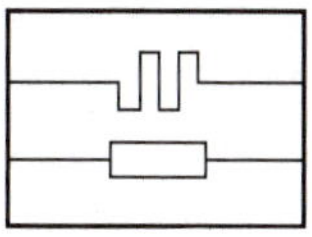
安全气囊	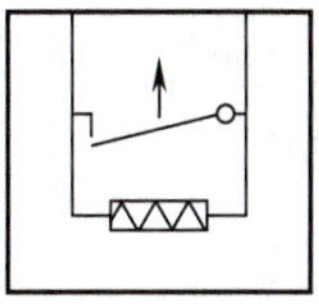	线路走向		低速风扇继电器 B	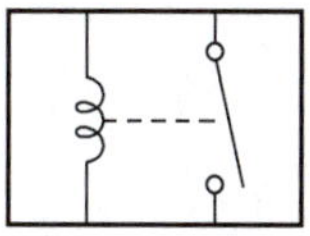

（二）汽车电路图的分类

汽车电路图的种类繁多，电路图也因电动汽车的不同存在一定的差别，常见的电路图有接线图、线束图、原理框图和电路原理图等。

1. 接线图

接线图是指专门用来标记电器安装位置、外形、线路走向等的指示图。它按照全车电器安装的实际位置绘制，部件与部件之间的连线按实际关系绘出，为了尽可能接近实际情况，图中的电器不用图形符号，而是用该电器的外形轮廓或特征表示，在图上还尽量将线束中同路的导线画在一起。这样，汽车接线图就较明确地反映了汽车实际的线路情况，查线时，导线中间的分支、接点很容易找到，为安装和检测汽车电路提供方便。但因其线条密集，纵横交错，所以给读图、查找、分析故障带来不便。接线图可以是整车电路的接线图，也可以是各系统的接线图。如图 1-1 所示是吉利帝豪 EV450 后雾灯接线图。

2. 线束图

线束图表明了电路线束与各用电器的连接部位、接线柱的标记、线头、插接器的形状及位置等，是人们在汽车上能够实际接触到的汽车电路图。从线束图中可以了解到线束的走向，并可以通过露在线束外面的线头与插接器详细编号或字母标记得知线束各插接器的

* 电机是电动机和发电机的简称，本书的电机是指电动机。

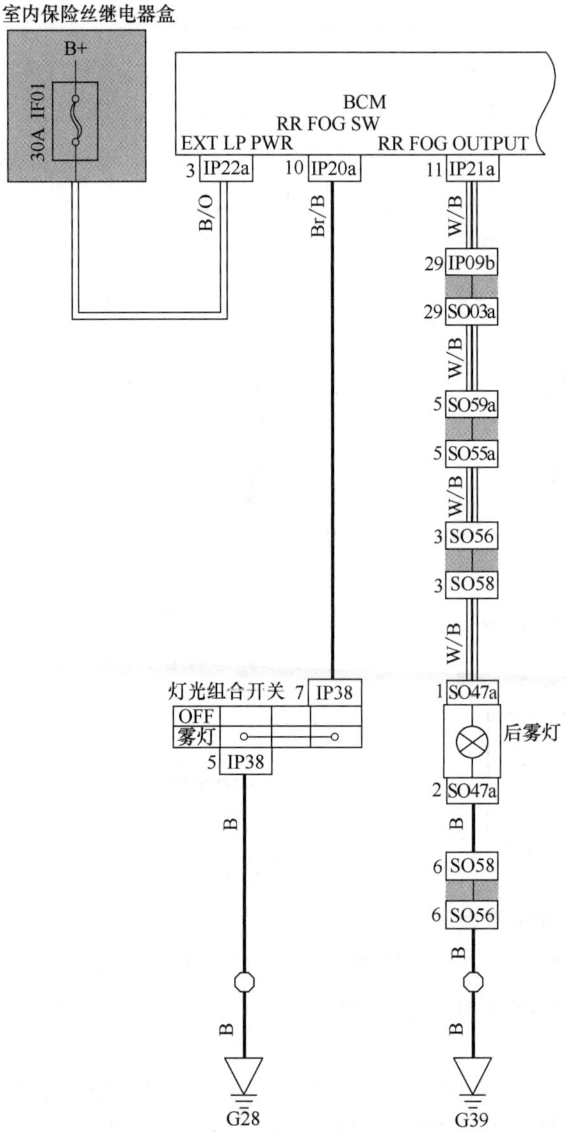

图 1-1　吉利帝豪 EV450 后雾灯接线图

位置。线束图常用于汽车制造厂总装线和修理厂的线束连接、检修、配线和更换。目前，汽车制造商为便于用户在使用、维修过程中进行检查、测试，往往在维修手册中给出有关电器的安装位置图、线束图解。线束图与电路原理图、接线图结合起来使用，具有很大的参考价值。不同的生产厂商，线束图略有不同。如图 1-2 所示是吉利帝豪 EV450 前机舱线束布置图。

3. 原理框图

原理框图是用框图的形式来表达其原理，它的作用在于能够清晰地表达比较复杂的原理。由于汽车的电气系统较为复杂，为概略地表示各个汽车电气系统或分系统的基本组成、相互关系及其主要特征，常采用原理框图。原理框图所描述的对象是系统或分系统的主要特征，不必画出元器件与它们之间的具体连接情况，它对内容的描述是概略的，但对

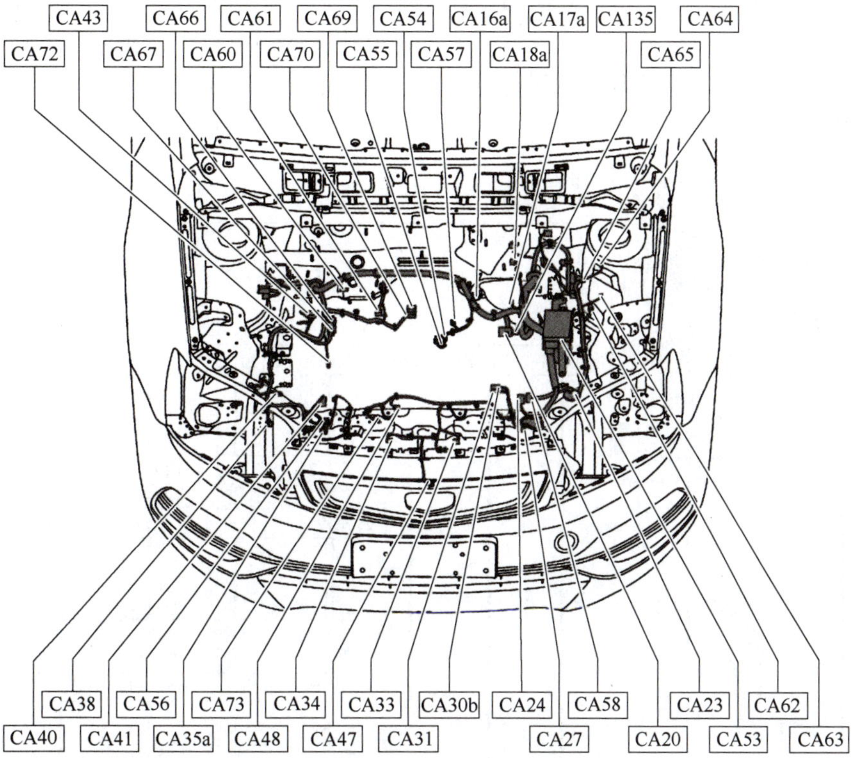

图 1-2 吉利帝豪 EV450 前机舱线束布置图

于汽车电路的分析和维修有很大的帮助。原理框图通常采用方框符号或者带注释的框绘制，带注释的框应用比较广泛，其框内的注释可以是文字，可以是符号，也可以同时采用文字和符号。如图 1-3 所示为纯电动汽车高压管理系统原理框图。

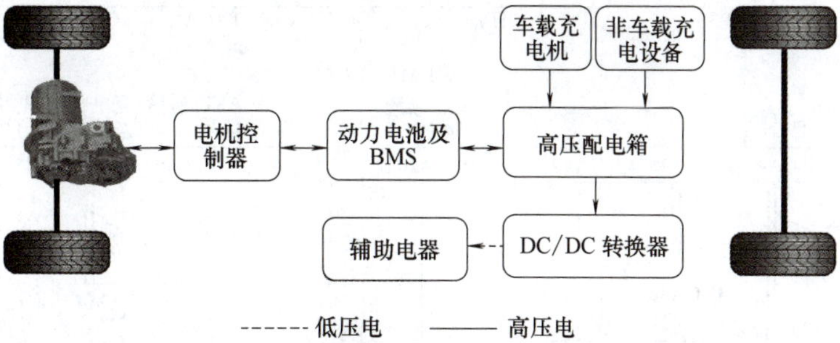

图 1-3 纯电动汽车高压管理系统原理框图

4. 电路原理图

电路原理图是利用电气符号将每一个系统合理地连接起来，能简明清晰地反映汽车电路构成、连接关系和工作原理，而不考虑其实际安装位置的一种简图。其优点是图面清晰、简单明了、通俗易懂，便于分析、查找电路故障。电路原理图分为整车电路原理图和局部电路原理图。汽车的整车电路原理图是由若干个局部电路原理图组成的。整车电路原理图是一幅完整的全车电路图，能反映全车电路各系统之间的相互关系。局部电路原理图是从整车电路图中抽出的某个局部电路。此图能反映汽车电器的内部结构，局部电路的工作原理，并将重点部位进行了放大及说明。这种电路图的用电器少、幅面小，阅读起来简单明了；其缺点是只能了解电路的局部。如图 1-4 所示为吉利帝豪 EV300 动力电池控制系统原理图。

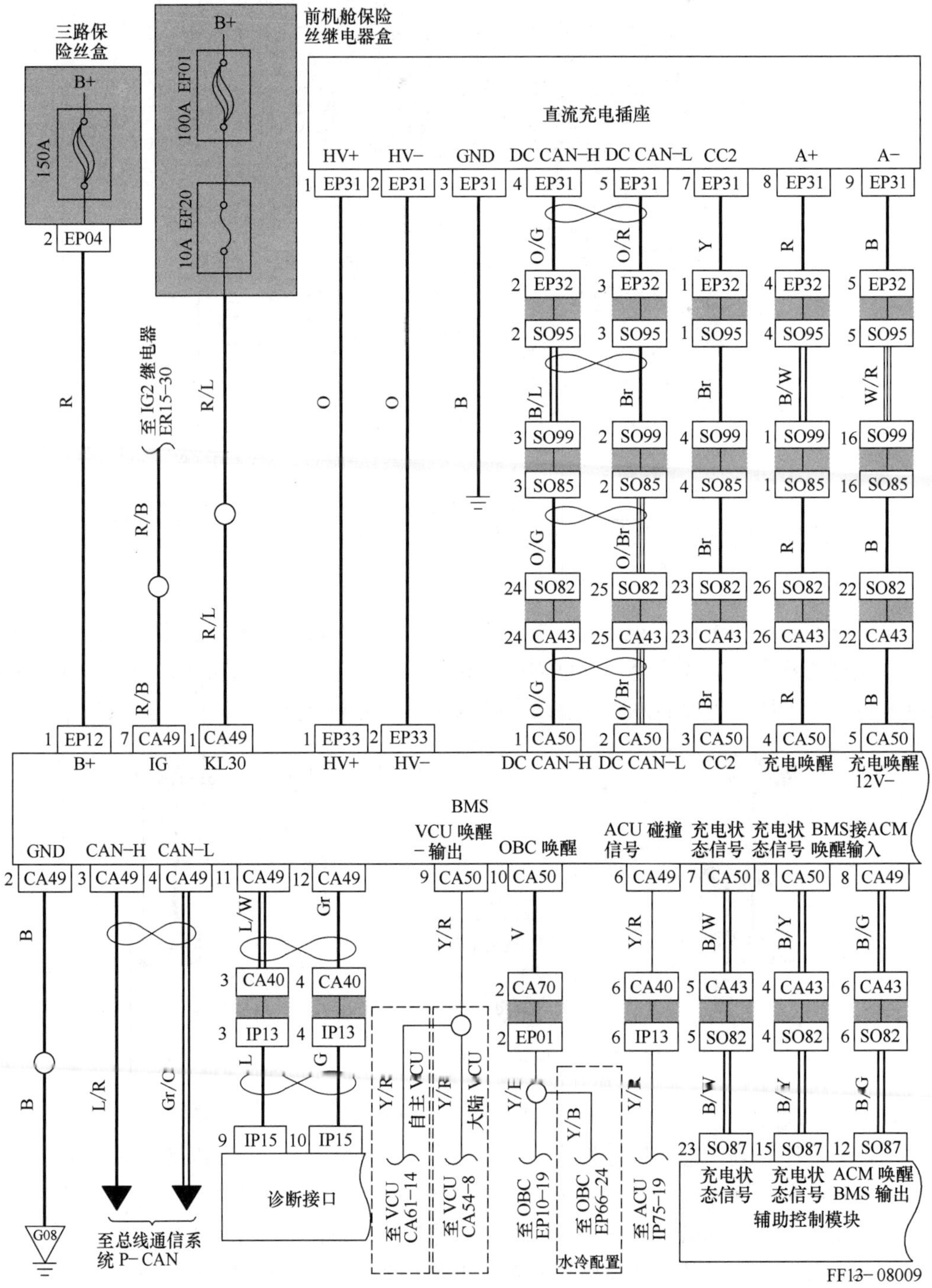

图 1-4 吉利帝豪 EV300 动力电池控制系统电路原理图

（三）电路图中元素的编码规则

纯电动汽车电路图中的元素与普通车辆基本相同，具有线束插接器、保险丝、继电器、导线等。

1. 线束插接器的编码规则

连接器又称为插接器，由插头和插座组成。插接器是汽车电路中线束的中继站。线束与线束（或导线与导线）、线束（导线）与电器部件之间的连接一般采用插接器，为了防止插接器在汽车行驶中脱开，所有的插接器均采用了闭锁装置。

帝豪 EV300 电路图中，线束连接器的编号规则以线束为基准，例如动力线束中的动力电池线束连接器编号为 EP41，其中 EP 为线束代码，41 为连接器序列号。要注意的是门线束定义包括四个车门线束，线束连接器编号，如表 1-2 所示。

表 1-2　线束连接器编号

定义	线束名称	定义	线束名称
CA	前机舱线束	DR	门线束
EP	动力线束、高压配电线束	RF	室内灯(顶棚)线束
IP	仪表线束	C	室内保险丝、继电器盒
SO	底板线束、后背门线束		

2. 插接件针脚、导线的类型和颜色

(1) 插接件针脚识别。插接件自锁方向朝上，接插件插头引脚按从左到右，从上到下进行编号；接插件插座引脚按从右到左，从上到下进行编号，如图 1-5 所示。

图 1-5　插接器端子编号

要拆开插接器时，首先要解除闭锁，然后把插接器拉开，不允许在未解除闭锁的情况下用力拉导线，这样会损坏闭锁装置或连接导线，如图 1-6、图 1-7 所示。

(2) 导线的类型和颜色。

① 导线的类型。导线类型如表 1-3 所示。

② 导线颜色。EV300 电路中导线颜色采用单双色，单色线颜色代表如表 1-4 所示。如果导线为双色线，则第一个字母为导线底色，第二个字母为条纹色，中间用“/”分隔。例如：标注为 G/B 的导线为绿色底黑色条纹。

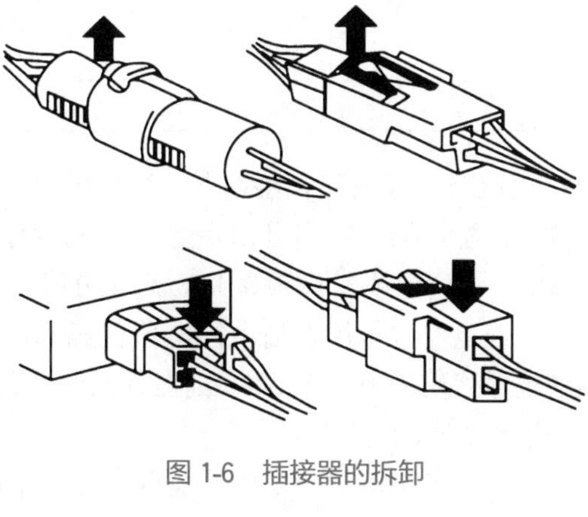
图 1-6　插接器的拆卸

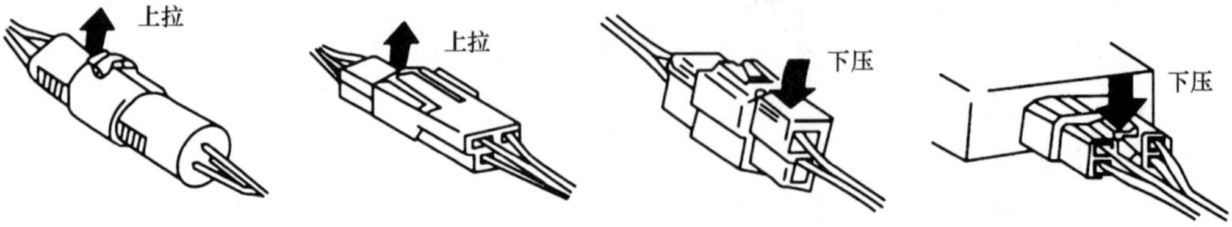

图 1-7　插接器的脱开方式

表 1-3　导线类型

线束类型	作用	电路图中标示
标准线	用于一般情况的导线连接，无须屏蔽要求	
双绞线	主要用于传感器的信号电路或数据通信电路	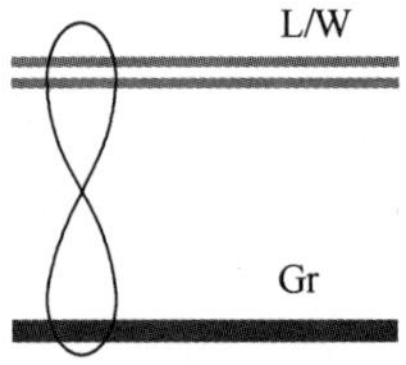
屏蔽线	用于需要屏蔽的场合，防止信号干扰	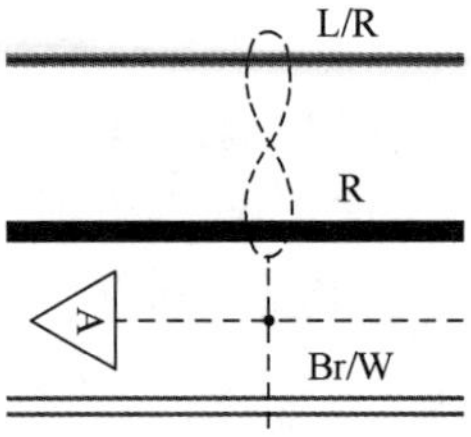

表 1-4　颜色代码及示例

颜色代码	导线颜色	颜色代码	导线颜色
B	黑色	O	橙色
Gr	灰色	W	白色
Br	棕色	V	紫色
L	蓝色	P	粉色
G	绿色	Lg	浅绿色
R	红色	C	浅蓝色
Y	黄色		

3. 保险丝、继电器和接地点的编码规则

（1）保险丝编码规则是由保险丝代码和序列号组成，位于前舱的保险丝代码为 EF、SF、AM，室内保险丝代码为 IF，高压分线盒里高压保险丝代码为 HF。

（2）继电器编号规则是由继电器代码和序列号组成，位于前舱的继电器代码为 ER，室内继电器代码为 IR。EV300 前舱保险丝、继电器，如图 1-8 所示；室内保险丝、继电器，如图 1-9 所示。

（3）接地点编码规则是由接地点代码和序列号组成，接地点代码为 G。

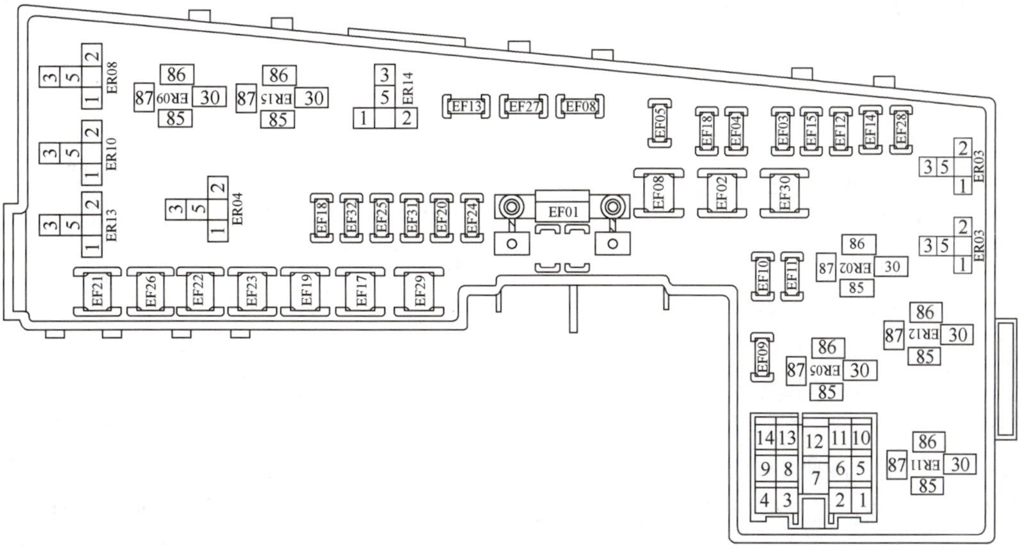

图 1-8　EV300 前机舱保险丝、继电器盒正面视图

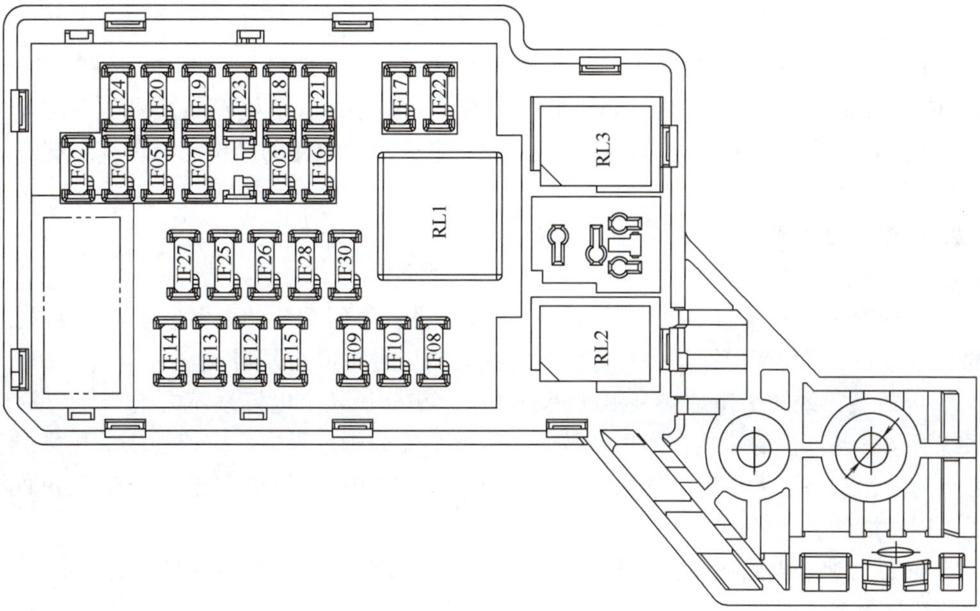

图 1-9　EV300 室内保险丝、继电器正面视图

二、汽车电路的识读与检修方法

（一）汽车电路的特点及识读要点

1. 汽车电路的特点

(1) 汽车线路一般采用单线制、用电设备并联、负极搭铁、线路有颜色和编号加以区分，并以点火开关为中心将全车电路分成几条主干线，即蓄电池常电线、ACC 电源线、点火开关（IG）电源线。

① 蓄电池常电线。从蓄电池正极引出直通熔断器盒，也有汽车的蓄电池火线接到启

动机火线接线柱上，再从那里引出较细的火线。

② 点火开关 IG 电源线。点火开关在 ON（工作）和 ST（启动）挡才有电的电线，必须有汽车钥匙才能接通点火系统、预充磁、仪表系统、指示灯、信号系统、电子控制系统等重要电路。

③ ACC 电源线。用于启动机不工作时需要接入的电器，如：收放机、点烟器等。点火开关单独设置一挡予以供电，但启动机运行时收音机等仍需接入与点火仪表指示灯等同时工作，所以，点火开关触刀与触点的接触结构要做特殊设计。

④ 搭铁线。汽车电路中，以元件和机体（车架）金属部分作为一根公共导线的接线方法称为单线制，将机体与电器相接的部位称为搭铁或接地。搭铁点分布在汽车全身，由于不同金属相接（如：铁、铜与铝、铅与铁），形成电极电位差，有些搭铁部位容易沾染泥水、油污或生锈，有些搭铁部位是很薄的钣金件，都可能引起搭铁不良，如：灯不亮、仪表不起作用、喇叭不响等。要将搭铁部位与火线接点同等重视，所以，现代汽车局部采用双线制，设有专门公共搭铁接点，编绘专门搭铁线路图，堪与熔断器电路提纲图并列。为了保证启动时减少线路接触压降，蓄电池极桩夹头、车架与启动机机体都接上大截面积的搭铁线，并将接触部位彻底除锈、去漆、拧紧。

（2）汽车整车电路按功能及工作原理划分成若干独立的电路系统。这样可以解决整车电路庞大复杂、分析困难的问题。新能源汽车整车电路一般都按各个电路系统来绘制，如：PEPS 系统、车身控制系统、电池管理系统、充电系统、电机控制及驱动系统等，这些单元电路都有着自身的特点，抓住特点把掌握各个单元电路的结构与原理，理解整车电路也就容易了。

2. 汽车电路识读要点

（1）识图的一般方法。

① 先看全图，把单独的系统框出来。一般来讲各电气系统的电源和电源总开关是公共的。任何一个系统都应该是一个完整的电路，都应遵循回路原则。

② 分析各系统的工作过程、相互间的联系。在分析某个电气系统之前，要清楚该电气系统所包含各部件的功能、作用和技术参数等。在分析过程中，应特别注意开关、继电器触点的工作状态，大多数电气系统都是通过开关、继电器不同的工作状态来改变回路而实现不同功能的。

③ 通过对典型电路的分析，起到触类旁通的作用。不同类型汽车的电路原理图，很多部分都是类似或相近的，这样，通过一个具体的例子，举一反三，对照比较。触类旁通，可以掌握汽车的一些共同的规律，再以这些共性为指导，了解其他型号汽车的电路原理。又可以发现更多的共性以及各种电动汽车之间的差异。

汽车电气的通用性和专业化生产使同一国家汽车的整车电路形式大致相同，如掌握了某种电动汽车电路的特点，就可以大致了解相应电动汽车或合资企业的汽车电路的特点。因此，抓住几个典型电路，掌握各系统的接线特点和原则。对于了解其他电动汽车的电路大有好处。

（2）读识电路图的一般要点。

① 纵观“全车”，眼盯“局部”——由“集中”到“分散”。全车电路一般都是由各个局部电路所构成，它表达了各个局部电路之间的连接和控制关系。要把局部电路从全车总

图中分割出来，就必须掌握各个单元电路的基本情况和接线规律。

看电路要以其自身的特点为指导，去分解并研究全车电路，这样做会少一些盲目性，能较快速、准确地识读汽车电路图。开始，必须认真地读几遍图注，对照线路图查看电器在车上的大概位置及数量，电器的用途，有没有新颖独特的电器，如有，应加倍注意。

② 抓住“开关”的作用——所控制的“对象”。开关是控制电路通断的关键，特别注意继电器不但是控制开关也是被控制对象。

③ 寻找电流的“回路”和控制对象的“通路”。回路是最简单的电气学概念。无论什么电器，要想正常工作（将电能转换为其他形式的能），必须与电源（充电机或蓄电池）的正、负两极构成通路。即：从电源的正极出发→通过用电器→回到同一电源的负极。这个简单而重要的原则无论在读什么电路图时都是必须用到的，在读汽车电路时，却往往被忽略，理不出头绪来。

④ 了解电路图的名称、技术规范，明确图形符号的含义，建立元器件和图形符号间一一对应的关系，这样才能快速准确地识图。

⑤ 掌握回路。汽车电路中，电流总是要从电源的正极出发，通过导线、熔断器、开关到达用电器，再经过导线（或搭铁）回到同一电源的负极，在这一过程中，只要有一个环节出现错误，此电路就不会正确、有效。例如：从电源正极出发，经某用电器（或再经其他用电器），最后又回到同一电源的正极，由于电源的电位差（电压）仅存在于电源的正、负极之间，电源的同一电极是等电位的，没有电压。这种“从正到正”的途径是不会产生电流的。

⑥ 熟悉开关作用。开关是控制电路通、断的关键，电路中主要的开关往往汇集许多导线，如：点火开关、车灯总开关，读图时，应注意与开关有关的五个问题：一是在开关的许多接线柱中，注意哪些是接通电源，哪些是接用电器的。接线柱旁是否有接线符号，这些符号是否常见；二是开关共有几个挡位，在每个挡位中，哪些接线柱通电，哪些断电；三是蓄电池或发电机电流是通过什么路径到达这个开关的，中间是否经过别的开关和熔断器，这个开关是手动的还是电控的；四是各个开关分别控制哪个用电器。被控用电器的作用和功能是什么；五是在被控的用电器中，哪些电器处于常通，哪些电路处于短暂接通，哪些应先接通，哪些应后接通，哪些应单独工作，哪些应同时工作，哪些电器允许同时接通。

（二）线路故障类型与检查方法

1. 汽车线路故障主要包括断路、短路和接触电阻

（1）断路故障。断路时电路无法闭合，即所需电流中断。断路通常是由于插接连接问题造成的。断路的结果是电气组件无法工作，例如 LED 照明灯、加热电阻、扬声器等。对于断路故障最好的测量方法是通过电阻法测量线路的导通情况，不建议使用数字万用表的蜂鸣挡判断线路的导通情况，在线路中存在 80Ω 以下的接触电阻时蜂鸣挡都会响，无法排除解除电阻故障。

（2）短路故障。在两个电极（例如电池的正极和负极接线柱）之间建立起直接的导电连接（通常是不希望出现的）时称为电气短路。短路就是电压电源的突然性电荷平衡。短路通常是由于绝缘不良或由于电气系统及电路出现电路故障造成的。在电压几乎降为零的同时，电流达到其最大值，即短路电流。该电流只能通过电源内阻 R_i 来限制。所有为进行平衡蜂拥而至的电子同时试图通过导体。导体无法承受这种电子流，因此导致导体上产

生电火花或过热。由于短路电流没有受到限制，因此可能导致没有保险丝保护的导线或电缆过热损坏。出现较高的短路电流时保险丝必须熔断，同时以最快的速度将短路部位与其他正常的供电网络断开。根据电路情况必须尽快切断（最多 0.1s），从而将电压和短路电流的影响降至最低。否则可能会引起火灾。因此，在车辆烧保险的情况下，必须先检查供电回路中有无短路故障，在确保没有短路故障和不需要对更换的组件进行编程设码的前提下才允许更换组件。

（3）接触电阻故障。经过一段时间，连接部位在空气、湿气、污物和侵蚀性气体的作用下出现氧化现象。这种氧化作用会使连接部位的接触电阻增大。根据欧姆定律，电阻增大会产生电压降。电路中的电阻增大导致电流减小。因此用电器内实际消耗的功率减小。例如，因氧化作用造成前灯导线电压降为 10％时，前灯内的实际功率就会减小大约 20％。接触电阻较小且电流只有几安培时，电压降可以忽略不计。接有电流较大的用电器时，可能会出现严重影响用电器功能的电压降。但由于无法与万用表测量较小的接触电阻，因此必须通过测量闭合电路内的电压来确定该电阻值。

2. 线路故障排除流程与判断方法

（1）供电回路的故障排除流程与判断方法。供电回路的故障排除流程与判断方法，如图 1-10 所示。

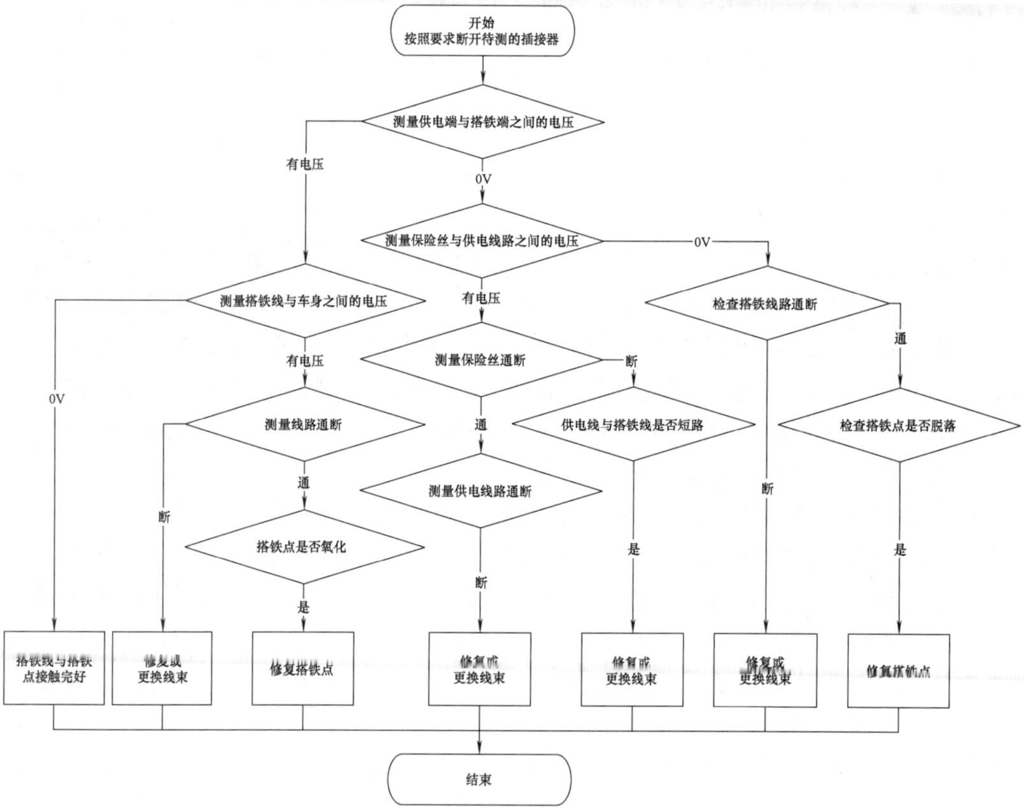

图 1-10　供电回路的故障排除流程与判断方法

（2）信号线路的故障排除流程与判断方法。信号线路的故障排除流程与判断方法如图 1-11 所示。

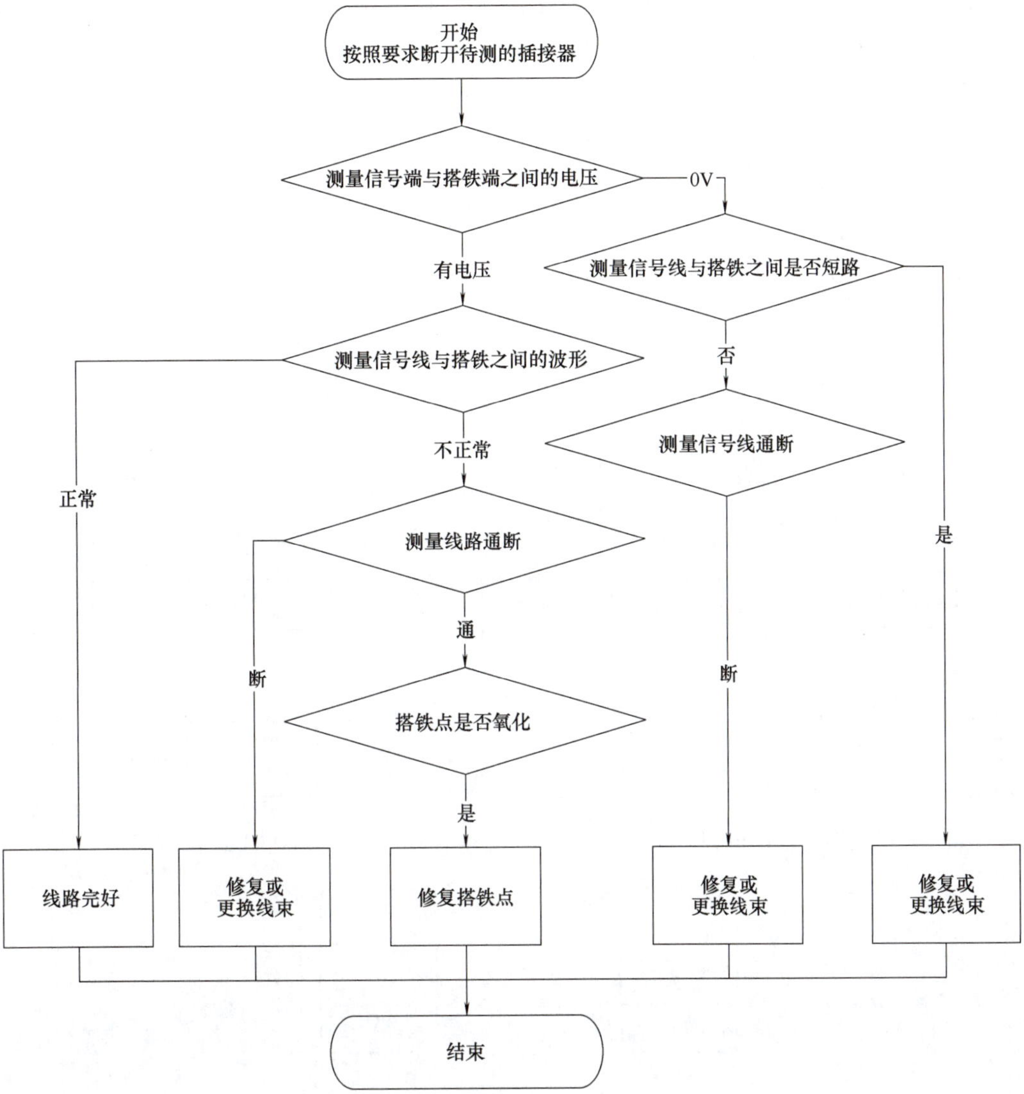

图 1-11　信号线路的故障排除流程与判断方法

（三）汽车电路常见检修方法

1. 电压检测法

（1）建立电压测量点的测量条件。

例如：点火开关 SW 处于 ON 状态。

（2）电压表的负极连接到一个状态良好的接地点或者蓄电池的负极接线柱，将电压表的正极连接到待测量点的连接器端子。

（3）电压检测也可以用测试灯代替电压表来完成，如图 1-12 所示。

2. 电阻检测法

（1）断开蓄电池或测量点的电路连接，确保待测量电路没有电压。

（2）将电阻表的两个表笔分别连接到待测量电路的两端，如图 1-13 所示。

如果电路中含有二极管，则交换两个表笔并重新测量。如果电阻表的负极表笔连接到二极管的正极，而正极表笔连接到二极管的负极，则电阻表显示的读数应接近 0Ω，交换两个表笔重新测量，则电阻表显示的读数应接近无穷大。若以上两种情况均满足，则说明二极管可以正常工作，如图 1-14 所示。

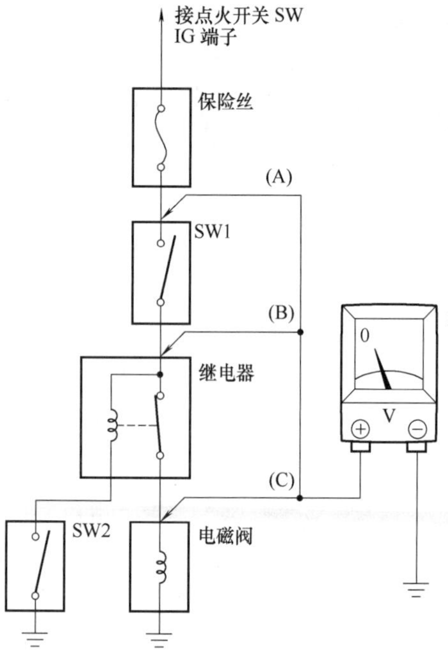

图 1-12　电压检测

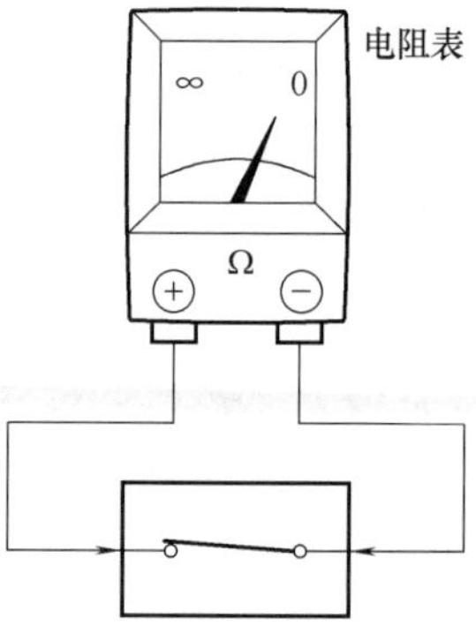

图 1-13　电阻检测

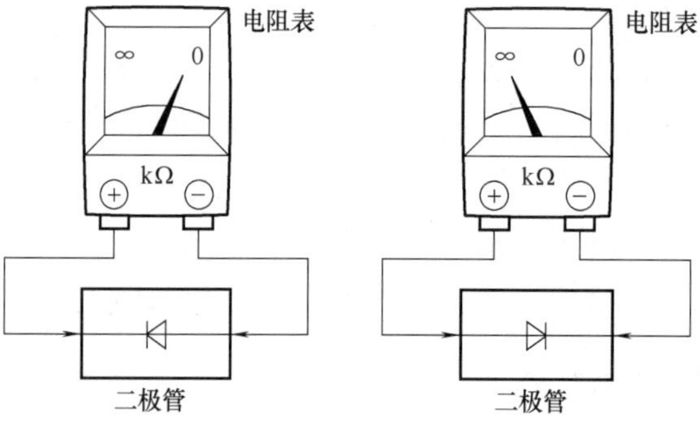

图 1-14　二极管测量

3. 短路检测

（1）移除熔断的保险丝并断开该保险丝的所有负载。

（2）将一个试灯连接到熔断的保险丝盒的两端。

（3）建立一个使试灯应点亮的测试条件。例如：点火开关 SW 处于 ON 状态。

（4）断开和连接试灯两个接头，同时观察试灯是否点亮。短路点位于试灯亮的测试点和不亮的测试点之间。

（5）轻轻晃动问题电路，找到短路点。如图 1-15 所示。

在测试过程中，除非必须，否则不要打开 ECU 的外壳（如果接触到 ECU 电路板上的集成电路引脚，则集成电路有可能因为静电而导致损坏）。当更换数字式仪表的内部机构时，确保人体的任何部位或者衣服都不要接触到集成电路的引线。

三、新能源汽车电路图的识读示例

以吉利帝豪 EV300 电路图为例。吉利汽车整车电路原理图根据功能不同分为各个单元电路，在电路图的上方标出该单元电路名称。

每个单元电路都连同电路一起画出，使各个单元电路既能清晰地表达出独立的电路回路，又能反映出彼此间构成整车电路的关系。

电路中一般直接标示出元件的名称，导线颜色则用相应字母表达，部分电器元件还画出了内部电路，使识图更为方便。

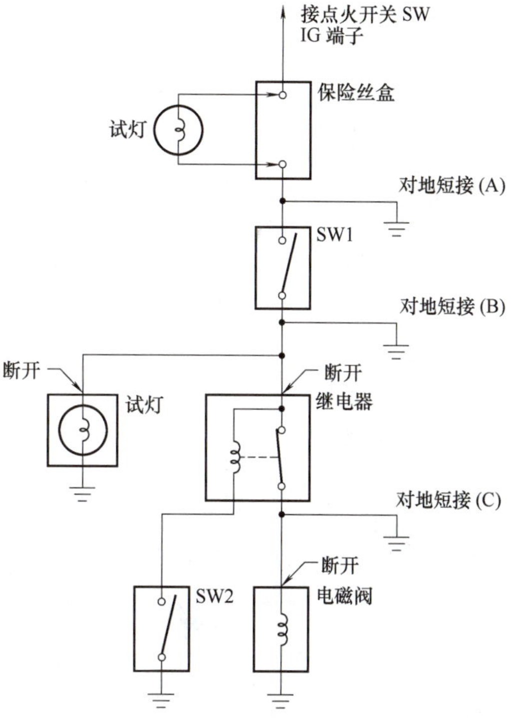

图 1-15　短路测试

下面以“背光照明”，如图 1-16 所示电路为例，进行吉利汽车整车电路原理图识图。

① 系统名称：背光照明。

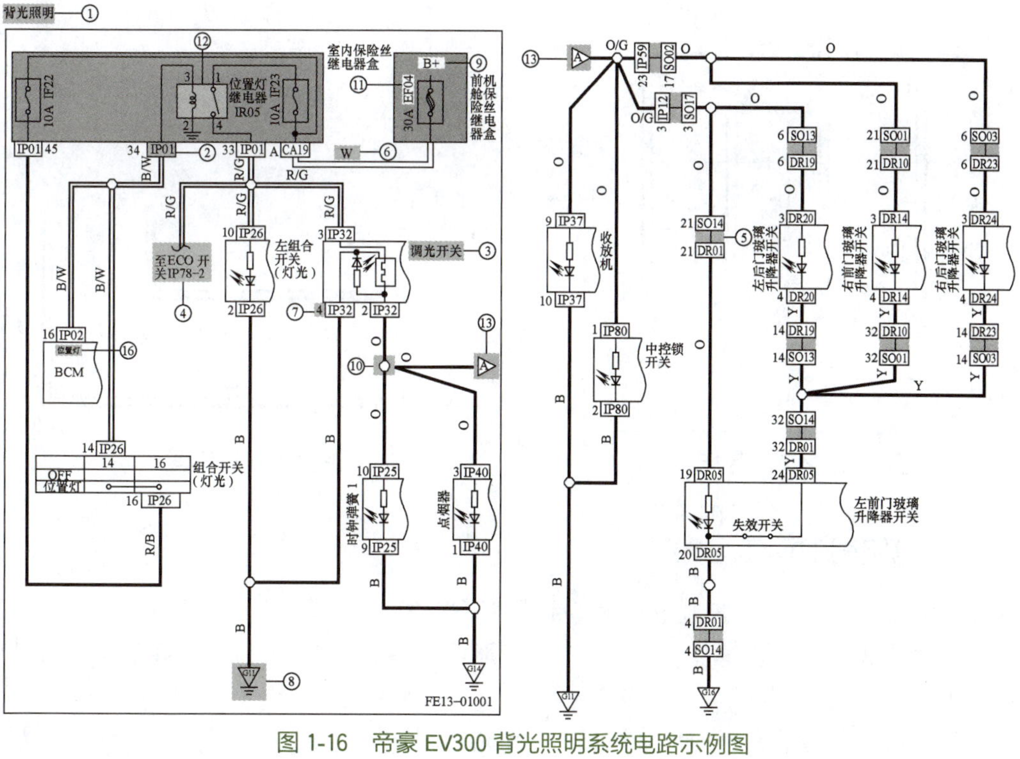

图 1-16　帝豪 EV300 背光照明系统电路示例图

② 线束连接器编号：IP01。

③ 部件名称：调光开关。

④ 显示此电路连接的相关系统信息。

⑤ 插头间连接采用细实线表示，并用灰色阴影覆盖，用于与物理线束进行区别。

⑥ 显示导线颜色，颜色代码，如表 1-4 所示。

⑦ 显示插接器的端子编号，注意相互插接的线束连接器端子编号顺序互为镜像。

⑧ 接地点编号，以 G 开头的序列编号标识。接地点位置详见接地点布置图。

⑨ 供给与保险上的电源类型。

⑩ 导线节点。

⑪ 保险丝编号。

⑫ 继电器编号。

⑬ 如果一个系统内容较多，线路需要用多页表示时，线路起点用表示，线路到达点则用，如一张图中有一条以上的线路转入下页，则分别以 B、C 等字母表示，以此类推，如图 1-17 所示。

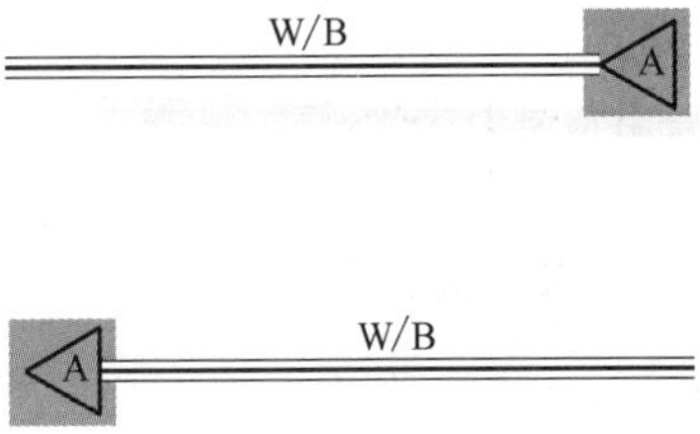

图 1-17 多页表示

⑭ 如果由于电动汽车、配置不同而造成相关电路设计不同，在线路图中用虚线标示，并在线路旁添加说明，如图 1-18 所示。

如果电路线与线之间使用“8”字形标识，表示此电路为双绞线，主要用于传感器的信号电路与数据通信电路，如图 1-19 所示。

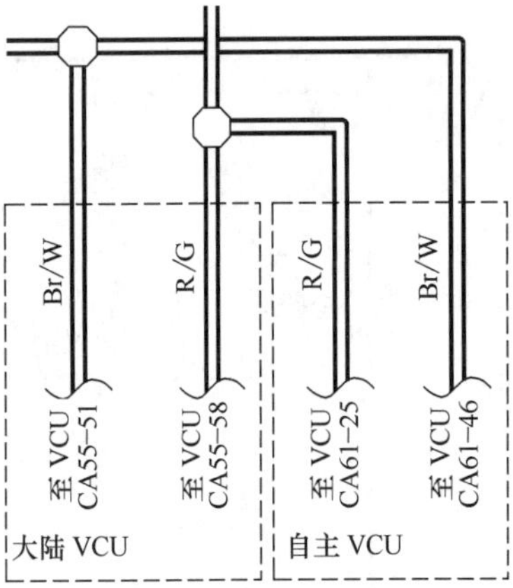

图 1-18 不同配置标注

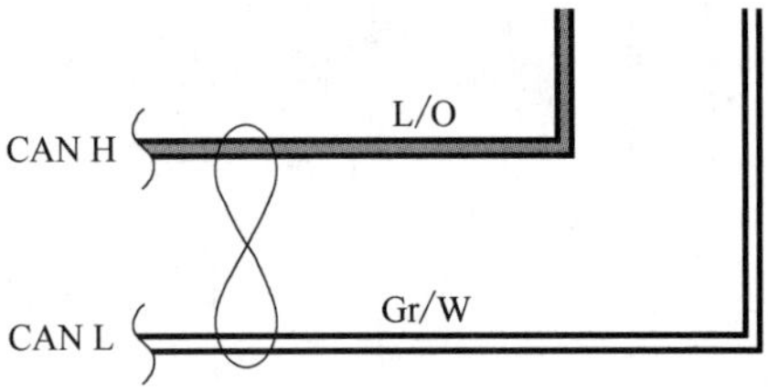

图 1-19 双绞线

四、电路图识读练习

根据图 1-20 所示空调控制电路图，完成以下填空。

（1）电路图中，保险丝有________个，分别是________和________，在符号 10A IF27 中，其中 10A 的含义为________；IF 表示________；27 表示________。

（2）汽车保险丝在更换时应该注意的问题是：____________________。

（3）电路图中，发光二极管为________传感器；发光二极管简称为________。

（4）电路图中，可变电阻有________个，分别是________、________和________。该类电阻属于________温度系数的热敏电阻。其特点为________。

（5）电路中，IG1 和 B+分别代表________和________。

（6）电路中，导线 R/B 中 R 表示________色；B 表示________色。导线 P/L 中 P 表示________色；L 表示________色。导线 Gr/P 中，Gr 表示________色；P 表示________色。

（7）在 G29 符号中，G 表示________；29 表示________。

（8）在空调面板开关中，LH 表示________，RH 表示________。

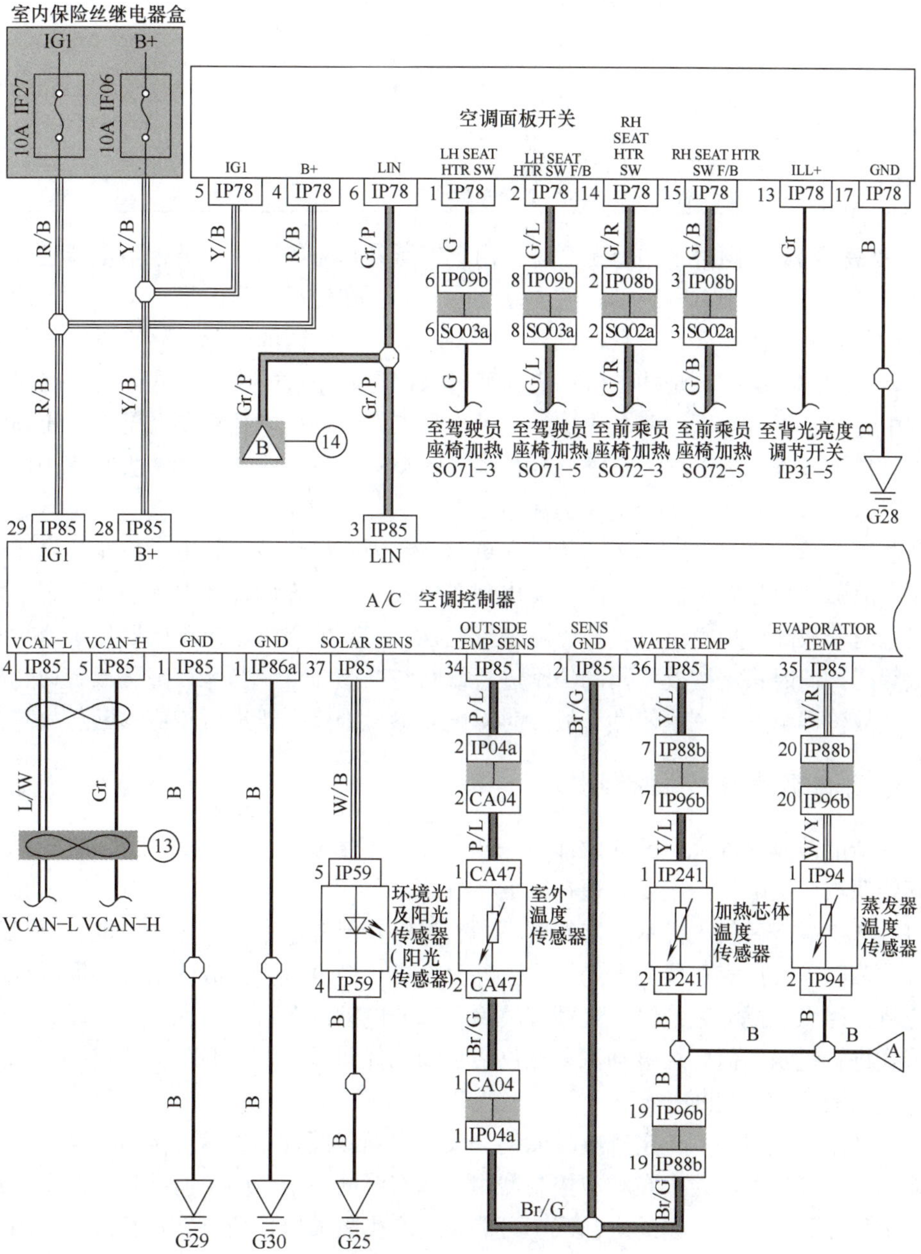

图 1-20　空调控制电路图

教学课件

新能源汽车基本故障诊断策略

任务二　新能源汽车基本故障诊断策略

学习目标	
素质目标	1. 养成遵守个人和车间安全作业要求、注重个人安全防护，形成安全作业意识。 2. 养成严格执行汽车的检修规范，养成严谨科学的工作态度。 3. 逐步养成“整理、整顿、清扫、清洁、素养、安全”的6S习惯。 4. 锻炼学习新事物的能力，领悟工匠精神的养成需要不断传承。
知识目标	1. 理解新能源汽车故障特点与常见指示灯的含义。 2. 掌握新能源汽车故障诊断思路与流程。
能力目标	1. 能够正确识读新能源汽车常见故障指示灯。 2. 能够正确制定故障诊断一般流程图。

【任务寄语】 中国著名作家王蒙说：由于有所共鸣与传承，人类才不至于过分地迷失和绕圈子走老路，由于有所区别，人类才会有发展。在传承力量的推动下，人类社会才逐渐地发展了起来。比如汉字，它是世界上独特的文字。中国的文化是始终没有间断过地传承下来，我们的“汉字”是从古代一直演变过来没有间断过的文字形式。传承在汉字的发展过程中起到了不可磨灭的巨大作用。传承也是工匠精神得以几百年乃至上千年延续的重要原因。传承不仅仅是继承，更重要的是提升和突破。只有取其精华，去其糟粕，不断突破，不断进取，工匠精神才会更完美和强大。

新能源汽车既是对传统汽车的传承，更是不断创新与突破。纯电动汽车的机械结构相对简单，故障率也相对较低，故障主要出现在电气和电控方面。随着新能源汽车技术的发展，厂家对于故障处理模块的设计也越来越完善。当新能源汽车出现问题后，绝大多数会产生故障码，此时只需按故障码的提示进行诊断与维修即可。当无故障码或者通过故障码排除法使故障码消失后汽车依然有故障时，则需参考维修手册进行相应诊断与故障排除。

一、新能源汽车故障特点

由于新能源汽车各个厂家的设计不一样，因此产生故障时的故障处理方式也不一样。目前新能源汽车故障特点主要体现在以下几方面。

（1）产生故障后仪表提示可能有所不同。目前新能源汽车当产生如电池、电机和高压断开等故障时，各厂家在仪表上的提示大部分一样，但也有少数故障会有不同的地方，维修中应特别注意。例如，绝缘、互锁等故障，部分电动汽车可直接在仪表上以故障灯或文字的形式进行提示；但有的电动汽车在仪表上却无任何提示，此时就需要进一步利用故障诊断仪读取故障进行判断。

（2）产生故障后并不一定都有故障码。大多数新能源汽车故障产生后，各厂家在设计时可能会以故障码的形式存在相应控制器中，但有时同一个故障，有些厂家的电动汽车可能会产生故障码，有些厂家的电动汽车可能不会产生故障码，所以在进行故障诊断时应仔细研究厂家的维修手册，以便对电动汽车的故障码做到心中有数。

（3）同样的故障引起的故障现象不同。同一故障，不同的厂家在设计故障处理策略时可能会不同，导致最终引起的故障现象不一样。例如，产生电机超速一定值的故障时，有的厂家设计会以限功率的形式响应，有的则会以电机停止运转的形式响应。

基于以上原因，在对具体电动汽车进行故障诊断之前，一定要通过厂家维修手册等资料充分掌握电动汽车的故障处理机制，才能快速准确地排除故障。

尽管目前各个厂家对故障的处理机制不同，但在很多方面都是一样的，如当高压不能输出时，高压输出故障指示灯会点亮并存储故障码；动力电池有故障时，动力电池故障指示灯会点亮等。所以，在进行故障排除时应多参考维修手册，不断地找到故障的规律，只有这样才能对新能源汽车的故障诊断与排除做到游刃有余。

二、新能源汽车常见指示灯的含义

当新能源汽车发生故障时，通常仪表上会亮起或闪烁相应的指示灯，以提示驾驶员或维修人员故障的宏观方向。常见的指示灯/警告灯及其含义，如表 1-5 所示。

表 1-5　　常见指示灯/警告灯的含义

故障灯图形	故障灯含义	故障灯图形	故障灯含义
	驻车制动故障警警告灯		ESP OFF 警告灯（装有时）
	驾驶员座椅安全带指示灯		防盗指示灯
	充电系统警告灯		主告警指示灯
	前雾灯指示灯	ECO	ECO 指示灯（装有时）
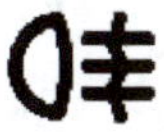	后雾灯指示灯		动力电池电量低警告灯
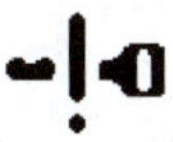	智能钥匙系统警告灯		动力电池故障警告灯
	ABS 故障警告灯		胎压故障警告灯（装有时）
	电机冷却液温度过高警告灯		驻车状态指示灯

续表

故障灯图形	故障灯含义	故障灯图形	故障灯含义
	ESP 故障警告灯（装有时）	OK	运行准备就绪指示灯
	功率限制指示灯	READY	运行准备就绪指示灯
	车门状态指示灯		动力系统故障警告灯
	SRS 故障警告灯		动力电池过热警告灯
	EPS 故障指示灯		动力电池充电连接指示灯
	小灯指示灯		巡航主指示灯（装有时）
	远光灯指示灯	SET	巡航控制指示灯（装有时）
	转向指示灯		电机及控制器过热指示灯
	动力电池切断故障指示灯		电机故障指示灯

当新能源汽车出现警告灯点亮的情况后，可以依据仪表上显示的警告灯，结合故障码和系统状态，找到故障原因。并在问题解决以后，通过诊断仪清除故障码，再查看仪表上的警告灯是否熄灭。

三、新能源汽车故障诊断思路及流程

（一）新能源汽车诊断思路

当新能源汽车出现故障后，应本着从外到内、由简到繁的原则，充分利用组合仪表故障指示灯、新能源汽车故障诊断仪及动力电池上位机软件等进行故障的综合诊断。同时，在进行故障诊断时，需要结合新能源汽车高压系统的结构特点、控制策略及动力传递路线进行诊断。具体需要注意的地方有以下几方面。

1. 组合仪表故障灯

当新能源汽车相关系统出现故障时，一般在仪表盘上会以故障灯的形式进行提醒，如系统故障灯、动力电池故障灯和驱动电机系统故障灯等，利用故障灯可初步判断故障的原因及部位。

2. 动力路线

新能源汽车动力路线又称为充放电路线，简称“三充三放”。“三充”即快充、慢充和能量回收。“三放”也可分为三路：一路是高压电输出给电机，驱动车辆行驶；一路给DC/DC转换器，提供12V的电压，使低压设备工作及给蓄电池充电；一路提供给空调系统的电动空调压缩机和PTC加热器，进行制冷和制热。

当新能源汽车出现故障后，根据高压系统的动力路线，故障可分为充电故障和放电故障两大类。诊断时可先依次判断三路放电是否正常，再判断三路充电是否正常。例如，当出现不能正常充电、空调制冷和加热不正常、驱动电机不工作且DC/DC转换器不能正常工作时，一般判断故障类型为高压断开故障；当出现不能正常充电，但空调制冷和加热正常、驱动电机工作正常且DC/DC转换器正常工作时，一般可判断仅为故障充电出现问题，且故障点一般不可能出现在动力电池内，因为动力电池如果出现问题，一般充电也会不正常。

3. 低压控制高压

新能源汽车在设计时，一般是通过低压控制高压，即高压电要正常地输出或充入，需要由低压的控制模块如整车控制器进行控制。所以，在进行高压故障排除前，应先确定低压蓄电池电压正常。如车辆启动或慢充充电时，需保证蓄电池电压正常，一般需要此电源在11.5V以上。所以，当出现整车上电完全无反应时，应优先判断蓄电池的电压是否能正常工作。需要特别说明的是，在整车高压上电和充电时，并不需要DC/DC转换器工作，只需要蓄电池电压达到12V即可。但是当DC/DC转换器发生故障时，由于不能及时对蓄电池进行充电，当蓄电池电压低到一定程度时就会出现整车无法上电和充电故障。

目前所有高压系统如驱动电机系统、电池管理系统等要正常工作，必须由整车控制器发出使能信号才能启动，所以除了保证蓄电池电压正常外，还必须保证整车控制器及相关的电源线路、使能信号线路正常。由于目前新能源汽车在设计时，真空助力系统的控制信号主要由整车控制器提供，且真空助力系统与其他系统关联较少，因此对于整车控制器是否工作正常，可通过检查真空助力系统是否起作用进行判断，即进入驾驶室，将钥匙打至ON挡，踩制动踏板，如果真空助力系统起作用，则说明整车控制器基本工作正常。

4. 故障诊断仪和上位机诊断

新能源汽车绝大多数故障是“电”的故障，看不见，摸不着，在进行故障诊断与排除时，故障诊断仪是一个必不可少的设备，借助于它可以大大减少故障排除时间和提高故障排除效率。

另外，对于电池管理系统的诊断，虽然故障诊断仪能读出动力电池内部相关的代码和数据流，但受设备的限制，一般功能都非常有限。例如，对单体电池电压的读取，诊断仪一般只能读出最高单体电池电压及位置、最低单体电池电压及位置。此时可借助专门的动力电池上位机软件进行电池数据的读取与诊断，这样可以大大减少电池管理系统故障诊断的难度。所以也可以这样说，动力电池上位机软件是进行电池管理系统故障诊断时，除故障诊断仪外，又一个不可缺少的设备。

5. 动力电池维修顺序

由于目前新能源汽车的动力电池安装在汽车底部，其内部结构复杂，拆装过程也费时费力，因此在进行故障诊断时，应优先排除其他系统故障，在确定其他系统基本没有问题后，再进行动力电池的拆装与检修。需要注意的是，在确定要拆装动力电池进行内部检修前，一定要尽可能判断确实是动力电池的问题时才进行拆卸，以防拆卸动力电池后又发现不是电池内部的问题而造成时间浪费。

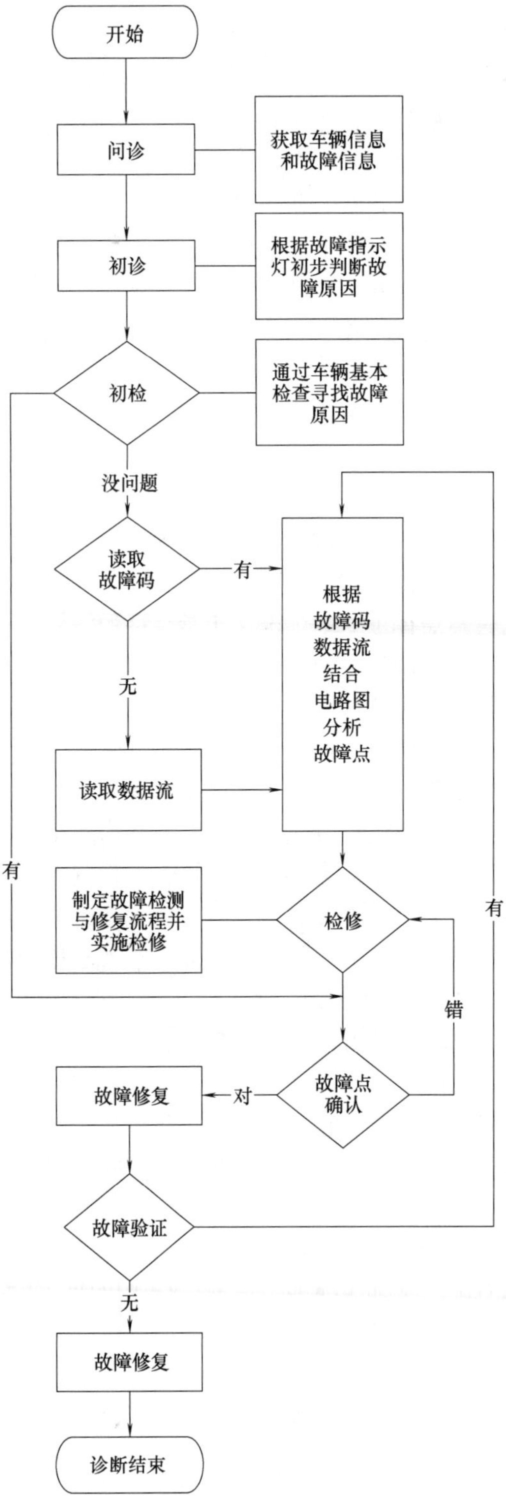

图 1-21 故障诊断流程图

（二）新能源汽车诊断流程

根据新能源汽车的结构特点和故障处理机制，当车辆发生故障后，可按以下步骤进行故障的诊断与排除，如图 1-21 所示。

（1）问诊。询问与故障现象确认，通过询问车主、试车和故障再现等对故障车辆进行故障确认。

（2）初诊。检查组合仪表故障提示。通过仪表故障指示灯和一些文字、语音提醒，初步判断故障原因。

常见警告灯的诊断方法如下。

① 钥匙打到 ON 挡后，仪表所有灯不亮，或较暗，或闪烁。

a. 可能原因有：低压蓄电池端子虚接；蓄电池严重亏电。

b. 诊断方法：第一种情况请检查引擎舱 12V 电池的端子是否被拔掉，若被拔掉，请连接后再试。第二种情况，需要及时充电或者更换。

② 动力电池故障警告灯常亮，整车不能启动。

a. 可能原因：动力电池管理系统（BMS）故障；电池单体存在故障。

b. 诊断方法：第一种情况维修人员通过诊断仪读取故障码，根据具体故障码参照整车维修手册进行维修；第二种情况高压部件检测需专业人员按照手册中的要求进行维修。

③ 动力系统故障报警灯常亮。

a. 可能原因：整车控制器 VCU 故障；整车 CAN 通信存在短路/断路故

障；制动真空压力传感器异常；高压互锁系统故障；冷却风扇驱动故障；逆变器驱动/继电器驱动故障；加速踏板故障；压缩机或 PTC 驱动故障；电机转矩监控故障；低压主继电器驱动故障。

b. 诊断方法：维修人员通过诊断仪读取故障码，根据具体故障码参照整车维修手册进行维修。高压部件检测需专业人员按照手册中的要求进行维修。

（3）初检。车辆基本检查，车辆基本检查包括通过踩制动踏板判断真空助力系统是否工作来判断整车控制器是否正常；对车辆进行“READY”操作，挂前进挡，看车辆是否正常行驶；操作空调面板，判断高压电是否输出到电动压缩机和 PTC 加热器；测量蓄电池电压情况，判断电压是否正常及 DC/DC 转换器是否工作；对车辆进行慢充充电，看慢充是否正常工作。高低压线束基本检查。通过检查高低压线束判断故障是否由于线束破损、松动等造成，对发生碰撞的车辆应着重检查此项。

（4）连接诊断仪，读取故障码和数据流，进一步缩小故障范围。

（5）结合电路图，进行故障的再次分析。

（6）具体测量与故障确定。通过对怀疑故障点部件的检查与测量，最终确定故障原因及故障部位。

（7）故障修复，对故障部件进行维修或更换。

（8）清除故障码，再次试车判断故障是否排除。

四、新能源汽车主要技能竞赛介绍

（一）新能源汽车技术与服务

2021 年湖南省职业院校技能竞赛，新能源汽车技术与服务赛项竞赛内容包括“能量供给系统检测与诊断”和“纯电动汽车整车综合故障排除”两个竞赛模块。其中纯电动汽车整车综合故障排除模块的作业要求、故障范围和考核要点如下。

（1）作业要求。在规定 50min 时间内，要求对指定的纯电动汽车高低压电气系统进行故障诊断，作业内容有：前期准备、安全检查、仪器连接、故障症状确认、目视检查、读取故障码与数据流、高压断电、非带电状态检测验证、绝缘（漏电）检测、元器件测量、机械拆装、故障点确认和排除、填写选手作业表上的相关数据表格形成书面报告等。

（2）故障现象和考核要点。故障现象为车辆无法上高压电、空调系统故障、慢充不能充电。设置的故障范围包括纯电动汽车的低压电源及管理系统、网关和 CAN 网络系统、主控制器系统、动力电池及电池管理系统、电驱动系统、充电系统、电动空调系统、无钥匙进入和启动系统等。按照技术服务手册的规范，在规定时间内完成作业的流程，正确地开展检查和诊断工作，定位故障点，确认故障原因，按照故障诊断结论排除故障，并填写选手作业表上的《纯电动汽车整车综合故障排除作业表》。所有故障点都在低压控制线路上设置，所设故障点来自各种常见的元器件和电路故障。作业中要求较熟练地查阅维修资料和电路原理图、正确使用工量具和仪器设备、准确测量技术参数和判断故障点、正确记录作业过程和测试数据、安全文明作业。

（二）汽车技术——电动汽车技术模块

2021 年全国职业院校技能大赛汽车技术赛项“汽车技术”竞赛内容包括“发动机管理技术”“车身电气技术”“电动汽车技术”“智能网联汽车技术”四个竞赛模块。其中

“电动汽车技术”模块的作业要求、故障范围和考核要点如下。

（1）作业要求。在规定 60min 时间内，要求参赛选手对电动汽车技术系统进行故障诊断与排除；依据维修手册的规范完成作业流程，发现和确认故障点，并根据现场裁判的要求排除故障，完整准确填写《电动汽车技术选手报告单》。作业过程中要熟练地查阅维修资料、规范使用工量具和仪器设备、准确测量技术参数和判断故障点，做到安全文明作业。

（2）考核要点。围绕新能源汽车低压电源系统、高压控制系统、车身电气系统、底盘控制系统的“低压供电不正常”“高压供电不正常”“车辆电气设备无法正常使用”“车辆无法正常行驶”“车辆无法充电”五种常见的故障现象，进行检测分析并查找故障点。重点考察参赛选手对车辆电动化系统控制逻辑的理解程度；考察参赛选手对故障诊断仪、万用表、示波器等常用诊断设备的应用能力；要求对电动汽车技术系统进行故障诊断，包括前期准备、安全检查、仪器连接、故障症状确认、目视检查、读取故障码与数据流、高压断电、非带电状态检测验证、绝缘（漏电）检测、元器件测量、机械拆装、故障点确认和排除、现场 5S 整理等。

项目二 车身控制系统故障诊断与排除

教学课件

启动继电器引起低压供电不正常故障

任务一　启动继电器引起低压供电不正常故障

学习目标	
素质目标	1. 遵守个人和车间安全作业要求、注重个人安全防护，养成安全作业意识。 2. 严格执行汽车的检修规范，养成严谨科学的工作态度。 3. 逐步养成“整理、整顿、清扫、清洁、素养、安全”的 6S 习惯。 4. 养成把事情“一次做对”，领悟工匠精神的本质——执行到位。
知识目标	1. 理解新能源汽车低压启动控制系统的结构与工作原理。 2. 掌握新能源汽车低压启动控制系统故障的诊断方法。
能力目标	1. 能根据仪表显示的现象、故障码、数据流及电路图分析故障原因。 2. 能制定低压启动控制系统故障的诊断流程。 3. 能根据制定的诊断流程对低压供电不正常故障进行诊断与排除。 4. 能根据诊断结果判定故障点，并对故障点进行维修或更换故障元器件。

【任务寄语】 继电器是一种典型的执行器件，执行控制指令闭合或者断开触点。继电器它总是不折不扣地执行给它的指令，也就实现人们的控制需求。执行到位才是称职的执行器。工作中也是一样，执行到位才是称职的表现。敬业的工匠一定会把事情“一次做对”，这虽与能力有关，但更重要的是要有敬业的职业态度，这也是发扬工匠精神中最可贵的元素——执行到位的目的所在。人只有“第一次”就把事情做好，把工作做到位，才能成为合格的“工匠”，才能有更大的发展。

教学视频

启动继电器引起低压供电不正常故障

一、低压启动控制原理

相较于传统内燃机汽车在新能源汽车上，车身控制，空调控制，娱乐系统，底盘控制等模块基本没有太大变化，最大的区别在于传统内燃机汽车与新能源汽车的动力系统完全不同，因此在动力系统控制单元设置上也出现了不同的方案。整车控制器 VCU 通过电机控制器 PEU 完成车辆的驱动控制，电池管理系统 BMS 单独安装或者集成在动力电池总成中。以吉利帝豪 EV 电动汽车为例，VCU 与 PEU 安装在前机舱内，BMS 安装在动力电池总成中，通过低压控制线束与外部电路连接。

虽然新能源车辆不需要传统燃油发动机车辆上的启动挡位，但是照顾到生产使用习惯，大部分的电动汽车还是按照原来的操作习惯将点火钥匙或者启动开关设置了相应的挡位。在吉利帝豪 EV 电动汽车上，ACC 挡位由 PEPS 通过 RL2（ACC）继电器控制，负责音响系统，行车记录仪，后视镜调节等模块的供电。ON 挡位控制 RL1（IG1）和 ER15（IG2）继电器，负责剩余用电设备的供电和激活电源。START 挡位通过 PEPS 中的启动信号线将 START 信号传输至 VCU，再由 VCU 通过动力 CAN 网络控制 BMS 完成高压接触器控制，实现车辆启动。

如图 2-1 所示，车辆在停车状态下，不踩制动踏板，按下启动按钮一次，可将车辆 ACC 供电接通，再次按下启动按钮，可将 ON 挡供电接通，第三次按下启动开关，车辆低压断电，进入 OFF 挡位；在上述过程任何状态下，踩下制动踏板同时按下启动按钮，车辆即进入启动状态，只要车辆满足启动状态，仪表内会显示 READY 灯，车辆可以正常行驶。

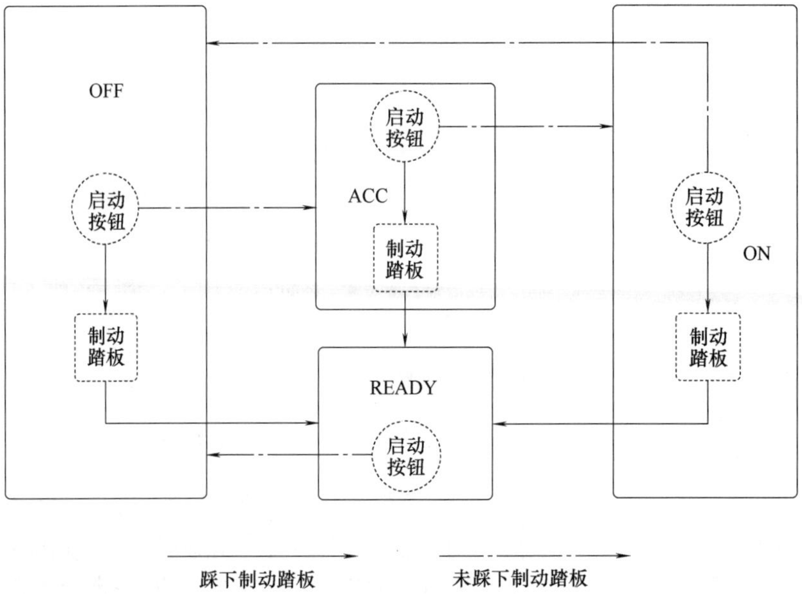

图 2-1　电源挡位示意图

当然，车辆进入 READY 状态和传统汽车一样需要满足一定的先决条件，不是在任何状态下按下启动按钮都可以完成高压上电，进入 READY 状态的。本书以吉利帝豪 EV 电动汽车为例，除了制动踏板信号之外，还需满足多个条件，如图 2-2 所示。

PEPS（无钥匙进入/启动模块，吉利帝豪 EV450 电动汽车的 PEPS 整合在 BCM 模块内）模块需接受 6 个输入信号，分别为：启动开关被按下（启动信号）；制动踏板被踩下（制动信号）；挡位在 P/N 挡（挡位信号）；有效钥匙（防盗验证）；防盗认证通过 ESCL 转向轴锁解锁有效（防盗解锁）；轮速小于 2km/h（轮速信号）。当以上条件得以满足的前提下，PEPS 可以控制 IG1、IG2、ACC 继电器接通供电并完成 PEPS 和 ESCL（转向柱轴锁）解锁，如图 2-3 所示。

供电的继电器在完成供电后，继电器输出电压会同步反馈到 PEPS，以便完成继电器动作情况监测。

当 PEPS 控制 ACC、IG1、IG2 继电器吸合，IG1、IG2 继电器吸合后，IG1 继电器唤醒电子驻车制动系统 EPB、变速器换挡开关 GSM、组合仪表 IPC、车身控制模块 BCM；

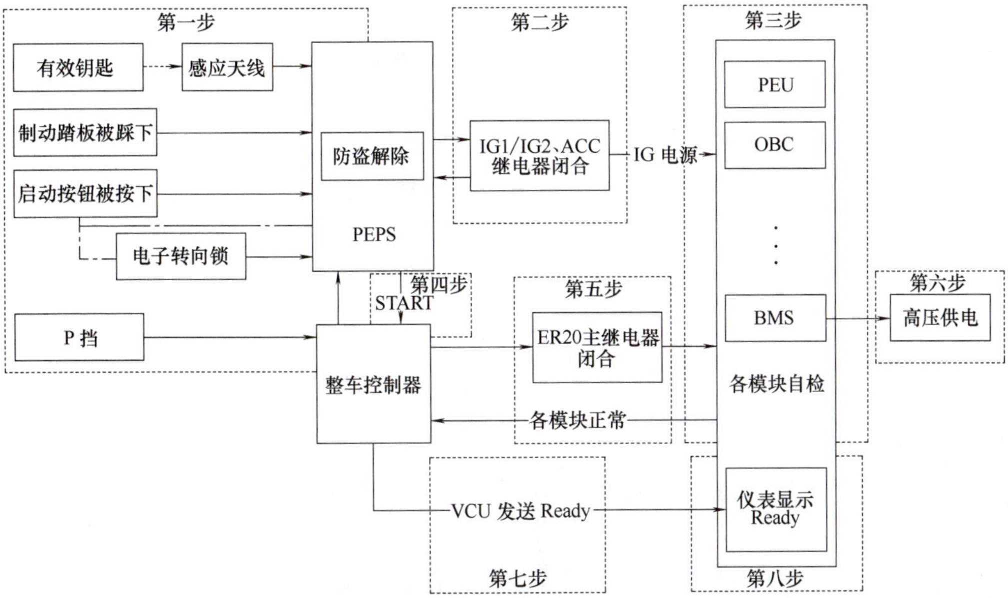

图 2-2　吉利帝豪 EV 车辆启动条件及步骤示意图

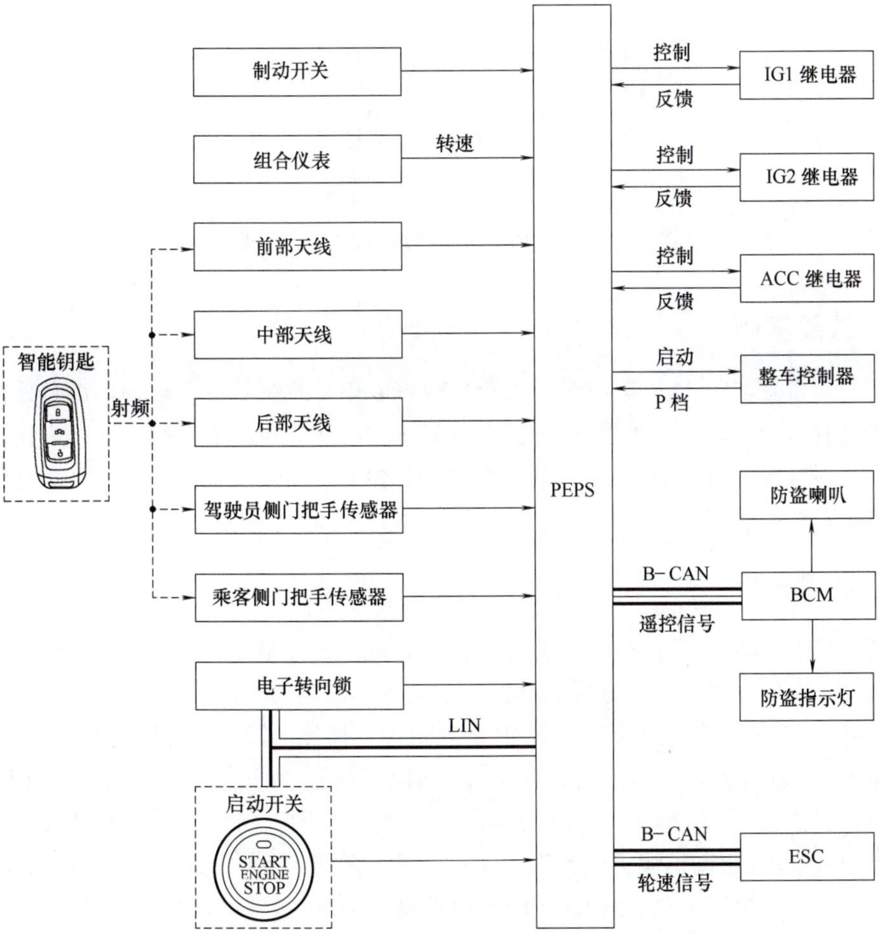

图 2-3　吉利帝豪 EV300　PEPS 电气原理框图

IG2 继电器唤醒整车控制器 VCU、电池管理系统 BMS、电机控制器 PEU、电子稳定控制系统 ESC；整车控制器 VCU 通过硬线唤醒变速器控制器 TCU，如图 2-4 所示。

至此，与整车运行相关的控制模块都完成自检并进入正常工作状态，如果自检过程中有影响到启动的故障或状态，则可以记录故障并通过车载网络传输相应的信号至其他模块，如果各模块的状态都正常，则 VCU 可以控制车辆进行高压上电。

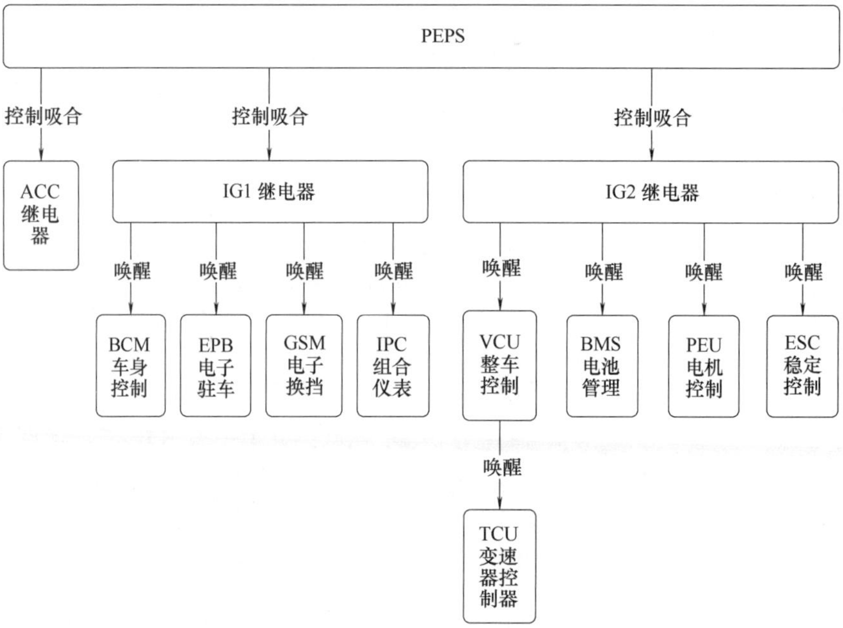

图 2-4　吉利帝豪 EV300 的 IG1、IG2 电气原理

二、故障案例

一辆吉利帝豪 EV300 电动汽车，用户反映可以正常解锁，启动车辆，没有任何反应，组合仪表没有显示，经技师将点火开关从 ACC→ON→ST 挡逐个切换，仪表无任何显示。经过技师诊断排除，确认是 IG1 继电器线圈断路故障，更换 IG1 继电器故障现象消失，车辆可以正常行驶。

三、故障分析

吉利帝豪 EV300 电动汽车的启动过程是，无钥匙进入和启动功能可以使驾驶员拉门把手即可进入车辆，并使用一键式启动按钮启动车辆。当驾驶员拉动门把手时，无钥匙进入/启动模块 PEPS 检测周围遥控器 FOB 的有效性，遥控器发出信号回应车辆，并使车身控制模块 BCM 解锁所有车门。当驾驶员按下启动开关，无钥匙进入/启动模块 PEPS 检测周围遥控器 FOB 的有效性，遥控器发出信号回应车辆，以解锁转向柱电子锁 ESPL，此时，无钥匙进入/启动模块 PEPS 通过 CAN 网络系统与动力系统进行信息认证，若所有信息有效，无钥匙进入/启动模块 PEPS 将控制启动继电器以启动车辆。

PEPS 控制着 ACC、IG1、IG2 等继电器的工作，如图 2-5 所示。其中 IG1 继电器主要控制车身控制模块 BCM、组合仪表 IPC、自动空调控制面板、胎压监测 TPMS、电动车窗控制模块、电子助力转向 EPS、天窗模块、雨刮器清洗系统、制动开关及制动灯、电子驻车系统 EPB、电子换挡器等模块的工作，IG1 继电器出现故障，以上所有系统都无法正常工作。

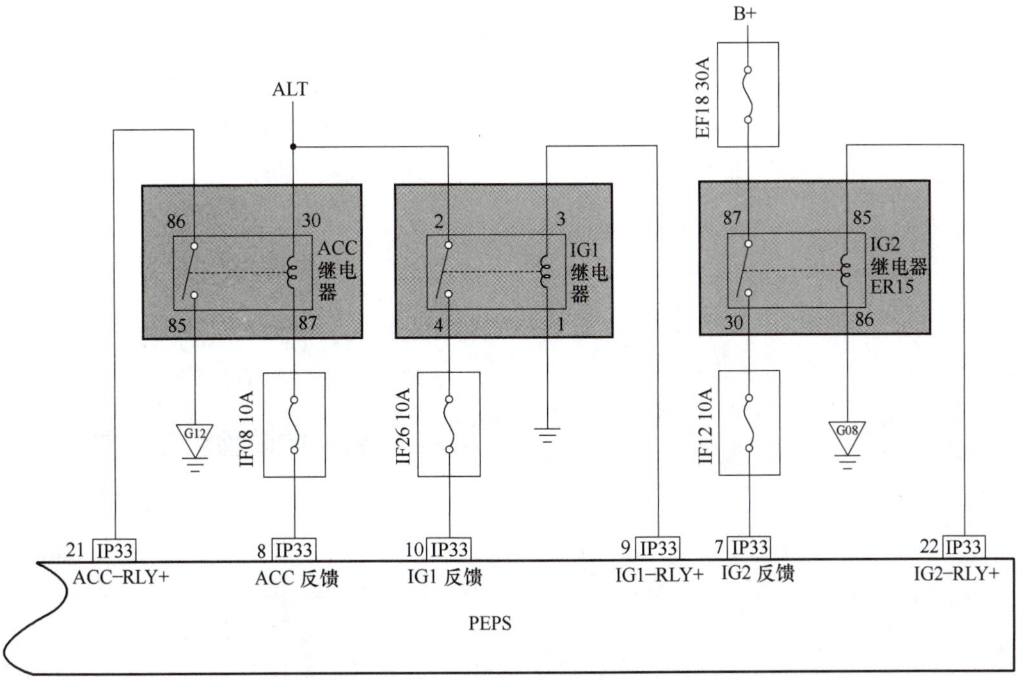

图 2-5　吉利帝豪 EV300 电动汽车 PEPS 控制继电器简图

低压供电不正常主要涉及电源提供端的故障（蓄电池、负极搭铁、B＋线路及保险等）、通电/断电执行器的故障（继电器触点、继电器线圈以及连接线路和插接器）以及执行器控制环节的故障（控制器供电及线路、控制线路及插接器、控制器通信及线路以及控制器自身）三个方面的故障，如图 2-6 所示。

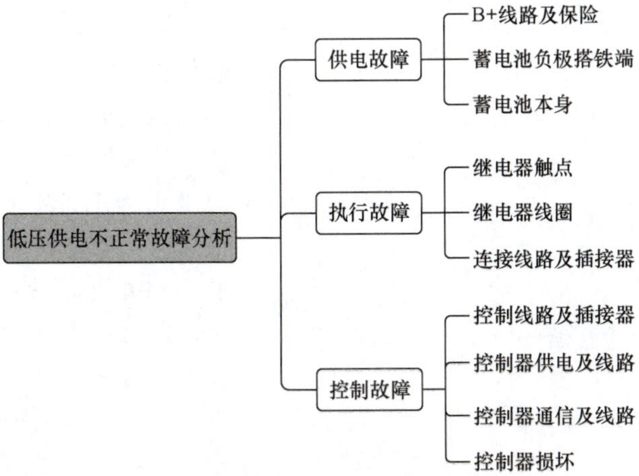

图 2-6　低压供电不正常故障分析

四、诊断流程

当车辆发生低压供电不正常故障时一般遵循图 2-7 所示的故障诊断流程进行排除。

首先要进行初步的检查，对低压蓄电池、高低压插接器等进行检查，如果低压蓄电池电压异常，则进行补充电能或者更换，如果有动力电池包相关插接器松动、脱落就进行修复，故障解除，则诊断结束。故障依然存在，则使用故障诊断仪，根据故障指向进行相应的检测与修复，当指向 IG1 继电器时，则从蓄电池、IG1 继电器等方面进行故障分析。

根据用户的描述现场的故障再现，初步要分析故障位置，使用解码器检查故障码和数据流，分析判断故障位置，通过分析判断制定故障维修流程，进行故障检测。

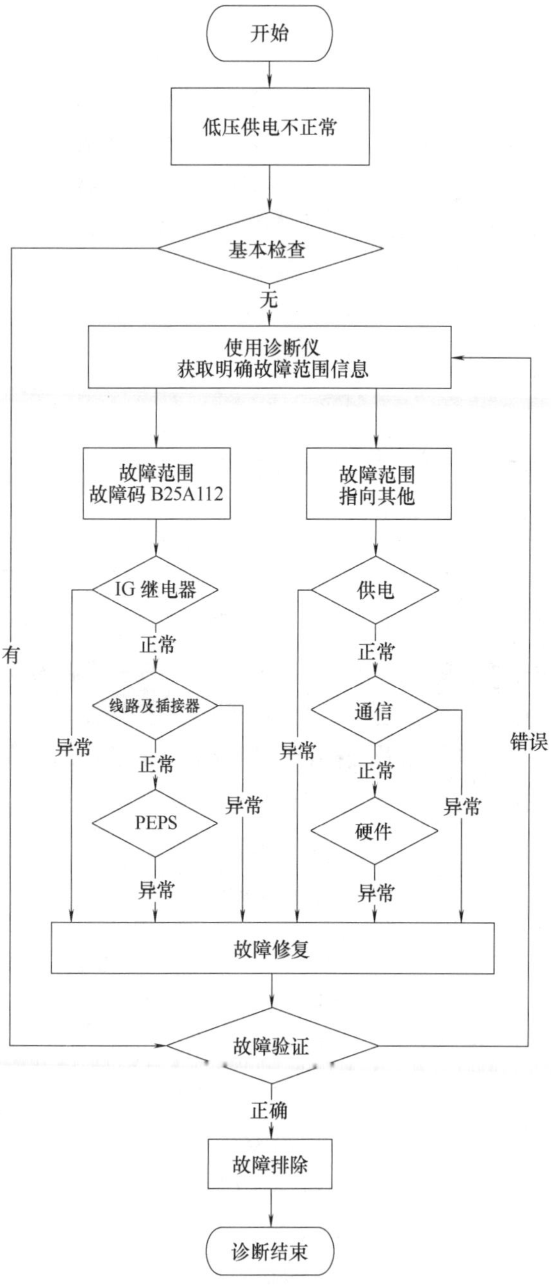

图 2-7　低压供电不正常诊断流程

五、故障检测与修复

下面根据前面分析的诊断流程，完成故障案例——低压供电不正常故障的检测、诊断与修复。

第一步，确认故障现象。根据用户描述的故障现象，结合组合仪表的故障提示，确认为故障现象是：按一键启动后启动车辆，没有任何反应，组合仪表没有显示，车辆无法启动。

第二步，连接故障诊断仪。关闭点火开关，将故障诊断仪与车辆诊断口连接。

第三步，启动车辆，使用故障诊断仪进入相关系统模块读取故障码和相关数据流，选择 PEPS 系统模块，读取故障码和相关数据流，读取到的故障码为 B25A112，IGN1 继电器对地短路或对电源短路。故障诊断仪读取的相关故障码和数据流如表 2-1 所示，通过仪表显示的信息和故障诊断仪所读取的信息，初步判断为 IG1 继电器可能出现故障，由简易难的故障诊断思路，可以先对蓄电池进行检查，然后检查 IG1 继电器。

表 2-1　　故障码及数据流情况

系统模块	能否进入	故障码	主要数据流
PEPS	能	B25A112IGN1 继电器对地短路或对电源短路	

第四步，确定故障范围。根据故障诊断仪的相关故障码和数据流，结合吉利帝豪EV300的PEPS电路图IG1继电器部分，如图2-5所示，确定故障范围IG1继电器自身及其相关线路、保险、插接器等，根据故障范围找到IG1继电器30、87端子。

第五步，故障范围检测与测量。断开蓄电池负极，等待5min，进行基本检查，IG1继电器外观及连接情况检查，检查插接器外观及连接是否正常，正常继续测量，不正常更换或维修，故障排除步骤及记录如图2-8所示。

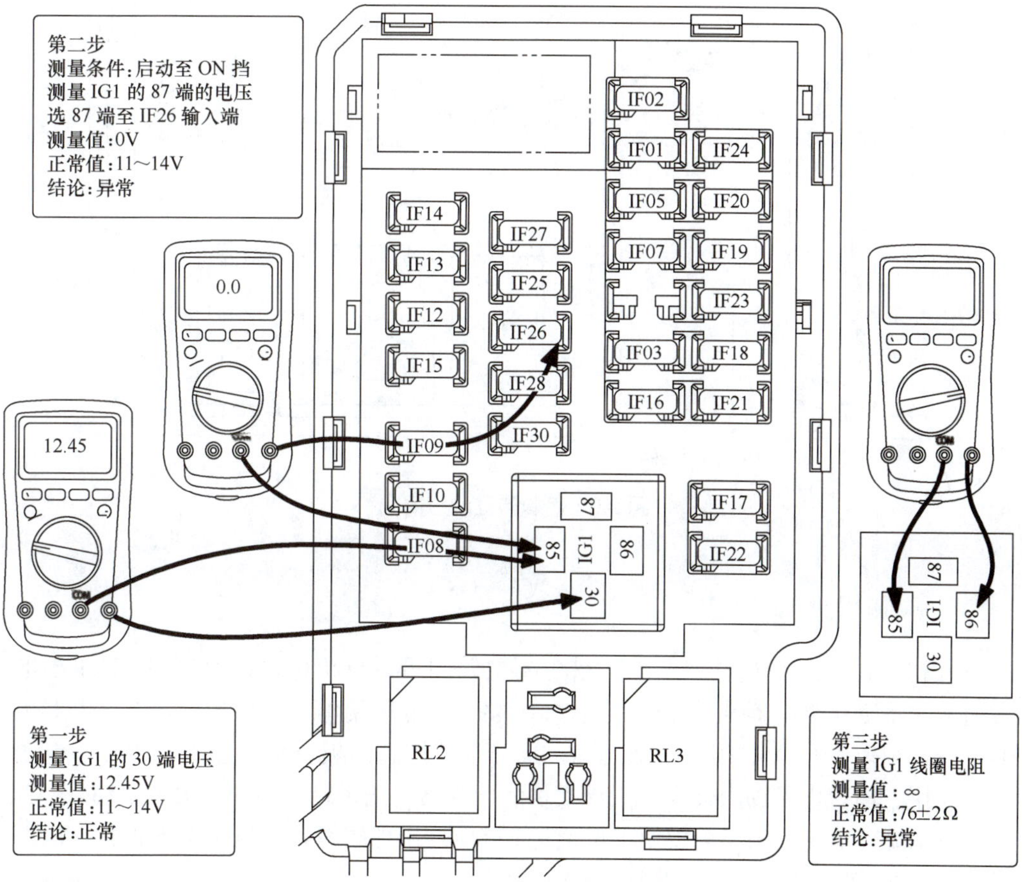

图 2-8　故障排除步骤及记录

第六步，故障点确认。经检查发现IG1继电器线圈断路。

第七步，故障排除及验证。更换IG1继电器，修复验证测量如图2-9所示。车辆上电，组合仪表点亮，READY灯亮起，使用故障诊断仪对帝豪EV300进行故障码和数据流的读取，PEPS显示无故障码，确认故障已排除。

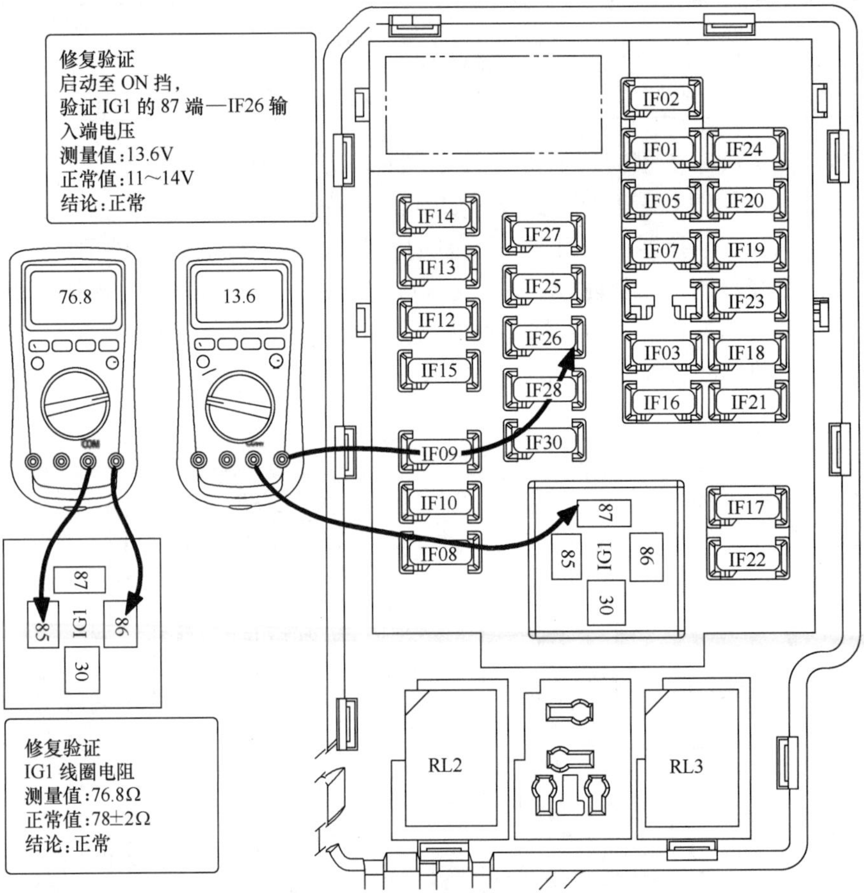

图 2-9　修复验证测量情况

六、故障机理

由吉利帝豪 EV300 电动汽车 IG1 继电器电路图可以分析出，PEPS 控制 IG1 继电器线圈通电，将 IG1 继电器开关闭合，通过 87 端子为低压用电设备供电，IG1 继电器主要控制车身控制模块 BCM、组合仪表 IPC、自动空调控制面板、胎压监测 TPMS、电动车窗控制模块、EPS 电子助力转向、天窗模块、雨刮器清洗系统、制动开关及制动灯、EPB 电子驻车系统、电子换挡器等模块工作，IG1 继电器出现故障，低压供电不正常，以上所有系统都无法正常工作。

七、案例小结

（1）低压供电不正常故障现象是仪表上车门状态指示灯点亮及驻车灯点亮。

（2）蓄电池电压通过 B＋送到 IG1 继电器 30 端，PEPS 控制线圈通电产生磁场将开关吸合，30 端与 87 端导通，电压通过 87 端向用电设备提供低压电压。

（3）低压供电不正常的故障主要由蓄电池、IG1 继电器、B＋线路、保险、车身控制模块等故障引起。

八、实训任务

实训任务 1　　启动继电器引起低压供电不正常故障诊断与排除

<table>
<tr><td>姓名</td><td></td><td>班级</td><td></td><td>学号</td><td></td><td>日期</td><td></td></tr>
<tr><td>任务名称</td><td colspan="5">启动继电器引起低压供电不正常故障诊断与排除</td><td>成绩</td><td></td></tr>
<tr><td>任务描述</td><td colspan="7">一辆吉利帝豪 EV300 电动汽车，用户反映可以正常解锁，启动车辆，没有任何反应，组合仪表没有显示，经技师将点火开关从 ACC→ON→ST 挡逐个切换，仪表无任何显示。经过技师诊断排除，确认是 IG1 继电器线圈断路故障，更换 IG1 继电器故障现象消失，车辆可以正常行驶</td></tr>
<tr><td colspan="8">一、信息收集</td></tr>
<tr><td>1. 诊断基础</td><td colspan="7">① 车辆在停车状态下，不踩制动踏板，按下启动按钮一次，可将车辆________接通，再次按下启动按钮，可将________接通，第三次按下启动开关，________；在上述过程任何状态下，踩下制动踏板同时按下启动按钮，车辆即进入________，只要车辆满足启动状态，仪表会显示________，车辆可以正常行驶
② PEPS 控制________、________、________继电器吸合，继电器吸合后，IG1 继电器唤醒________、________、________、________；IG2 继电器唤醒________、________、________、________；整车控制器 VCU 通过硬线唤醒变速器控制器
③ 低压供电不正常主要涉及电源提供端的故障（________、________、________等）、通电断电执行器的故障（________、________以及________和________）以及执行器控制环节的故障（________、________、________以及________）三个方面的故障</td></tr>
<tr><td>2. 绘制启动继电器控制简图、标注插接器位置图和针脚图</td><td colspan="7"></td></tr>
<tr><td>3. 综合分析故障原因</td><td colspan="7"></td></tr>
<tr><td>4. 制定诊断流程图</td><td colspan="7"></td></tr>
<tr><td colspan="8">二、任务准备</td></tr>
<tr><td rowspan="3">1. 车辆预检</td><td>车辆 VIN 码</td><td colspan="2"></td><td colspan="2">车辆型号</td><td colspan="2"></td></tr>
<tr><td>车辆外观</td><td colspan="2">□正常 □划痕 □破损</td><td colspan="2">损伤情况</td><td colspan="2"></td></tr>
<tr><td>车辆内饰</td><td colspan="2">□正常 □划痕 □破损</td><td colspan="2">损伤情况</td><td colspan="2"></td></tr>
</table>

续表

<table>
<tr><td rowspan="8">2. 安全防护</td><td>场地警戒与检查</td><td colspan="3">□隔离栏 □警示牌 □灭火器</td></tr>
<tr><td>检查项目</td><td colspan="2">状态记录</td><td>处理方案</td></tr>
<tr><td>安全帽</td><td>□正常</td><td>□破损 □脏污 □过期</td><td>□更换 □维修 □清洁</td></tr>
<tr><td>护目镜</td><td>□正常</td><td>□破损 □脏污 □过期</td><td>□更换 □维修 □清洁</td></tr>
<tr><td>绝缘手套</td><td>□正常</td><td>□破损 □脏污 □过期</td><td>□更换 □维修 □清洁</td></tr>
<tr><td>绝缘鞋</td><td>□正常</td><td>□破损 □脏污 □过期</td><td>□更换 □维修 □清洁</td></tr>
<tr><td>绝缘工具套装</td><td>□正常</td><td>□破损 □脏污 □过期</td><td>□更换 □维修 □清洁</td></tr>
<tr><td>绝缘垫外观</td><td>□正常</td><td>□破损 □脏污 □过期</td><td>□更换 □维修 □清洁</td></tr>
<tr><td></td><td>绝缘垫检测</td><td colspan="2">绝缘阻值</td><td>□更换 □维修</td></tr>
<tr><td colspan="5">三、故障诊断</td></tr>
<tr><td rowspan="5">1. 故障现象</td><td>故障描述</td><td colspan="3"></td></tr>
<tr><td>仪表故障灯</td><td colspan="3">□无 □有：</td></tr>
<tr><td>故障码</td><td colspan="3">□无 □有：</td></tr>
<tr><td rowspan="2">故障相关数据流</td><td>1</td><td colspan="2"></td></tr>
<tr><td>2</td><td colspan="2"></td></tr>
<tr><td rowspan="2">2. 故障分析</td><td>故障原因分析</td><td colspan="3"></td></tr>
<tr><td>故障可能的部位</td><td colspan="3"></td></tr>
</table>

<table>
<tr><td rowspan="9">3. 检测流程</td><td colspan="2" rowspan="2">小组分工</td><td>主操作员</td><td></td><td>记录员</td><td></td></tr>
<tr><td>安全员</td><td></td><td>汇报员</td><td></td></tr>
<tr><td>步骤</td><td colspan="2">检测项目</td><td>测量条件及方法</td><td>测量值</td><td>正常值</td><td>结果</td></tr>
<tr><td>1</td><td colspan="2"></td><td></td><td></td><td></td><td>□正常
□异常</td></tr>
<tr><td>2</td><td colspan="2"></td><td></td><td></td><td></td><td>□正常
□异常</td></tr>
<tr><td>3</td><td colspan="2"></td><td></td><td></td><td></td><td>□正常
□异常</td></tr>
<tr><td>4</td><td colspan="2"></td><td></td><td></td><td></td><td>□正常
□异常</td></tr>
<tr><td>5</td><td colspan="2"></td><td></td><td></td><td></td><td>□正常
□异常</td></tr>
<tr><td>6</td><td colspan="2"></td><td></td><td></td><td></td><td>□正常
□异常</td></tr>
<tr><td colspan="8">四、故障点确认及排除方案</td></tr>
<tr><td>故障确认</td><td colspan="3"></td><td>维修方案</td><td colspan="3">□更换 □维修 □调整</td></tr>
<tr><td>教师确认</td><td colspan="7">教师签字：</td></tr>
</table>

续表

五、故障验证			
故障修复验证	故障现象		
	仪表故障灯	□无 □有：	
	故障码	□无 □有：	
	相关数据流	1	
		2	
六、任务评价			
自我评价	基本技能和关键技能是否掌握？	任务目标是否实现？效果如何？	给自己打分
小组评价	基本技能和关键技能是否掌握？	任务目标是否实现？效果如何？	给他(她)打分
	小组评价人员：		
工单评价	教师签名：		
整体评价	整体评价=(10%自评+10%小组评+80%教师评价)		
教师签名：			

教学课件

任务二　CAN 总线引起中控门锁不能正常工作故障

CAN 总线引起中控门锁不能正常工作故障

学习目标	
素质目标	1. 遵守个人和车间安全作业要求、注重个人安全防护,养成安全作业意识。 2. 严格执行汽车的检修规范,养成严谨科学的工作态度。 3. 逐步养成“整理、整顿、清扫、清洁、素养、安全”的 6S 习惯。 4. 养成团队分工协作,团结一致的工作作风。
知识目标	1. 理解新能源汽车 CAN 总线系统的结构与工作原理。 2. 掌握新能源汽车 CAN 总线故障的诊断方法。
能力目标	1. 能根据仪表显示的现象、故障码、数据流及电路图分析故障原因。 2. 能制定 CAN 总线系统故障的诊断流程。 3. 能根据制定的诊断流程对 CAN 总线异常引起中控门锁不正常故障进行诊断与排除。 4. 能根据诊断结果判定故障点,并对故障点进行维修或更换故障元器件。

【任务寄语】 团队合作是个人成功的基础，团队越优秀，个人成功的可能性越大。没有团队协作精神，个人也失去了成功的可能性。如果说企业是一部运转的大机器，那么员工就是这部机器中的一个零部件。机器运转不了，部件当然也就失去了存在的意义。换句

话说，每个员工要成功，必须得保证企业的成功。“皮之不存，毛将焉附”？企业团队是第一位的，是基础，是平台，个人要依附这个平台，保护好、创建好这个平台，才有可能谈自身的发展。新能源汽车整车控制系统大都采用 CAN 总线结构，各系统之间有分工也有协作，实现传感信息共享化，控制分层化，资源节约化等优势。

教学视频

CAN 总线引起中控门锁不能正常工作故障

一、 CAN 总线故障诊断基础

（一）CAN 总线介绍

新能源汽车整车 CAN 线数据总线线路（模块）原理，如图 2-10 所示，从中可以看出，电池管理系统 BMS、整车控制器 VCU、电机控制器 PEU、车载充电机 OBC、诊断接口、远程监控系统 TEM、变速器换挡开关 GSM、变速器控制器 TCU 等模块通过 P-CAN 数据总线连接组成了一个局域网。在这个局域网中，所有系统数据的格式和速率是一样的，可以互相传输。如果 P-CAN 数据总线出现故障，可能会引起部分或所有模块失去通信，因而导致部分或系统整体功能失效。

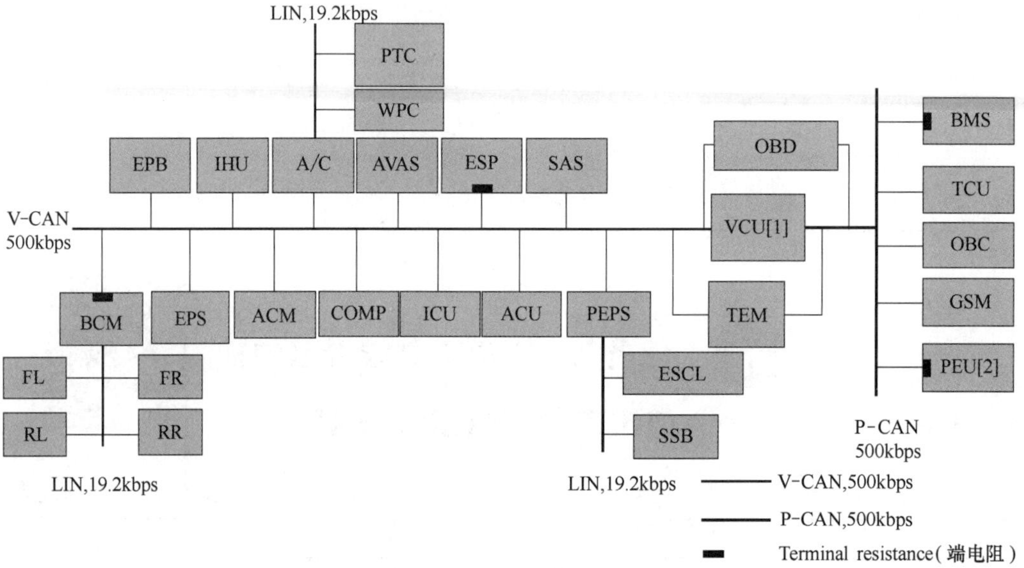

图 2-10 吉利帝豪 EV300 整车 CAN 线数据总线线路原理图

（二）CAN 总线的主要故障类型

CAN 网络是由多个模块组成的，且每个模块 CAN 线都是并联关系，任何模块失去通信，均会有故障码相对应，如 COMP 通信丢失、OBC 通信丢失、ACM 报文循环计数错误、车载充电机报文循环计数错误等故障码都属于 CAN 网络通信类，引起该故障原因主要有，模块工作电压不正常，CAN 线短路或断路，CAN 线终端电阻不匹配，CAN 线干扰等。

[1] VCU 电动汽车整车控制器，是核心部件。

[2] PEU 驱动电机控制器，俗称“四合一”，即车载充电器（机）、DC/DC 转换器、高压配电盒、电机控制集成为一个高压模块。

CAN 总线的主要故障类型有短路、断路及终端电阻异常三大类。短路故障主要有 CAN-H 对正极短路、CAN-H 对地短路、CAN-L 对正极短路和 CAN-L 对地短路；断路故障主要有 CAN-H 断路和 CAN-L 断路；对于终端电阻，目前绝大部分 CAN 总线系统在设计时是将终端电阻设置于控制器内，如发现终端电阻异常，则需要更换或维修控制器。

（三）CAN 总线基本测量

1. CAN 总线电压测量

利用万用表直流电压挡分别测量 CAN-H 和 CAN-L 对地电压，其中，CAN-H 对地电压的范围为 2.5～3.5V，CAN-L 对地电压的范围为 1.5～2.5V，任何时刻 CAN-H 和 CAN-L 电压之和约等于 5V。如果符合以上测量结果，则基本可以确定 CAN 总线正常。如果 CAN-H 和 CAN-L 对地电压为 0V，则表明对地短路；如果为 12V，则可能对电源正极短路。CAN 总线电压测量的条件及值的范围，如表 2-2 所示。

表 2-2　CAN 总线电压测量的条件及值的范围

连接端子	测试条件	正常值
CAN-H-车身地	始终	2.5～3.5V
CAN-L-车身地	始终	1.5～2.5V

2. CAN 总线终端电阻测量

（1）CAN 总线终端电阻测量方法如下，以吉利帝豪 EV300 电动汽车中的 P-CAN 总线为例。

① 拆下蓄电池电源线。

② 等待约 5min，直到所有的电容器充分放电。

③ 连接万用表至诊断接口 OBD，找到对应的 CAN-H 和 CAN-L 引脚，测量电阻值。

④ 将 PEU 模块（内置终端电阻 120Ω）PEU 的插头拔下，检测阻值的变化情况。

⑤ 把 PEU 插接器插上，拔下 BMS 模块（内置终端电阻 120Ω）的插头，再次检查阻值的变化情况。

⑥ 根据以上情况进行测量结果分析。结果分析如下。

（2）当 BMS 和 PEU 的插头未拔时，存在以下几种情况。

① 如果电阻为 60Ω，则 CAN 总线通信正常。

② 如果电阻无穷大，则表明断路，一般为线路断路，需进一步检查。

③ 如果电阻无限小，表明短路，一般为线路短路，也需进一步检查。

④ 如果电阻为其他值，则表明终端电阻一个或两个有问题。拔掉 PEU 的插头再次测量，如果阻值为 120Ω，则说明 PEU 的终端电阻异常；如果不是 120Ω，则说 BMS 的终端电阻异常。当然，也可以直接断开 PEU 和 BMS，单独对 PEU 和 BMS 的终端电阻进行测量，正常值应为 120Ω。

⑤ 如果怀疑短路，可单独测量 CAN-H 和 CAN-L 对地电阻。若其中一根与车身导通，则说明该线短路。

由于带有终端电阻的两个控制单元 BMS 和 PEU 是相连的，因此两个终端电阻是并联的。当测量结果是每一个终端电阻大约为 120Ω，而总值为 60Ω 时，可以判断终端电阻是正常的。需要注意的是，终端电阻不一定都是 120Ω，不同总线结构其值可能会有所不同，需要参考相应 CAN 总线的使用手册进行计算。

3. 波形测量与分析

运用示波器可以同时测量 CAN-H 和 CAN-L 的波形，示波器的两个通道分别接入 CAN-H 和 CAN-L 线路，这样在同一界面下同时显示 CAN-H 和 CAN-L 的同步波形，能很直观地分析系统出现哪些问题。

4. 吉利帝豪 EV300 整车 CAN 总线结构

新能源车辆的网络控制与大多数传统车辆存在一定的差别。以吉利帝豪 EV300 为例，车辆行驶系统和车身系统的 CAN 是两套独立的系统，即车身网络 CAN（B-CAN）和动力系统 CAN（P-CAN），其中任意一个网络系统出现故障都将影响车辆正常上电及行驶。其他对传输速率要求不高的部件则是通过 K-line 和 LIN 总线来完成传输的。

吉利帝豪 EV300 电动汽车的 CAN 网络结构如图 2-11 所示，可见 CAN 网络被分为两

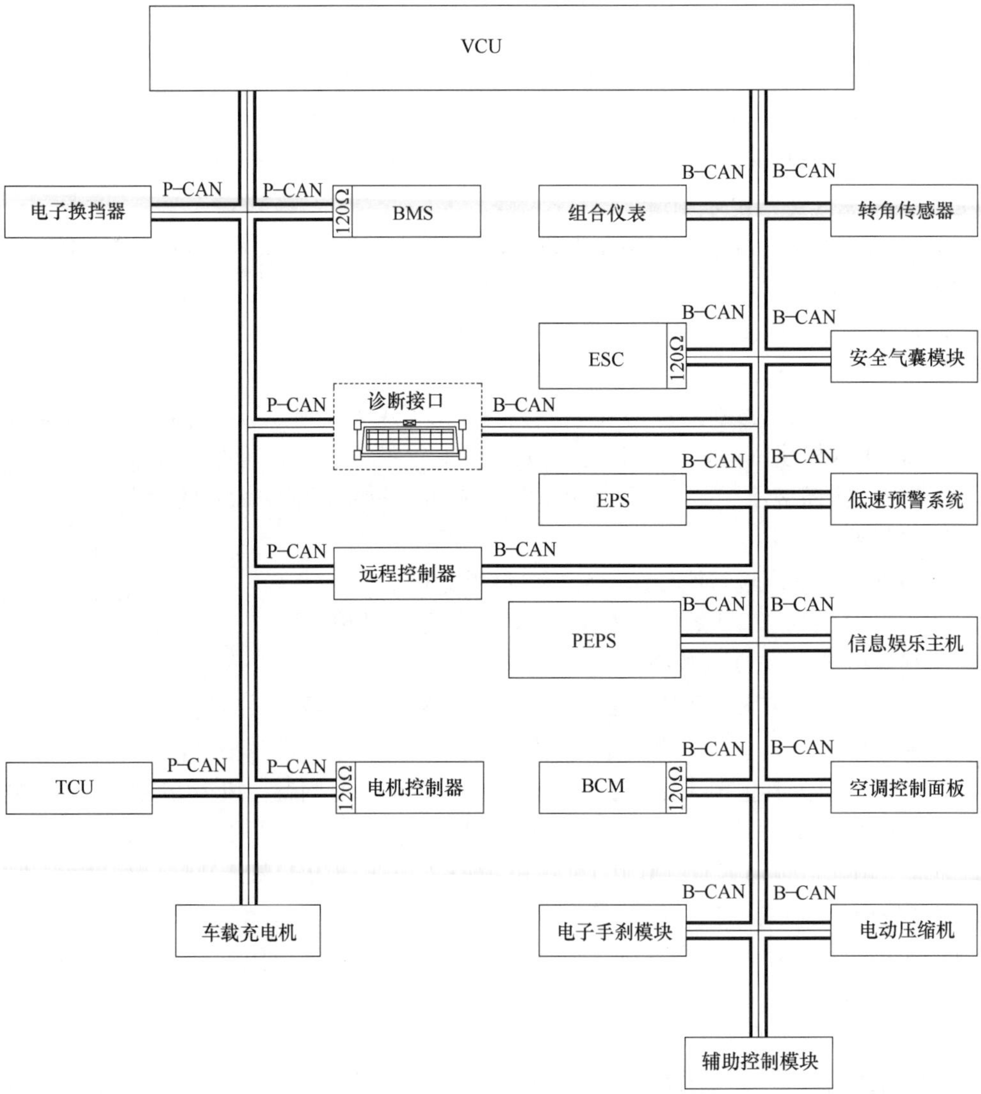

图 2-11　吉利帝豪 EV300CAN 网络结构图

组，其中一组网络命名为P-CAN，与车辆高压行驶系统相关的模块均在P-CAN网络中，另一组网络是B-CAN，其中相关的模块与传统汽车CAN网络中的模块差别不大。

其中，VCU、远程控制器同时接入了两个网络，作为车辆运行时协调整车运行和负责整车信息采集上传并实现远程控制的模块，需要同时采集车辆驱动系统与车身系统各模块的信息并进行综合分析与控制。诊断接口也同时具有两组CAN网络的通信接口，方便诊断仪接入对系统进行诊断和调试。

二、故障案例

一辆吉利帝豪EV300电动汽车，用户反映，双闪警告灯亮起，用遥控器不能打开车门。经技师检查，遥控器失效，双闪警告灯亮起，用机械钥匙打开车门，启动车辆，组合仪表中间屏不是显示车辆状态信息，而是显示续航信息，按遥控器车辆没反应，按行李箱开关没有反应，车辆也不能启动。经过技师诊断排除，确认是车身CAN总线B-CAN网络故障，修复后故障现象消失，车辆可以正常。

三、故障分析

吉利帝豪EV300的中控门锁电气原理框图如图2-12所示，遥控器解锁的过程是：当按下发射器上的按钮时，发射器向PEPS发出信号，PEPS通过CAN网络向BCM发出响应指令。然后，BCM执行相应功能。或者驾驶员在无钥匙进入+无钥匙闭锁传感器（左前、右前门把手）1.5m范围内执行车门（前门或背门）开启动作，无钥匙进入/启动模块（PEPS）检测智能钥匙（遥控器）（FOB）有效性，并发送信号使BCM执行相应功能。

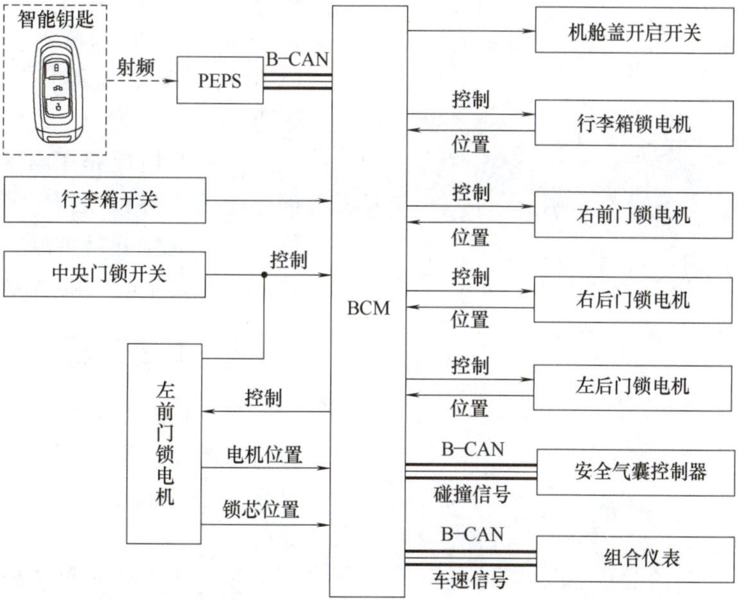

图2-12　吉利帝豪EV300的中控门锁电气原理框图

从图2-12可以看出，遥控器不能解锁车门的故障包含遥控器、PEPS、BCM等模块以及公共部分，如图2-13所示。

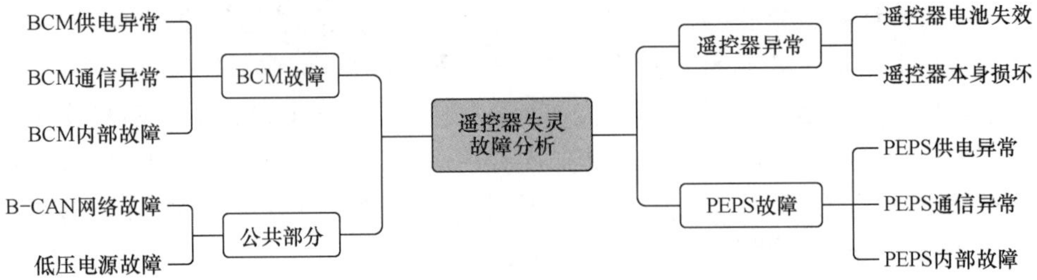

图 2-13　吉利帝豪 EV300 遥控器失灵故障原因分析

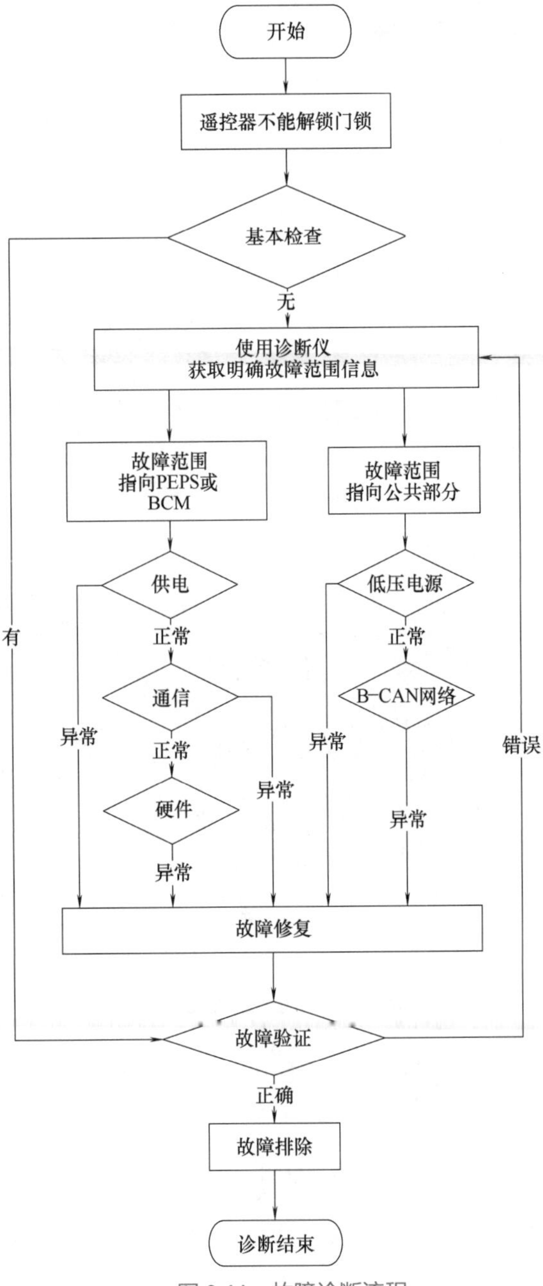

图 2-14　故障诊断流程

遥控器的故障主要为遥控器电池电压过低或遥控器损坏的两种情形，不管是电池失效还是遥控器损坏，结果是遥控器不能发送遥控解锁信号，PEPS 没有收到合法解锁信号，车辆不能开锁。但这种情况下，用机械钥匙开门后，行李箱是可以开启的，因此这种情形不在故障原因之列。

PEPS 模块负责遥控器信号接收和遥控器身份鉴别，并将接收到的合法身份信息和解锁指令传至 B-CAN 总线，BCM 是整个车身电器的中央集控单元，接收直接的按钮指令或者 B-CAN 总线上的指令，并执行。因此，PEPS 与 BCM 出现故障可能会引起遥控失灵的故障。

另外的情况是 PEPS 与 BCM 公共部分故障会导致 PEPS 和 BCM 同时不能工作，也会引起遥控失灵的故障，公共部分主要是低压供电和 B-CAN 总线。

四、诊断流程

当车辆发生遥控器不能解锁车辆并且行李箱锁也不能打开的故障时一般遵循图 2-14 所示的故障诊断流程进行排除。

首先要进行初步的检查，对低压蓄电池、高低压插接器等进行检查，如果低压蓄电池电压异常，则进行补充电能或者更换，故障解除，则诊断结束。故障依然存在，则使用故障诊断仪，根据故障指向进行相应的检测与修复，当指向 PEPS 时，则从 PEPS 的供电、通信、硬件等方面进行逐步排查，直至找到故障点并修复，当指向 BCM 时，则从 BCM 的供电、硬件等方面进行逐步排查，直至找到故障点并修复。当指向 PEPS 与 BCM 的公共部分是，则主要从 B-CAN 网络着手排查，直至找到故障点并修复。

五、故障检修与修复

下面根据前面分析的诊断流程，完成故障案例——遥控器不能解锁车辆，并且行李箱锁也不能打开的故障的检测、诊断与修复。

第一步，确认故障现象。根据用户描述的故障现象，结合组合仪表的故障提示，确认为故障现象是，遥控器失效，双闪警告灯亮起，用机械钥匙打开车门，启动车辆，组合仪表中间屏不是显示车辆状态信息，而是显示续航信息，按遥控器车辆没反应，按行李箱开关没有反应，车辆也不能启动。

第二步，连接故障诊断仪。关闭点火开关，将故障诊断仪与车辆诊断口连接。

第三步，启动车辆，使用故障诊断仪进入相关系统模块读取故障码和相关数据流。选择整车控制器 VCU 模块，读取故障码和相关数据流，读取到的故障码为 U021487，与 PEPS 通信丢失。故障诊断仪读取的相关故障码和数据流如表 2-3 所示，通过仪表显示的信息和故障诊断仪所读取的信息，初步判断为车身 CAN 总线 B-CAN 可能出现故障，由简易难的故障诊断思路，可以先对 B-CAN 线路进行检查。

表 2-3　　故障码及数据流情况

序号	系统模块	能否进入	故障码	主要数据流
1	VCU	能	故障码 U021487，与 PEPS 通信丢失	
2	PEPS	不能		
3	BCM	不能		

第四步，确定故障范围。根据故障诊断仪的相关故障码和数据流，结合吉利帝豪 EV300 的车身 CAN 总线 B-CAN 电路图，如图 2-15 所示，确定故障范围 B-CAN 总线相关线路、插接器等。

第五步，故障范围检测与测量，如表 2-4 所示。

表 2-4　　排故流程及测量情况

步骤	端子号	测量条件	测量端子号图示	测量值	正常值	结论
1	PEPS 供电 IP33/8→GND	ON 挡 背插测量	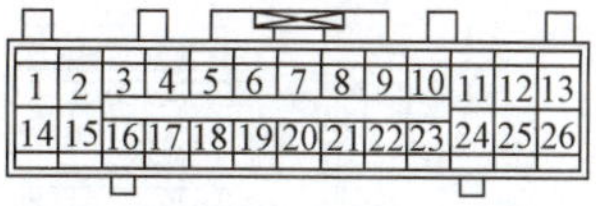	12.45V	11～14V	正常
2	BCM 供电电压 IP02/33→IP04/8	ON 挡 背插测量	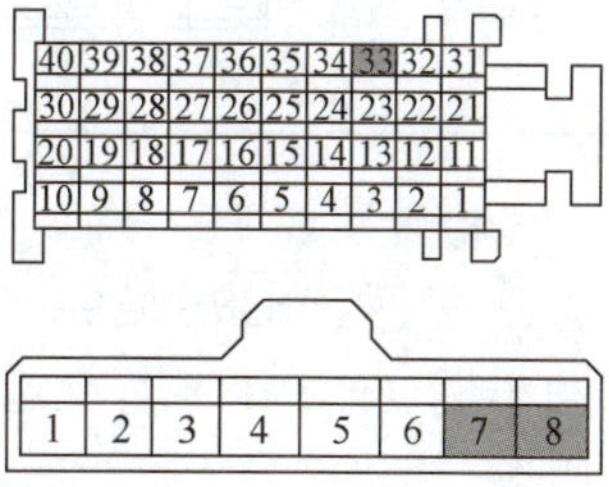	12.45V	11～14V	正常

续表

步骤	端子号	测量条件	测量端子号图示	测量值	正常值	结论
3	BCM 供电电压 IP03/17→IP03/5	ON 挡 背插测量	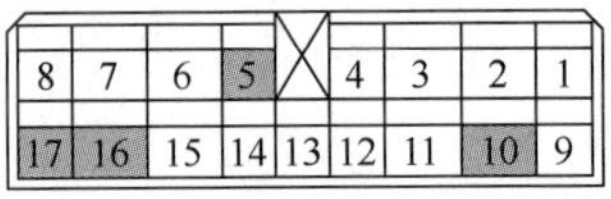	12.45V	11～14V	正常
4	BCM 供电电压 IP04/7→IP04/8	ON 挡 背插测量	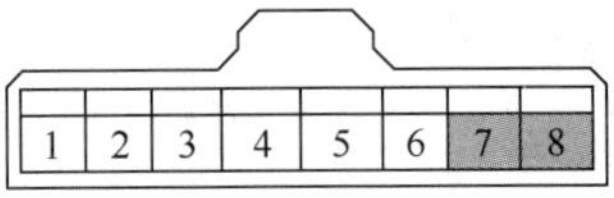	12.45V	11～14V	正常
5	BCM 供电电压 IP03/10→IP03/16	ON 挡 背插测量	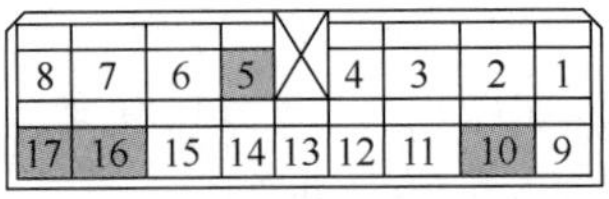	12.45V	11～14V	正常
6	B-CAN 网络终端电阻 IP34/7→IP34/8	OFF 挡 断负极 背插测量	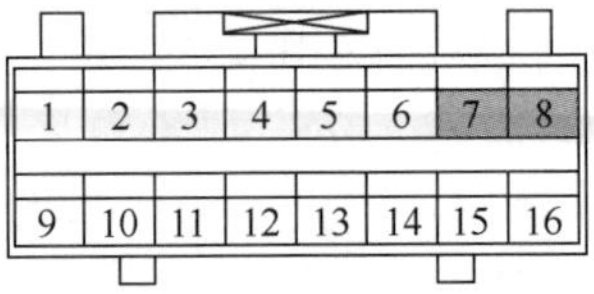	58.6Ω	约 60Ω	正常
7	B-CAN 对地电阻 IP34/7→GND	OFF 挡 断负极 背插测量	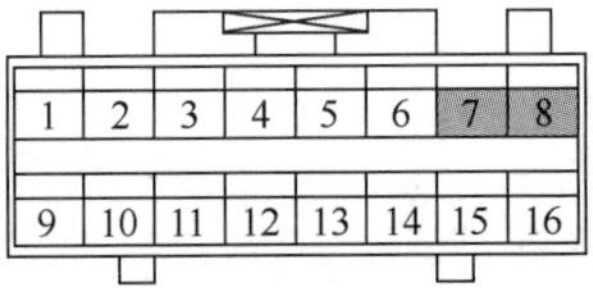	∞	∞	正常
8	B-CAN 对地电阻 IP34/8→GND	OFF 挡 断负极 背插测量	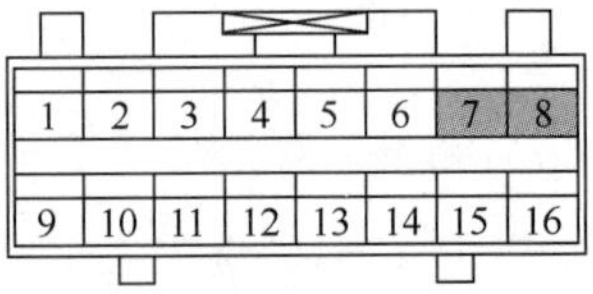	0.8Ω	∞	异常
9	B-CAN 对地电阻 IP34/8→GND	OFF 挡 断负极 断开 IP34	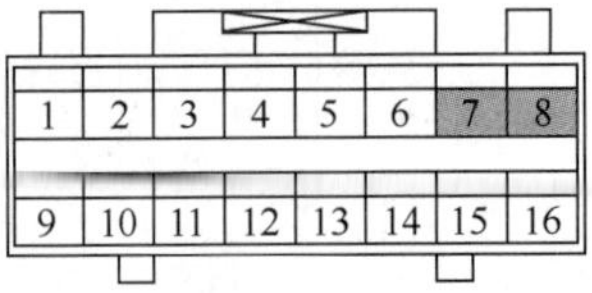	∞	∞	正常

第六步，故障点确认。经检查发现 PEPS 模块内部 CAN-L 对地短路。

第七步，故障排除及验证。更换 PEPS 模块，遥控器可以正常解锁车门，中控门锁正常，后备厢开启正常，启动车辆，READY 灯亮起。使用故障诊断仪对帝豪 EV300 进行故障码和数据流的读取，PEPS 模块能进入，没有故障码，确认故障已排除。

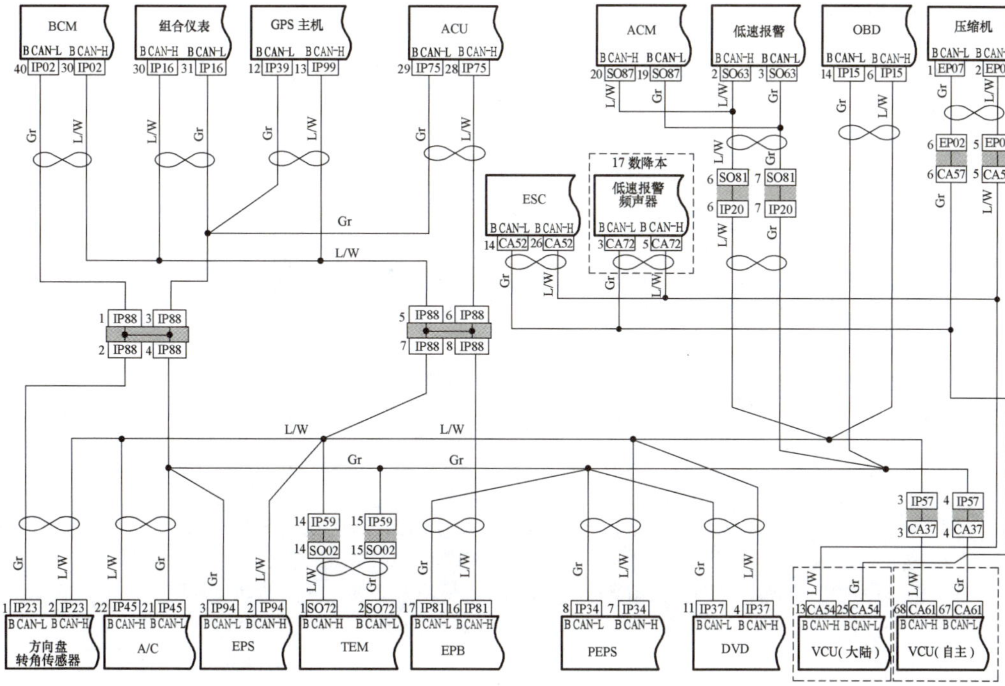

图 2-15　吉利帝豪 EV300B-CAN 总线通信电路图

六、故障机理

本故障案例的故障机理是，PEPS 模块内部 CAN-L 对地短路，车身 CAN 总线异常，PEPS 模块不能通过 B-CAN 网络与 BCM 通信，PEPS 的解锁信息没办法传递给 BCM，导致中控门锁不能正常工作。

七、案例小结

（1）CAN 网络中，任何模块失去通信，均会有故障码相对应，如 COMP 通信丢失、OBC 通信丢失、ACM 报文循环计数错误、车载充电机报文循环计数错误等故障码都属于 CAN 网络通信类，引起该故障原因主要有，模块工作电压不正常，CAN 线短路或断路，CAN 线终端电阻不匹配，CAN 线干扰等。

（2）CAN 总线的主要故障类型有短路、断路及终端电阻异常三大类。短路故障主要有 CAN-H 对正极短路、CAN-H 对地短路、CAN-L 对正极短路和 CAN-L 对地短路；断路故障主要有 CAN-H 断路和 CAN-L 断路；对于终端电阻，目前绝大部分 CAN 总线系统在设计时是将终端电阻设置于控制器内，如发现终端电阻异常，则需要更换或维修控制器。

（3）吉利帝豪 EV300 电动汽车遥控解锁过程是，当按下发射器上的按钮时，发射器向 PEPS 发出信号，PEPS 通过 CAN 网络向 BCM 发出响应指令。然后，BCM 执行相应功能。

八、实训任务

实训任务 2　　CAN 总线引起中控门锁不能正常工作故障诊断与排除

<table>
<tr><td>姓名</td><td></td><td>班级</td><td></td><td>学号</td><td></td><td>日期</td><td></td></tr>
<tr><td>任务名称</td><td colspan="5">CAN 总线引起中控门锁不能正常工作故障诊断与排除</td><td>成绩</td><td></td></tr>
<tr><td>任务描述</td><td colspan="7">一辆吉利帝豪 EV300 电动汽车，用户反映，双闪警告灯亮起，用遥控器不能打开车门；经技师检查，遥控器失效，双闪警告灯亮起，用机械钥匙打开车门，启动车辆，组合仪表中间屏不是显示车辆状态信息，而是显示续航信息，按遥控器车辆没反应，按后备厢开关没有反应，车辆也不能启动。经过技师诊断排除，确认是车身 CAN 总线 B-CAN 网络故障</td></tr>
<tr><td colspan="8">一、信息收集</td></tr>
<tr><td>1. 诊断基础</td><td colspan="7">① CAN 网络中，任何模块失去通信，均会有故障码相对应，如 COMP ________、OBC ________、ACM ________、车载充电机________等故障码都属于 CAN 网络通信类，引起该故障原因主要有，模块________不正常，CAN 线路________，CAN 线终端电阻不匹配，CAN 线干扰等
② CAN 总线的故障类型中，短路故障主要有________、________、CAN-L ________和 CAN-L ________；断路故障主要有________和________；对于终端电阻，目前绝大部分 CAN 总线系统在设计时是将终端电阻设置于控制器内，如发现终端电阻异常，则需要更换或维修控制器
③ 吉利帝豪 EV300 电动汽车遥控解锁过程是，当按下________时，遥控器向________发出信号，________通过 CAN 网络向________发出响应指令。然后，________执行相应功能</td></tr>
<tr><td>2. 绘制 B-CAN 网络简图、标注插接器位置图和针脚图</td><td colspan="7"></td></tr>
<tr><td>3. 综合分析故障原因</td><td colspan="7"></td></tr>
<tr><td>4. 制定诊断流程图</td><td colspan="7"></td></tr>
<tr><td colspan="8">二、任务准备</td></tr>
<tr><td rowspan="3">1. 车辆预检</td><td colspan="2">车辆 VIN 码</td><td colspan="2"></td><td>车辆型号</td><td colspan="2"></td></tr>
<tr><td colspan="2">车辆外观</td><td colspan="2">□正常 □划痕 □破损</td><td>损伤情况</td><td colspan="2"></td></tr>
<tr><td colspan="2">车辆内饰</td><td colspan="2">□正常 □划痕 □破损</td><td>损伤情况</td><td colspan="2"></td></tr>
</table>

续表

2. 安全防护	场地警戒与检查	□隔离栏　□警示牌　□灭火器		
	检查项目	状态记录		处理方案
	安全帽	□正常	□破损 □脏污 □过期	□更换 □维修 □清洁
	护目镜	□正常	□破损 □脏污 □过期	□更换 □维修 □清洁
	绝缘手套	□正常	□破损 □脏污 □过期	□更换 □维修 □清洁
	绝缘鞋	□正常	□破损 □脏污 □过期	□更换 □维修 □清洁
	绝缘工具套装	□正常	□破损 □脏污 □过期	□更换 □维修 □清洁
	绝缘垫外观	□正常	□破损 □脏污 □过期	□更换 □维修 □清洁
	绝缘垫检测	绝缘阻值		□更换 □维修
三、故障诊断				
1. 故障现象	故障描述			
	仪表故障灯	□无 □有：		
	故障码	□无 □有：		
	故障相关数据流	1		
		2		
2. 故障分析	故障原因分析			
	故障可能的部位			

3. 检测流程	小组分工	主操作员		记录员		
		安全员		汇报员		
	步骤	检测项目	测量条件及方法	测量值	正常值	结果
	1					□正常 □异常
	2					□正常 □异常
	3					□正常 □异常
	4					□正常 □异常
	5					□正常 □异常
	6					□正常 □异常

四、故障点确认及排除方案			
故障确认		维修方案	□更换 □维修 □调整
教师确认		教师签字：	

续表

五、故障验证			
故障 修复验证	故障现象		
	仪表故障灯	□无 □有：	
	故障码	□无 □有：	
	相关数据流	1	
		2	

六、任务评价			
自我评价	基本技能和关键技能是否掌握？	任务目标是否实现？效果如何？	给自己打分
小组评价	基本技能和关键技能是否掌握？	任务目标是否实现？效果如何？	给他（她）打分
	小组评价人员：		
工单评价	教师签名：		
整体评价	整体评价＝（10％自评＋10％小组评＋80％教师评价）		
	教师签名：		

教学课件

电子转向锁引起低压供电不正常故障

任务三　电子转向锁引起低压供电不正常故障

学习目标	
素质目标	1. 养成遵守个人和车间安全作业要求、注重个人安全防护，形成安全作业意识。 2. 养成严格执行汽车的检修规范，养成严谨科学的工作态度。 3. 逐步养成“整理、整顿、清扫、清洁、素养、安全”的6S习惯。 4. 养成遵守职业道德、社会公德的良好观念与习惯。
知识目标	1. 理解新能源汽车电子转向锁的作用与工作原理。 2. 掌握新能源汽车电子转向锁故障的诊断方法。
能力目标	1. 能根据仪表显示的现象、故障码、数据流及电路图分析故障原因。 2. 能制定电子转向锁故障的诊断流程。 3. 能根据制定的诊断流程对电子转向锁引起低压供电不正常故障进行诊断与排除。 4. 能根据诊断结果判定故障点，并对故障点进行维修或更换故障元器件。

【任务寄语】 锁具历史悠久，据出土文物考证和历史文献记载，锁具发展至今有五千年历史。锁具的开启需要钥匙，没用钥匙却打开他人的锁，是违法的行为。道德是发展先

进文化，构成人类文明，特别是精神文明的重要内容。社会离不开道德，人生离不开道德，“百行德为首”，一个人具有良好的道德，可以不断提高自己的价值取向，一个社会有良好的公德，可以有和谐的社会环境，国家安定强盛。在纷繁世事中能否守住道德底线，主要看一个人是否能够知荣辱、辨善恶、明得失。通俗地说，就是告诉人们哪些是应该做的，哪些是不该做的，哪些是绝对不能做的。古人说：“勿以恶小而为之，勿以善小而不为。”“积善成德，而神明自得。”对于芸芸众生，创造辉煌、走向伟大也许不是容易的事情，但是明白善恶，保存良知，这样的底线应该是能守住的。遵守职业道德是员工的本分，是个人成才的重要条件。一个人倘若无德，便容易走入歧途，便无以敬业，更无法立业和创业。

教学视频

电子转向锁引起低压供电不正常故障

一、电子转向锁的结构和工作原理

ESCL 是一种转向管柱锁定装置，主要由锁体、管柱和 PEPS 模块等组成。可以在汽车钥匙或便携式终端被插入或移开时生成检测信号，再由此对此汽车钥匙或便携式终端进行鉴权，最后以物理方式限制转向轴旋转运动的防盗装置。

其作用简单来说就是，当驾驶员从钥匙孔拿走钥匙后，转向柱便被锁舌锁住。这样，即使偷窃者不用钥匙（不经过点火开关）而用其他手段把发动机启动了，但由于汽车不能够正常转向，就无法实现盗窃。

ESCL 安装在方向盘转向管柱上，其工作方式为：当 PEPS 模块验证钥匙合法后，执行上锁时锁舌伸出，卡在管柱卡槽内，从而达到锁止转向管柱的效果；执行解锁时锁舌缩回，转向管柱可以自由转动。

二、故障案例

一辆吉利帝豪 EV300 电动汽车，用户反映启动车辆后，仪表显示“方向盘锁定系统解锁失败”，方向盘转不动。经技师上电查看，确实仪表显示“方向盘锁定系统解锁失败”，方向盘未解锁，不能 ON 挡，仪表提示音持续，车辆无法启动，主要故障灯和显示异常，如表 2-5 所示。经过技师诊断排除，确认是电子转向锁控制模块损坏，更换后故障现象消失，车辆可以正常启动。

表 2-5　　故障灯及显示异常情况

仪表盘显示的故障灯或故障信息	特点	其他异常
方向盘锁定系统解锁失败	闪亮	READY 灯不亮

三、故障分析

吉利帝豪 EV300 电动汽车，当按下启动开关，PEPS 模块检测周围遥控器的有效性，遥控器发出信号回应车辆，以解锁转向柱电子锁 ESCL，此时，PEPS 模块通过 CAN 总线与整车控制系统 VCU 进行信息认证，若所有信息有效，PEPS 模块将控制启动继电器以启动车辆。当电子转向锁、防盗和报警系统进行认证未通过或解锁失败时，PEPS 控制器通过 CAN 总线在仪表上显示认证失败或解锁失败，请重试的声光信息。当认证通过且解锁成功，PEPS 控制器断开电子转向锁电源，完成电子转向锁解锁过程。PEPS 模块将控制电源继电器以启动车辆。吉利帝豪 EV300 电子转向锁电路简图如图 2-16 所示。

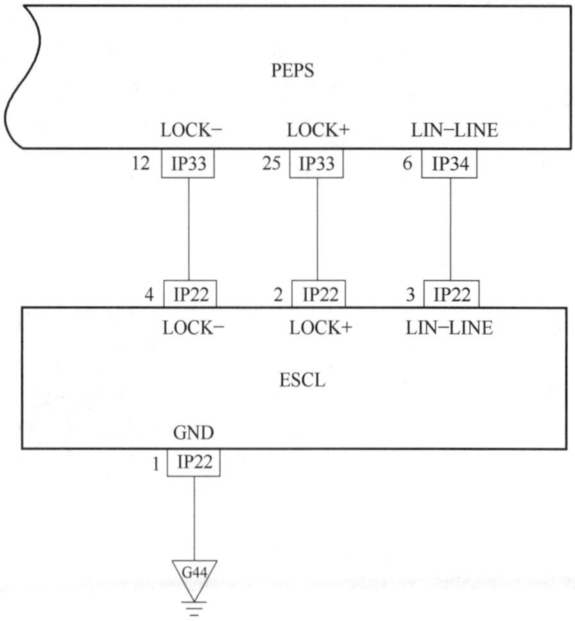

图 2-16　吉利帝豪 EV300 电子转向锁电路简图

根据图 2-16 吉利帝豪 EV300 电子转向锁电路可以看出，首先方向盘解锁涉及 PEPS 和 ESCL 两个模块。方向盘解锁成功的前提条件是 PEPS 正常工作，ESCL 模块正常，线路正常以及插接件正常，因此，方向盘解锁失败的可能原因就包括 PEPS 和 ESCL 两个部分的 7 种故障可能，如图 2-17 所示。

PEPS 模块的故障主要包含 PEPS 供电异常（包括 B+线路及相关保险、搭铁线路）、PEPS 与 ESCL 连接的信号线路与插接件以及 PEPS 硬件损坏等。供电异常往往是由于相关的供电线路故障，如供电线路断路、短路、保险熔断等，当出现这类故障时，需要对 PEPS 供电线路进行进一步的检查以确定故障点位置。信号线路故障主要是 PEPS 与 ESCL 连接部分，一般故障主要检查线路是否异常、插接器是否正常。而 PEPS 硬件损坏一般是由外部原因导致的 PEPS 内部元器件损坏、内部线路故障等，该类故障一般不好进行判断，一种办法是如果对其他故障进行排除后，仍不能解决故障，则可认为是 PEPS 损坏，另一种是直接拿一个好的 PEPS 换上，故障排除就可以确定是 PEPS 损坏故障。

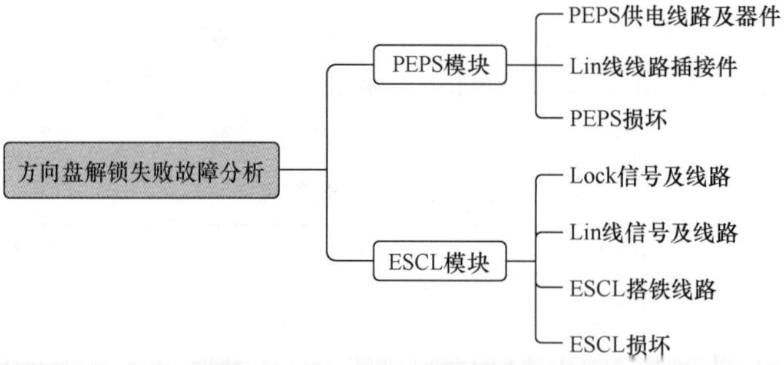

图 2-17　方向盘解锁失败故障分析

ESCL 模块的故障主要包含 ESCL 解锁与上锁信号、Lin 线信号、ESCL 搭铁线路以及 ESCL 硬件损坏等。主要从线路、插接器、模块本身入手检测，直至找到故障点。

四、诊断流程

当车辆发生方向盘解锁失败的故障时一般遵循图 2-18 所示的故障诊断流程进行排除。

首先要进行初步的检查，对低压蓄电池、高低压插接器等进行检查，如果低压蓄电池电压异常，则进行补充电能或者更换，如果有动力电池包相关插接器松动、脱落就进行修复，故障解除，则诊断结束。故障依然存在，则使用故障诊断仪，根据故障指向进行相应的检测与修复，当指向ESCL时，则从ESCL的线路、插接器、硬件等方面进行逐步排查，直至找到故障点并修复，当指向PEPS时，则从PEPS的供电、硬件等方面进行逐步排查，直至找到故障点并修复。

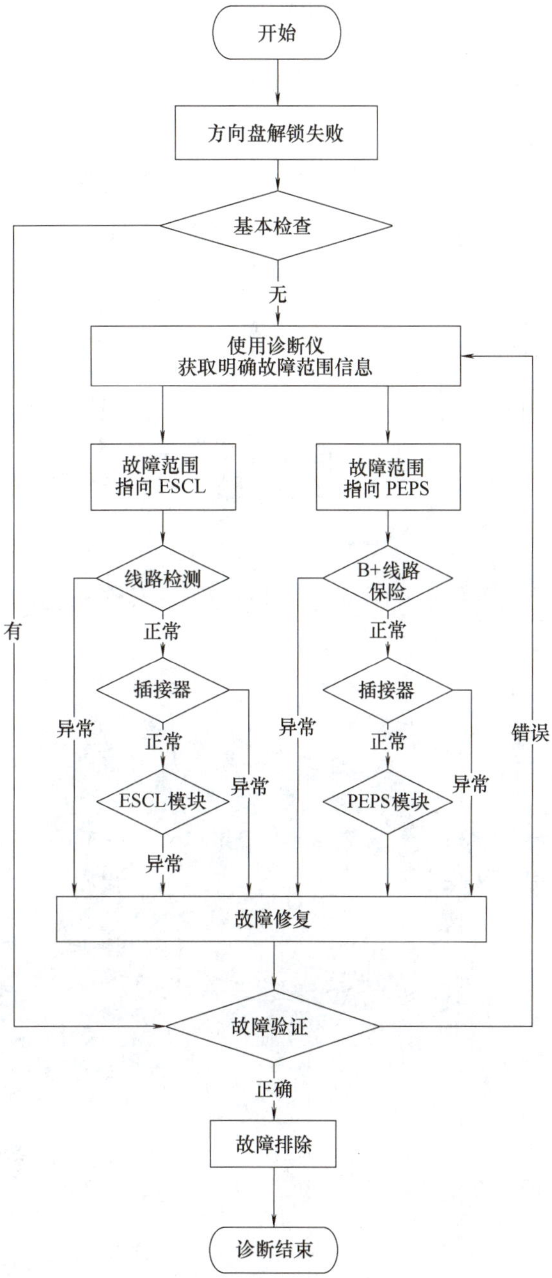

图 2-18 故障诊断流程

五、故障检修与修复

下面根据前面分析的诊断流程，完成故障案例——方向盘解锁失败故障的检测、诊断与修复。

第一步，确认故障现象。根据用户描述的故障现象，结合组合仪表的故障提示，确认为故障现象是，仪表显示“方向盘锁定系统解锁失败”，方向盘未解锁，不能切换到ON挡，仪表提示音持续，车辆无法启动。

第二步，连接故障诊断仪。关闭点火开关，将故障诊断仪与车辆诊断口连接。

第三步，启动车辆，使用故障诊断仪进入相关系统模块读取故障码和相关数据流，选择PEPS系统模块，读取故障码和相关数据流，读取到的故障码为B150846，ESCL内部故障，故障诊断仪读取的相关故障码和数据流如表2-6所示。通过仪表显示的信息和故障诊断仪所读取的信息，初步判断为ESCL模块及相关线路可能出现故障，故障部位可能是线路、插接器以及模块本身。

表 2-6　故障码及数据流情况

系统模块	能否进入	故障码	主要数据流
PEPS	能	B150846，ESCL内部故障	

第四步，确定故障范围。根据故障诊断仪的相关故障码和数据流，结合吉利帝豪 EV300 的 ESCL 电路图，如图 2-16 所示，确定故障范围 ESCL 自身及其相关线路、插接器等。

第五步，故障范围检测与测量，故障排除步骤及测量，如图 2-19 所示。

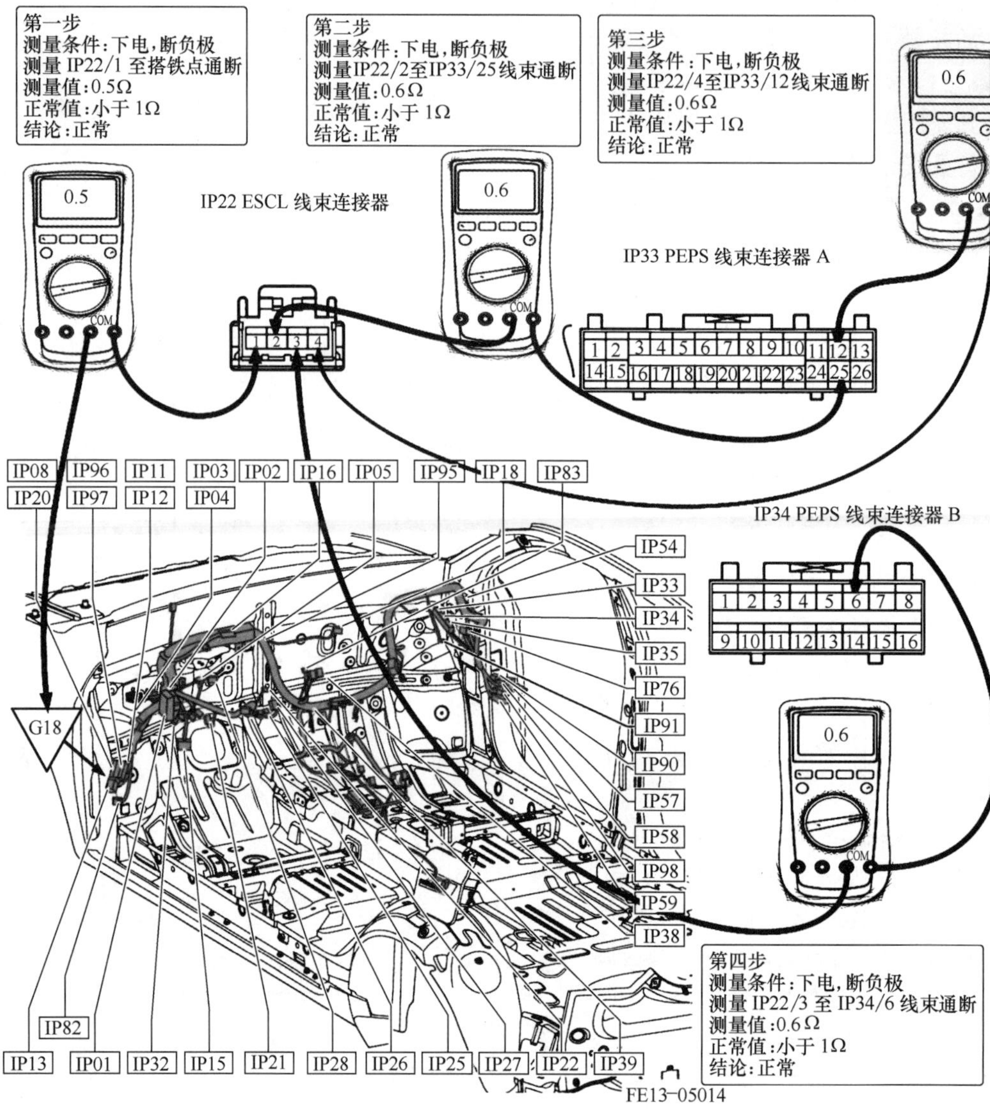

图 2-19　排故步骤及测量情况

第六步，故障点确认。经检查发现 ESCL 模块损坏。

第七步，故障排除及验证。更换 ESCL 模块，车辆上电，没有方向盘解锁失败的提示，READY 灯亮起，使用故障诊断仪对帝豪 EV300 进行故障码和数据流的读取，PEPS 显示无故障码，确认故障已排除。

六、故障机理

本故障案例的故障机理是，ESCL 模块损坏，导致“方向盘解锁失败”，PEPS 不能与

VCU 进行信息认证，PEPS 通过车身 CAN 总线 B-CAN 向组合仪表发送“方向盘解锁失败”信息。

七、案例小结

（1）吉利帝豪 EV300 电动汽车上，ESCL 模块与 PEPS 之间采用 Lin 线通信，当按下启动开关，PEPS 模块检测周围遥控器的有效性，遥控器发出信号回应车辆，以解锁转向柱电子锁 ESCL，此时，PEPS 模块通过 CAN 总线与整车控制系统 VCU 进行信息认证，若所有信息有效，PEPS 模块将控制启动继电器以启动车辆。

（2）方向盘解锁是高低压启动的必要条件，需要 PEPS 正常工作，ESCL 模块正常，PEPS 与 ESCL 线路正常，当收到启动按钮 SSB 发送的启动指令，PEPS 通过 Lin 线发送方向盘解锁指令，ESCL 收到信息并解锁方向盘。

（3）方向盘解锁失败涉及 PEPS 供电异常（包括 B+线路及相关保险、搭铁线路）、PEPS 与 ESCL 连接的信号线路与插接件以及 PEPS 硬件损坏等和 ESCL 模块的故障主要包含 ESCL 解锁与上锁信号、Lin 线信号、ESCL 搭铁线路以及 ESCL 硬件损坏等。

八、实训任务

实训任务 3　　　　电子转向锁引起低压供电不正常故障诊断与排除

<table>
<tr><td>姓名</td><td></td><td>班级</td><td></td><td>学号</td><td></td><td>日期</td><td></td></tr>
<tr><td>任务名称</td><td colspan="5">电子转向锁引起低压供电不正常故障诊断与排除</td><td>成绩</td><td></td></tr>
<tr><td>任务描述</td><td colspan="7">一辆吉利帝豪 EV300 电动汽车，用户反映启动车辆后，仪表显示“方向盘锁定系统解锁失败”，方向盘转不动。经技师上电查看，确实仪表显示“方向盘锁定系统解锁失败”，方向盘未解锁，不能 ON 挡，仪表提示音持续，车辆无法启动。经过技师诊断排除，确认是电子转向锁控制模块损坏，更换后故障现象消失，车辆可以正常启动</td></tr>
<tr><td colspan="8">一、信息收集</td></tr>
<tr><td>1. 诊断基础</td><td colspan="7">① 吉利帝豪 EV300 电动汽车上，ESCL 模块与 PEPS 之间采用________通信，当按下启动开关，________模块检测周围________的有效性，________发出信号回应车辆，以解锁________，此时，PEPS 模块通过________与整车控制系统 VCU 进行________，若所有信息有效，PEPS 模块将控制________以启动车辆
② 方向盘解锁是高低压启动的________，需要________正常工作，________模块正常，线路正常，当收到________发送的启动指令，PEPS 通过________发送方向盘解锁指令，________收到信息并解锁方向盘
③ 方向盘解锁失败涉及 PEPS ____________________________（包括及________、________）、PEPS 与____________________与插接件以及 PEPS 等和 ESCL 模块的故障主要包括 ESCL ________号、________信号、ESCL 搭铁线路以及 ESCL ________等</td></tr>
<tr><td>2. 绘制启动继电器控制简图、标注插接器位置图和针脚图</td><td colspan="7"></td></tr>
</table>

续表

<table>
<tr><td>3. 综合分析故障原因</td><td colspan="4"></td></tr>
<tr><td>4. 制定诊断流程图</td><td colspan="4"></td></tr>
<tr><td colspan="5">二、任务准备</td></tr>
<tr><td rowspan="3">1. 车辆预检</td><td>车辆 VIN 码</td><td></td><td>车辆型号</td><td></td></tr>
<tr><td>车辆外观</td><td>□正常 □划痕 □破损</td><td>损伤情况</td><td></td></tr>
<tr><td>车辆内饰</td><td>□正常 □划痕 □破损</td><td>损伤情况</td><td></td></tr>
<tr><td rowspan="9">2. 安全防护</td><td>场地警戒与检查</td><td colspan="3">□隔离栏 □警示牌 □灭火器</td></tr>
<tr><td>检查项目</td><td colspan="2">状态记录</td><td>处理方案</td></tr>
<tr><td>安全帽</td><td>□正常</td><td>□破损 □脏污 □过期</td><td>□更换 □维修 □清洁</td></tr>
<tr><td>护目镜</td><td>□正常</td><td>□破损 □脏污 □过期</td><td>□更换 □维修 □清洁</td></tr>
<tr><td>绝缘手套</td><td>□正常</td><td>□破损 □脏污 □过期</td><td>□更换 □维修 □清洁</td></tr>
<tr><td>绝缘鞋</td><td>□正常</td><td>□破损 □脏污 □过期</td><td>□更换 □维修 □清洁</td></tr>
<tr><td>绝缘工具套装</td><td>□正常</td><td>□破损 □脏污 □过期</td><td>□更换 □维修 □清洁</td></tr>
<tr><td>绝缘垫外观</td><td>□正常</td><td>□破损 □脏污 □过期</td><td>□更换 □维修 □清洁</td></tr>
<tr><td>绝缘垫检测</td><td colspan="2">绝缘阻值</td><td>□更换 □维修</td></tr>
<tr><td colspan="5">三、故障诊断</td></tr>
<tr><td rowspan="5">1. 故障现象</td><td>故障描述</td><td colspan="3"></td></tr>
<tr><td>仪表故障灯</td><td colspan="3">□无 □有：</td></tr>
<tr><td>故障码</td><td colspan="3">□无 □有：</td></tr>
<tr><td rowspan="2">故障相关数据流</td><td>1</td><td colspan="2"></td></tr>
<tr><td>2</td><td colspan="2"></td></tr>
<tr><td rowspan="2">2. 故障分析</td><td>故障原因分析</td><td colspan="3"></td></tr>
<tr><td>故障可能的部位</td><td colspan="3"></td></tr>
</table>

续表

<table>
<tr><td rowspan="8">3. 检测流程</td><td colspan="2" rowspan="2">小组分工</td><td>主操作员</td><td></td><td>记录员</td><td colspan="2"></td></tr>
<tr><td>安全员</td><td></td><td>汇报员</td><td colspan="2"></td></tr>
<tr><td>步骤</td><td colspan="2">检测项目</td><td>测量条件及方法</td><td>测量值</td><td>正常值</td><td>结果</td></tr>
<tr><td>1</td><td colspan="2"></td><td></td><td></td><td></td><td>□正常
□异常</td></tr>
<tr><td>2</td><td colspan="2"></td><td></td><td></td><td></td><td>□正常
□异常</td></tr>
<tr><td>3</td><td colspan="2"></td><td></td><td></td><td></td><td>□正常
□异常</td></tr>
<tr><td>4</td><td colspan="2"></td><td></td><td></td><td></td><td>□正常
□异常</td></tr>
<tr><td>5</td><td colspan="2"></td><td></td><td></td><td></td><td>□正常
□异常</td></tr>
<tr><td></td><td>6</td><td colspan="2"></td><td></td><td></td><td></td><td>□正常
□异常</td></tr>
<tr><td colspan="8">四、故障点确认及排除方案</td></tr>
<tr><td>故障确认</td><td colspan="3"></td><td>维修方案</td><td colspan="3">□更换 □维修 □调整</td></tr>
<tr><td>教师确认</td><td colspan="7">教师签字：</td></tr>
<tr><td colspan="8">五、故障验证</td></tr>
<tr><td rowspan="5">故障
修复验证</td><td colspan="2">故障现象</td><td colspan="5"></td></tr>
<tr><td colspan="2">仪表故障灯</td><td colspan="5">□无 □有：</td></tr>
<tr><td colspan="2">故障码</td><td colspan="5">□无 □有：</td></tr>
<tr><td colspan="2" rowspan="2">相关数据流</td><td>1</td><td colspan="4"></td></tr>
<tr><td>2</td><td colspan="4"></td></tr>
<tr><td colspan="8">六、任务评价</td></tr>
<tr><td rowspan="2">自我评价</td><td colspan="3">基本技能和关键技能是否掌握？</td><td colspan="2">任务目标是否实现？效果如何？</td><td colspan="2">给自己打分</td></tr>
<tr><td colspan="3"></td><td colspan="2"></td><td colspan="2"></td></tr>
<tr><td rowspan="3">小组评价</td><td colspan="3">基本技能和关键技能是否掌握？</td><td colspan="2">任务目标是否实现？效果如何？</td><td colspan="2">给他(她)打分</td></tr>
<tr><td colspan="3"></td><td colspan="2"></td><td colspan="2"></td></tr>
<tr><td colspan="7">小组评价人员：</td></tr>
<tr><td>工单评价</td><td colspan="7">教师签名：</td></tr>
<tr><td>整体评价</td><td colspan="7">整体评价=(10%自评+10%小组评+80%教师评价)</td></tr>
<tr><td colspan="8">教师签名：</td></tr>
</table>

项目三 整车控制系统故障诊断与排除

教学课件

整车控制器引起防盗报警故障

任务一　整车控制器引起防盗报警故障

学习目标	
素质目标	1. 养成遵守个人和车间安全作业要求、注重个人安全防护，形成安全作业意识。 2. 养成严格执行汽车的检修规范，养成严谨科学的工作态度。 3. 逐步养成“整理、整顿、清扫、清洁、素养、安全”的 6S 习惯。 4. 确立以社会主义核心价值观为指引的正确价值观导向。
知识目标	1. 理解新能源汽车整车控制系统的结构与工作原理。 2. 掌握新能源汽车整车控制器故障的诊断方法。
能力目标	1. 能根据仪表显示的现象、故障码、数据流及电路图分析故障原因。 2. 能制定整车控制器故障的诊断流程。 3. 能根据制定的诊断流程对整车控制器引起防盗报警故障进行诊断与排除。 4. 能根据诊断结果判定故障点，并对故障点进行维修或更换故障元器件。

【任务寄语】 整车控制器是纯电动汽车的核心控制部件，相当于纯电动汽车的大脑，它的主要功能是采集加速踏板信号、制动踏板信号及其他零部件的信号，在进行综合、分析和判断后，控制相关的零部件完成指定的动作，以实现被控车辆的正常行驶。

教学视频

整车控制器引起防盗报警故障

一、整车控制器故障诊断基础

（一）整车控制系统的组成及作用

新能源汽车整车控制系统是基于车载电子微处理器的硬件和软件，以及 CAN 通信网络系统等来实现对整车各个功能单元的控制。整车控制系统是新能源汽车三大核心系统之一，由整车控制器 VCU、电机控制器 MCU、动力电池管理系统 BMS、CAN 通信系统、零部件控制器以及驾驶人操纵系统等构成，如图 3-1 所示。

整车控制采用分层控制方式．整车控制器作为第一层，其他各控制器为第二层，各控制之间通过 CAN 网络进行信息交互，共同实现整车的功能控制，如图 3-2 所示。

整车控制系统为了满足新能源汽车整车动力性、经济性、安全性和舒适性的要求，一方面具备智能化的人车交互接口，另一方面，各系统之间彼此协作，优化匹配，主要对车辆实现以下的控制。

1. 分析驾驶人意图

整车控制系统对驾驶人操作信息及控制命令分析处理，也就是将驾驶人的加速信号和

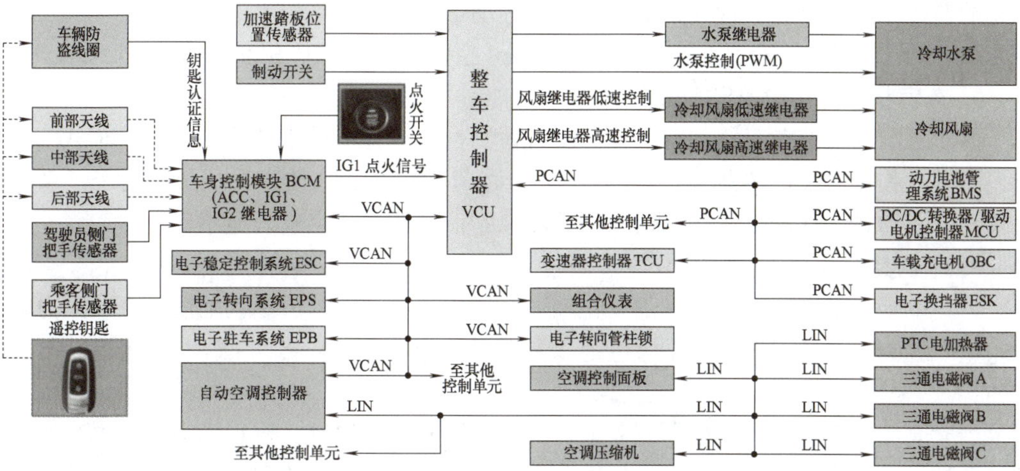

图 3-1 吉利帝豪 EV450 整车控制系统的组成

制动信号等控制操作根据某种规则，转化成电机的需求转矩命令。因而驱动电机对驾驶人操作的响应性能完全取决于整车控制的节气门解释结果，直接影响驾驶人的控制效果和操作感觉。

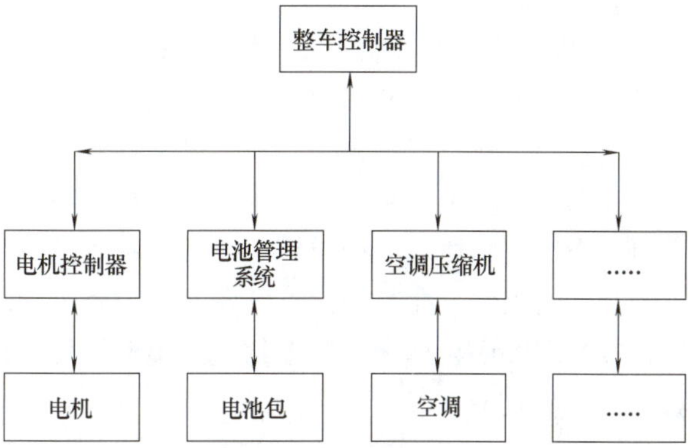

图 3-2 分层控制方法

2. 驱动控制

根据驾驶人对车辆的操纵输入（加速踏板、制动踏板及挡位开关）、车辆状态、道路及环境状况、经分析和处理，向 VCU 发出相应的指令保证安全性、舒适性。

3. 整车能量优化管理

通过对电动汽车的电机驱动系统、电池管理系统、传动系统以及其他车载能源动力系统（如：空调、电动泵等）的协调和管理，提高整车能量利用效率、延长续驶里程。

4. 充电系统控制

整车控制系统与电池管理系统共同进行充电过程中的充电功率控制，整车控制器接收到充电信号后，应该禁止高压系统上电，保证在充电状态下处于行驶锁止状态；并根据电池状态信息限制充电功率，保护电池。

5. 能量回馈控制

整车控制器根据加速踏板和制动踏板的开度、车辆行驶状态信息以及动力电池的状态信息（如 SOC 值充电容量与额定容量的比值，其取值范围为 0～1）来判断某一时刻能否进行制动能量回馈、在满足安全性能、制动性能以及驾驶人舒适性的前提下、回收部分车辆的惯性能量包括滑行和制动过程中的电机制动转矩控制。

6. 整车 CAN 总线网关及网络化管理

在整车的网络管理中，整车控制器是信息控制的中心，负责信息的组织与传输，网络状态的监控、网络节点的管理，信息优先权的动态分配及网络故障的诊断与处理等功能通过 CAN 总线协调电池管理系统、电机控制器、空调系统等模块相互通信。

7. 车辆状态的实时监测和显示

整车控制器应该对车辆的状态检修实时检测，并将各个子系统的信息发给车载信息显示系统其过程是通过传感器和 CAN 总线，检测车辆状态及其动力系统及相关个子系统状态信息，驱动显示仪表，将状态信息和故障诊断信息通过数字仪表显示出来。

8. 车辆其他控制

（1）电动化辅助系统管理。电动化辅助系统包括电动空调、制动辅助、电动助力转向等。整车控制器系统应该根据动力电池以及低压电池状态，对 DC/DC 电动化辅助系统检修监控。

（2）高压上下电控制。根据驾驶人对行车钥匙开关的控制，进行动力电池的高压接触器开关控制，以完成高压设备的电源通断和预充电控制上下电流程处理：协调各相关部件的上电与下电流程，包括电机控制器、电池管理系统等部件的供电，预充电继电器、主继电器的吸合和断开时间等。

（3）故障诊断与处理。连续监视整车电控系统、进行故障诊断，并及时进行相应安全处理根据传感器的输入及其他通过 CAN 总线通信得到的电机、电池、充电机等信息对各种故障检修到判断、等级分类、报警显示存储故障码，供维修时查看。故障指示灯提示故障类型和部分故障码。在行车过程中，根据故障内容作故障诊断与处理。

（4）换挡控制功能。挡位管理关系驾驶人的驾驶安全，正确理解驾驶人意图，以及识别车辆合理的挡位，在基于模型开发的挡位管理模块中得到很好的优化。能够在出故障时作出相应处理保证整车安全，在驾驶人出现挡位切换误操作时通过仪表等提示驾驶人，使驾驶人能迅速做出纠正。

（5）防溜车功能控制。纯电动汽车在坡上起步时，驾驶人从松开制动踏板到踩加速踏板过程中，会出现整车向后溜车的现象。在坡上行驶过程中，如果驾驶人踩加速踏板的深度不够，整车会出现车速逐渐降到 0 然后向后溜车现象，为了防止纯电动汽车在坡上起步和运行时向后溜车现象，在整车控制策略中增加了防溜车功能，防溜车功能可以保证整车在坡上起步时，向后溜车小于 10cm。在整车坡上运行过程中如果动力不足时，整车车速会慢慢降到 0，不再向后溜车。

（6）远程控制。通过互联网整车控制系统具有一定的远程控制功能，使用手机 APP 可以查询动力电池 SOC 值、空调控制和充电控制等。

（二）整车控制器工作模式

整车控制器共有 9 个工作模式，分别为停车状态、充电状态、启动状态（也可以称为自检状态）、运行状态、车辆前进/后退状态、回馈制动状态、机械制动状态、一般故障状态、重大故障状态，如图 3-3 所示。每个状态的工作状态如下。

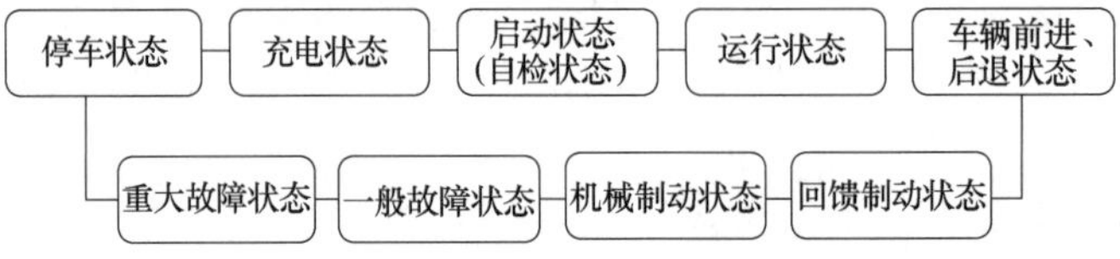

图 3-3 整车控制器工作模式

（1）停车状态：车辆处于停车状态，此时系统的主继电器断电，系统中各个节点停止运行。

（2）充电状态：当车辆在停车状态下，插上充电插头或者按下充电按钮时，整车控制器控制组合仪表显示电池充电状态，并对电池工作状态进行实时监测；电池管理系统BMS进入充电程序，并强制切断动力电机继电器的回路电源。

（3）启动状态（自检状态）：在整车控制器确认拔掉充电插头时，拨动汽车钥匙位置，这时系统中各个节点进入自检状态。

（4）运行状态：拨动汽车钥匙到指定位置，整车控制器向电机控制单元发送准备开车指令；整车控制器收到就绪指令后，闭合主继电器，进入行车程序。同时，电池管理系统BMS进入工作状态。

（5）车辆前进、后退状态：整车控制器通过对当前车辆功率的要求和蓄电池当前的状态计算并向电机控制器发出信号，动力电机控制器接收到方向信号和驱动转矩给定值信号后，控制动力电机进入运转状态，并根据方向信号确定动力电机的转向，以及根据驱动转矩给定值信号确定动力电机输出转矩的大小，控制电机的输出功率以实现动力性目标。

（6）回馈制动状态：当加速踏板回零而且制动踏板处于回馈制动区时，整车控制器发送符合回馈制动要求的负扭矩给电机控制单元；电机控制单元进入发电程序，电池管理系统进入电池回馈管理程序。

（7）机械制动状态：制动踏板离开回馈制动区，电机控制单元停止发电程序，整车控制器进入机械制动程序，电池管理系统停止回馈。

（8）一般故障状态：VCU检测到一般故障，整车控制器报警（报警灯闪烁、通过CAN总线发送相关的报警信息，通知其他的节点），整个系统降级运行。

（9）重大故障状态：VCU报警（紧急情况采用紧急呼叫指令通知其他节点），必要时切断主继电器电源，系统停车。

（三）整车控制器的工作任务

整车控制器在汽车行驶过程中执行多项任务，具体包括：

（1）接收、处理驾驶员的驾驶操作指令，并向各个部件控制器发送控制指令，使车辆按驾驶期望行驶。

（2）与电机、DC/DC转换器、蓄电池组等进行可靠通信，通过CAN总线（以及关键信息的模拟量）进行状态的采集输入及控制指令量的输出。

（3）接收处理各个零部件信息，结合能源管理单元提供当前的能源状况信息。

（4）系统故障的判断和存储，动态检测系统信息，记录出现的故障。

（5）对整车具有保护功能，视故障的类别对整车进行分级保护，紧急情况下可以关掉发电机及切断母线高压系统。

（6）协调管理车上其他电器设备。

（四）故障类型与故障分级

故障处理及自诊断功能也是整车控制系统控制策略的重要组成部分，在整车控制系统中整车控制器的代码中估计有60%以上的故障可以进行自诊断。吉利帝豪EV300整车控制器VCU信号输入与控制信号输出，如图3-4所示，左侧为各种输入信号，右侧为控制输出信号。

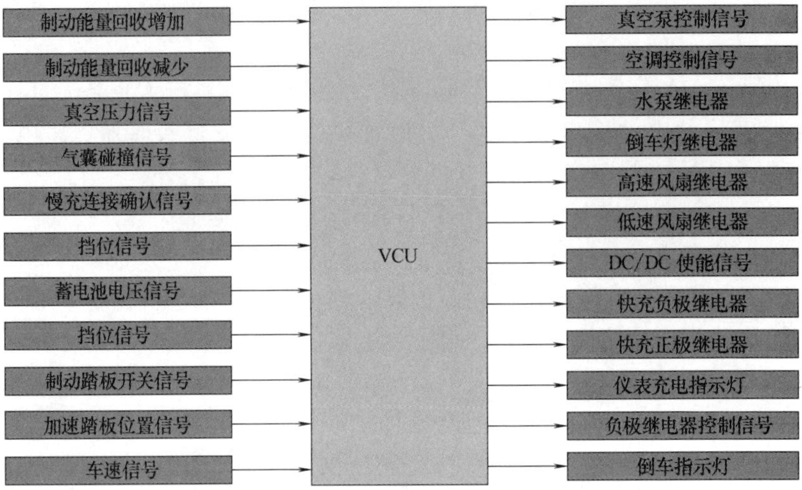

图 3-4　吉利帝豪 EV300 整车控制信号

从图 3-4 可以看出，控制系统常见故障如表 3-1 所示。信号输入端、控制输出端以及整车控制器 VCU 三部分既是整车控制系统组成也是整车控制系统的故障来源，就整车控制器来说，VCU 的供电异常、通信异常、输入信号异常以及输出信号异常都是常见的故障类型。

表 3-1　控制系统常见故障列表

故障源	故障类型	故障表现形式	电路故障形式
输入端	信号异常	信号缺失	断路、短路、器件损坏
		信号弱	接触不良、器件损坏
		信号错误	线路交错、短路、器件损坏
控制处理单元	整体无响应	供电异常	接触不良、断路、短路、器件损坏
		通信异常	接触不良、断路、短路、器件损坏
	部分无响应	功能异常	接触不良、断路、短路、器件损坏
输出端	执行器响应异常	执行器没收到控制信号	断路、短路、器件损坏
		执行器不动作	电源断路、执行器损坏
		控制信号异常	线路交错、短路、器件损坏

整车控制系统的故障主要分为传感器（加速踏板传感器）故障、继电器（空调继电器）故障以及 CAN 总线故障。依据故障的严重程度，将故障分为等级进行处理，当发生任何一种故障，纯电动汽车就运行进入相应故障模式。为了维修人员能够快速、准确地确定故障的位置，电动汽车上整车控制系统一般采用基于通用的诊断协议的诊断服务功能进行故障自诊断，并存储相应的故障信息。

《电动汽车远程服务与管理系统技术规范第 3 部分：通信协议及数据格式》（GB/T 32960.3—2016）将整车控制器故障划分为三个等级，其中，一级故障指不影响车辆正常行驶的故障；二级故障指影响车辆性能，需限制车辆行驶的故障；三级故障为最高级别故障，指驾驶人应立即停车处理或请求救援的故障。各个故障等级对应的故障内容由主机厂自行定义，主机厂也可以上述故障等级为基础再次进行细分。

吉利帝豪 EV300 纯电动汽车整车控制器采用了综合判断、分级处理的方式。整车控制器根据驱动电机、动力电池、DC/DC 转换器等部件故障、整车 CAN 网络故障及整车控制器硬件故障进行综合判断，确定整车故障等级，按照等级进行相应的控制处理。吉利帝豪 EV300 纯电动汽车对整车的故障等级进行了四级划分，如表 3-2 所示。

表 3-2　纯电动汽车故障等级

故障等级	名称	故障处理方式	故障列表
一级	致命故障	紧急断开高压	PEU 直流母线过电压故障、BMS 一般故障
二级	严重故障	零转矩	PEU 相电流过电流、IGBT[1]、旋变等故障；电机节点丢失故障；挡位信号故障
三级	一般故障	跛行模式	加速踏板位置信号故障
		降功率	电机超速故障
		限功率＜7kW	跛行故障、SOC＜1%、BMS 单体欠电压、内部通信、硬件等故障
		限速＜15km/h	低压欠电压故障、制动系统故障
四级	轻微故障	仪表显示能量回收故障，仅停止能量回收	PEU 电机控制系统温度传感器、直流欠电压故障、VCU 电控系统硬件、DC/DC 转换器异常等故障

当整车控制器在对自身及各子系统进行监测过程中发现故障时，将会点亮仪表中相应的指示灯，同时车辆诊断系统会将故障信息存入整车控制器内的存储器，通过标准的诊断仪器和诊断接口可以以故障码的形式读取相关信息。根据故障码的提示，维修人员能迅速准确地确定故障的性质和部位。

二、故障案例

一辆吉利帝豪 EV300 电动汽车，用户反映启动车辆后，车辆无法行驶，经技师上电查看发现仪表有显示，按“一键启动”后时屏幕中央显示“IMMO[2] 认证失败”，几秒后回到正常显示状态，动力系统故障灯亮起，双闪警告，报警喇叭持续警报，车辆无法启动，主要故障灯和显示异常，如表 3-3 所示。经过技师诊断排除，确认是整车控制器供电故障，修复后故障现象消失，车辆可以正常行驶。

表 3-3　故障灯及显示异常情况

序号	仪表盘显示的故障灯或故障信息	特点	其他异常
1	IMMO认证失败	几秒后消失	READY 灯不亮
2		常亮	报警喇叭持续 30s 报警

[1] IGBT 被称为绝栅双极型晶体管，也被俗称为新能源汽车“最强大脑”（芯片）核心部件，由于制造工艺非常复杂，目前世界上只有少数厂家具有生产 IGBT 的能力。

[2] IMMO：发动机防盗锁止系统。

续表

序号	仪表盘显示的故障灯或故障信息	特点	其他异常
3		闪烁	

三、故障分析

IMMO 模块是电子防盗系统，吉利帝豪 EV300 电动汽车上，IMMO 模块集成在 PEPS 模块中。当按下启动开关，PEPS 模块检测周围遥控器（UID）的有效性，遥控器发出信号回应车辆，以解锁转向柱电子锁（ESCL），此时，PEPS 模块通过 CAN 总线与整车控制系统 VCU 进行信息认证，若所有信息有效，PEPS 模块将控制启动继电器以启动车辆。当出现“IMMO 认证失败”，即使有遥控钥匙，依然无法启动车辆。如仪表收到 PEPS 发出的和 IMMO 认证失败信号时仪表会显示 IMMO 认证失败界面，如果没有，则仪表不显示和 IMMO 认证失败界面。整体来说，需要通过 PEPS 来启动整车控制器 VCU，此后才能进行车辆控制，吉利帝豪 EV300 的低压启动以及高压启动步骤如图 3-5 所示。

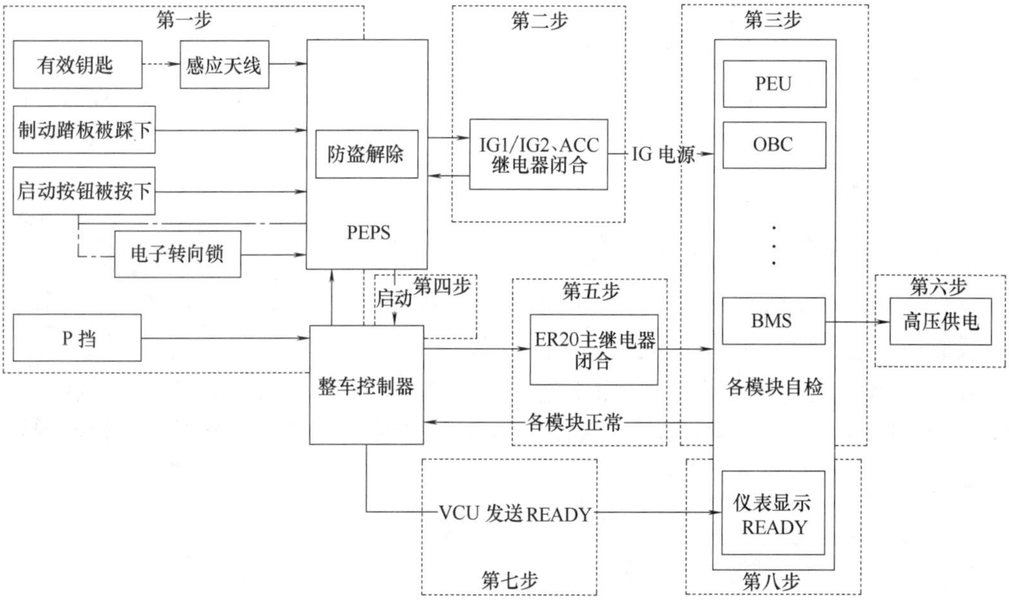

图 3-5　吉利帝豪 EV300 高低压启动步骤

根据图 3-5 吉利帝豪 EV300 的高低压启动步骤可以看出，首先 IMMO 认证是高低压启动的第一步，IMMO 认证的条件是 PEPS 收到有效的钥匙信息、制动踏板被踩下、启动按钮被按下、VCU 正常工作并把 P 挡信息传递至 PEPS，IMMO 认证成功是低压启动的成功标志，IMMO 认证成功，防盗解除。防盗解除后 PEPS 控制 IG 继电器接通，启动低压。因此，影响 IMMO 认证成功的因素有三方面，如图 3-6 所示。

PEPS 模块对触发 IMMO 认证条件的合法钥匙、制动踏板信号、启动按钮信号等一

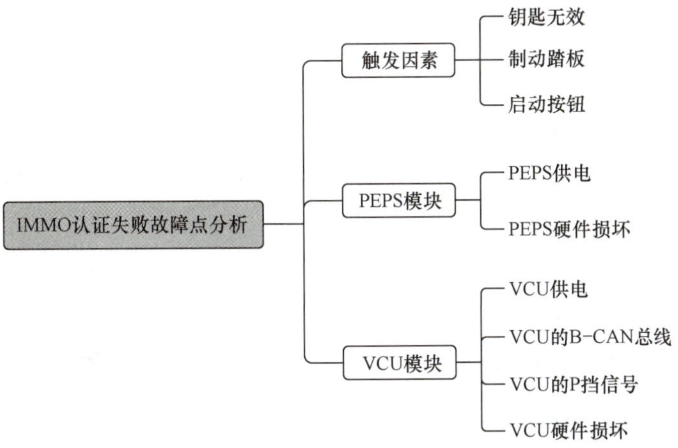

图 3-6　IMMO 认证失败可能故障点

般都会给出明显的提示信息，如没有检测到合法钥匙，直接去给另外两个信号，PEPS 会报告“未检测到智能钥匙”，制动踏板、启动按钮是指令因素，没有检测到指令信号 PEPS 也会给出明确的提示信息，因此触发因素的故障一般不会报告“IMMO 认证失败”的信息，而是有明确指示信息。因此报告 IMMO 认证失败主要从 PEPS 模块和 VCU 模块着手。

通过对 IMMO 认证失败可能故障点分析，VCU 模块的故障主要包含 VCU 供电异常、VCU 的车身 CAN 总线、VCU 信号以及 VCU 硬件损坏等。VCU 供电异常往往是由于相关的供电线路故障，如供电线路断路、短路、保险熔断等，当出现这类故障时，需要对 VCU 供电线路进行进一步的检查以确定故障点位置。VCU 的 CAN 总线通信故障主要是 VCU 与车身 CAN 总线部分，一般的通信故障主要检查 CAN 线是否异常。P 挡信号一般主要检查信号线是否正常、模块是否正常。而 VCU 硬件损坏一般是由外部原因导致的 VCU 内部元器件损坏、内部线路故障等，该类故障一般不好进行判断，一种办法是如果对其他故障进行排除后，仍不能解决故障，则可认为是 VCU 损坏，另一种是直接拿一个好的 VCU 换上，故障排除就可以确定是 VCU 损坏故障。

PEPS 模块的故障主要包含 PEPS 供电异常、PEPS 硬件损坏等。PEPS 供电异常往往是由于相关的供电线路故障，如供电线路断路、短路、保险熔断等，当出现这类故障时，需要对 PEPS 供电线路进行进一步的检查以确定故障点位置。PEPS 硬件损坏一般是由外部原因导致的 PEPS 内部元器件损坏、内部线路故障等，该类故障一般不好进行判断，一种办法是如果对其他故障进行排除后，仍不能解决故障，则可认为是 PEPS 损坏，另一种是直接拿一个好的 PEPS 换上，故障排除就可以确定是 PEPS 损坏故障。

四、诊断流程

当车辆发生 IMMO 认证失败的故障时一般遵循如图 3-7 所示的故障诊断流程进行排除。

首先要进行初步的检查，对低压蓄电池、高低压插接器等进行检查，如果低压蓄电池电压异常，则进行补充电能或者更换，如果有动力电池包相关插接器松动、脱落就进行修

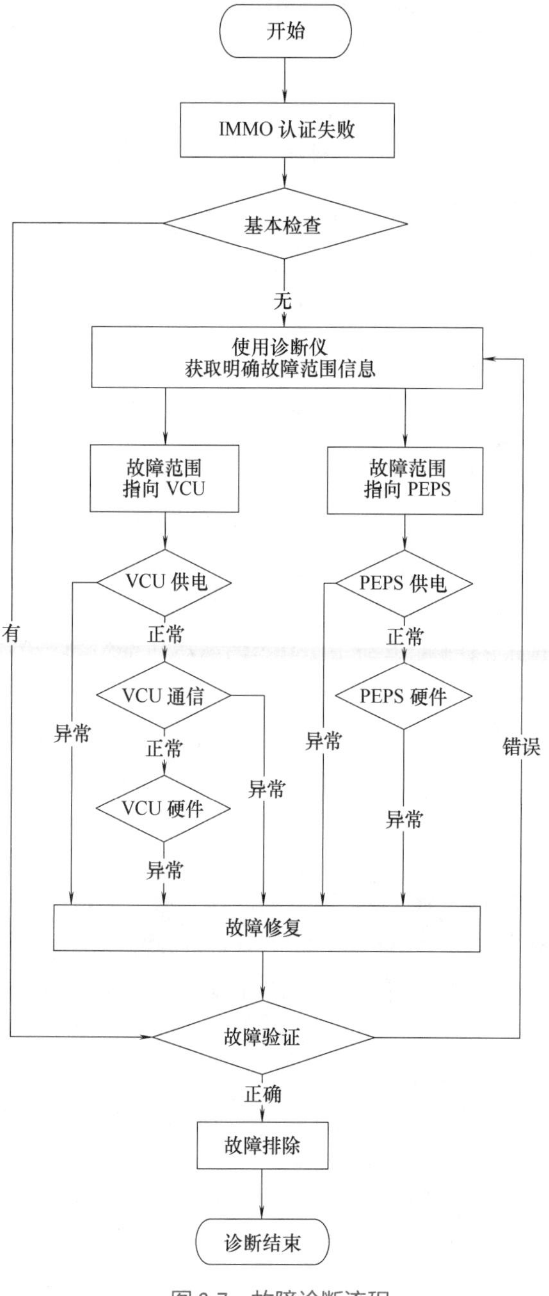

图 3-7　故障诊断流程

复，故障解除，则诊断结束。故障依然存在，则使用故障诊断仪，根据故障指向进行相应的检测与修复，当指向 VCU 时，则从 VCU 的供电、通信、硬件等方面进行逐步排查，直至找到故障点并修复，当指向 PEPS 时，则从 PEPS 的供电、硬件等方面进行逐步排查，直至找到故障点并修复。

五、故障检修与修复

下面根据前面分析的诊断流程，完成故障案例——IMMO 认证失败故障的检测、诊断与修复。

第一步，确认故障现象。根据用户描述的故障现象，结合组合仪表的故障提示，确认为故障现象是，按一键启动后屏幕中央显示“IMMO 认证失败”，几秒后回到正常显示状态，动力系统故障灯亮起，双闪警告，报警喇叭持续响起，车辆无法启动。

第二步，连接故障诊断仪。关闭点火开关，将故障诊断仪与车辆诊断口连接。

第三步，启动车辆，使用故障诊断仪进入相关系统模块读取故障码和相关数据流，发现故障诊断仪不能进入整车控制器 VCU 模块。切换 PEPS 系统模块能进入，读取故障码和相关数据流，读取到的故障码为 U014287，VCU 通信丢失。故障诊断仪读取的相关故障码和数据流，如表 3-4 所示，通过仪表显示的信息和故障诊断仪所读取的信息，初步判断为整车控制器可能出现故障，故障部位可能是整车控制器的供电和通信，由简易难的故障诊断思路，可以先对整车控制器的供电进行检查。

表 3-4　故障码及数据流情况

序号	系统模块	能否进入	故障码	主要数据流
1	VCU	不能		
2	PEPS	能	U014287，VCU 通信丢失	

第四步，确定故障范围。根据故障诊断仪的相关故障码和数据流，结合吉利帝豪EV300的整车控制器VCU电路图，如图3-8所示，确定故障范围整车控制器VCU自身及其相关线路、保险、继电器、插接器等，根据故障范围找到VCU模块ON、VCC供电线路。

通过对整车控制器相关电路进行分析可知，整车控制器连接器CA55的端子69、端子71为供电线，端子79、端子80为搭铁线。对整车控制器的供电线及搭铁线进行测量。

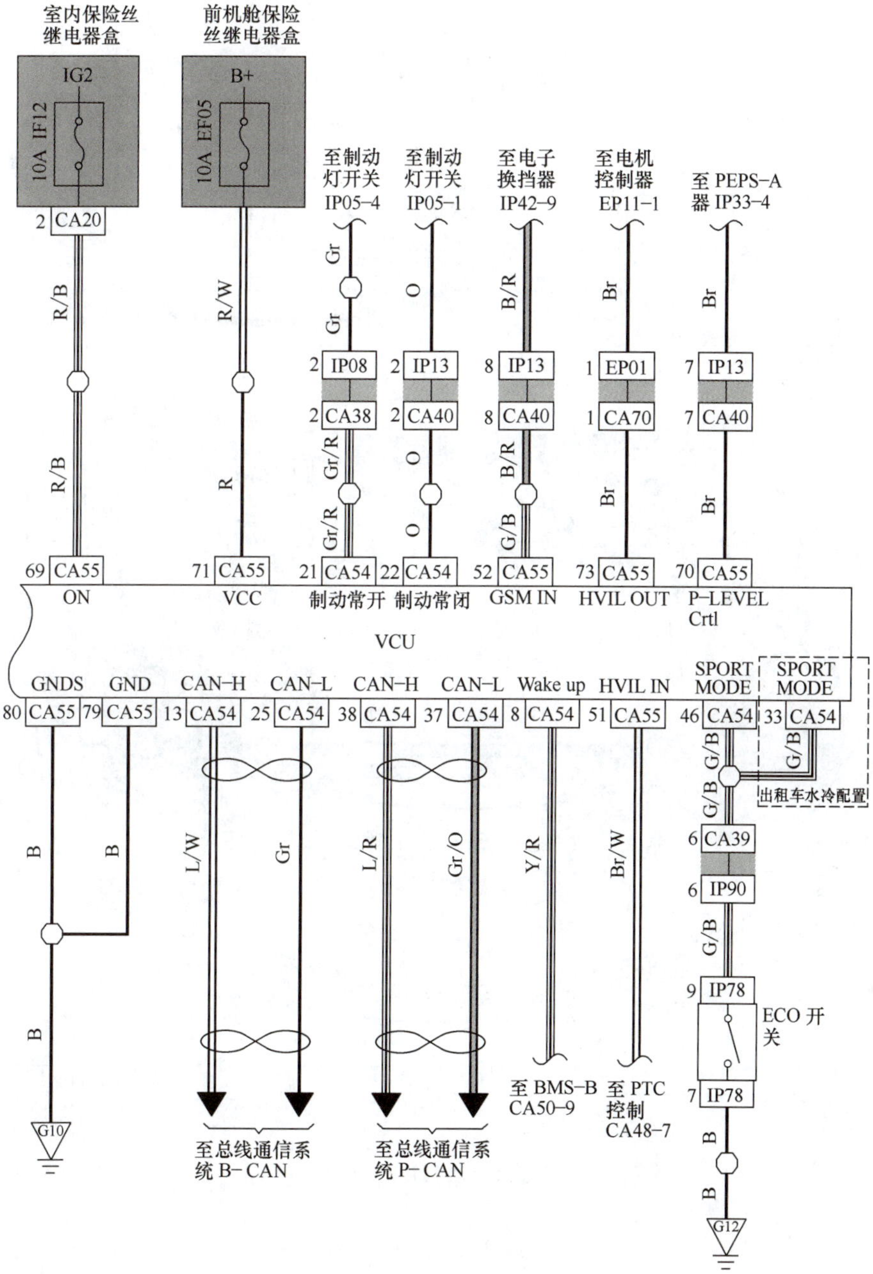

图3-8　吉利帝豪EV300整车控制器VCU电路图

第五步，故障范围检测与测量，故障排除步骤及测量如图 3-9、图 3-10 所示。

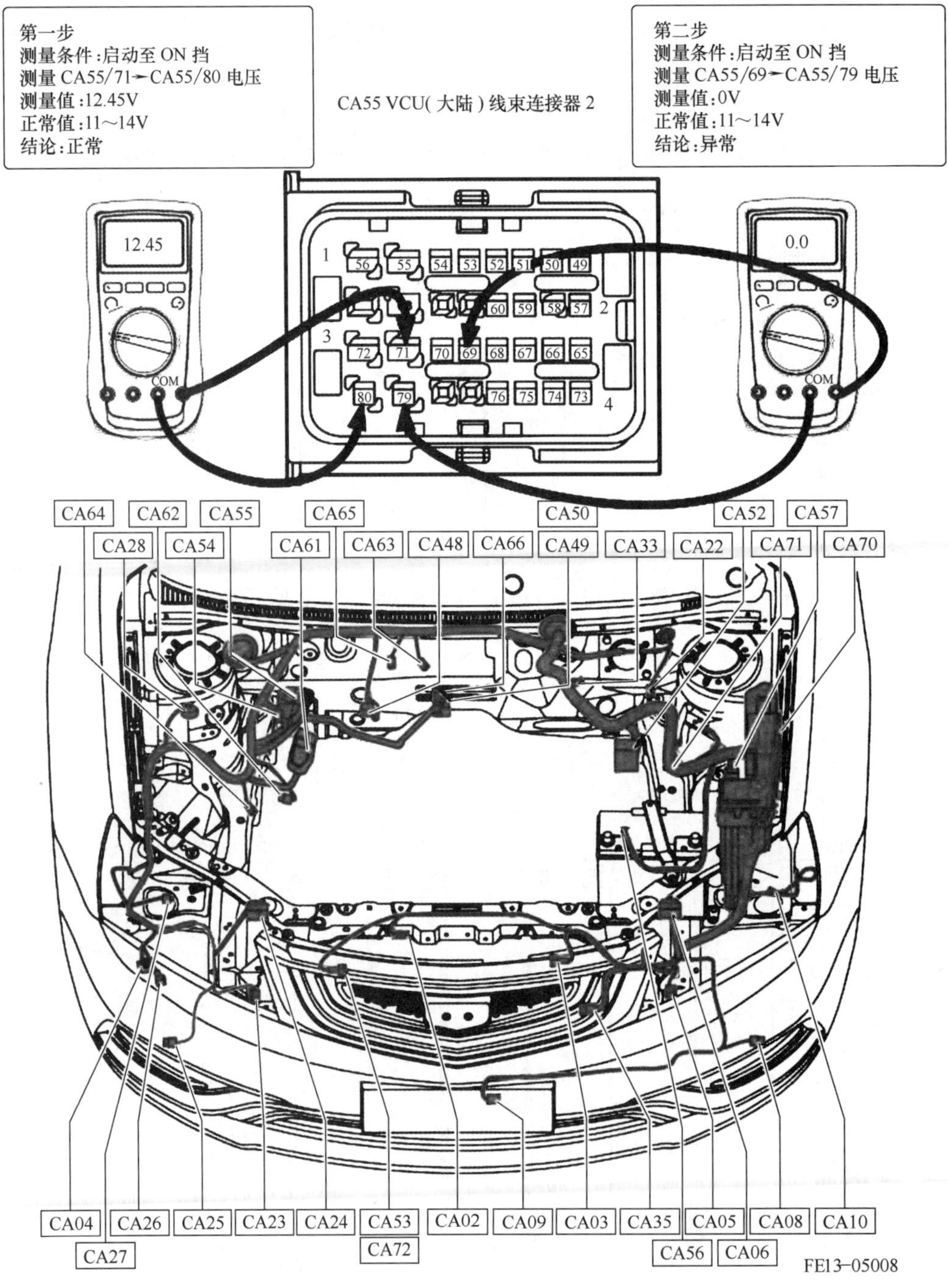

图 3-9　故障排除步骤及测量情况（一）

第六步，故障点确认。经检查发现 IF12 保险熔断。

第七步，故障排除及验证。更换 IF12 保险，验证测量如图 3-11 所示。车辆上电，没有 IMMO 认证失败的提示，READY 灯亮起，使用故障诊断仪对帝豪 EV300 进行故障码

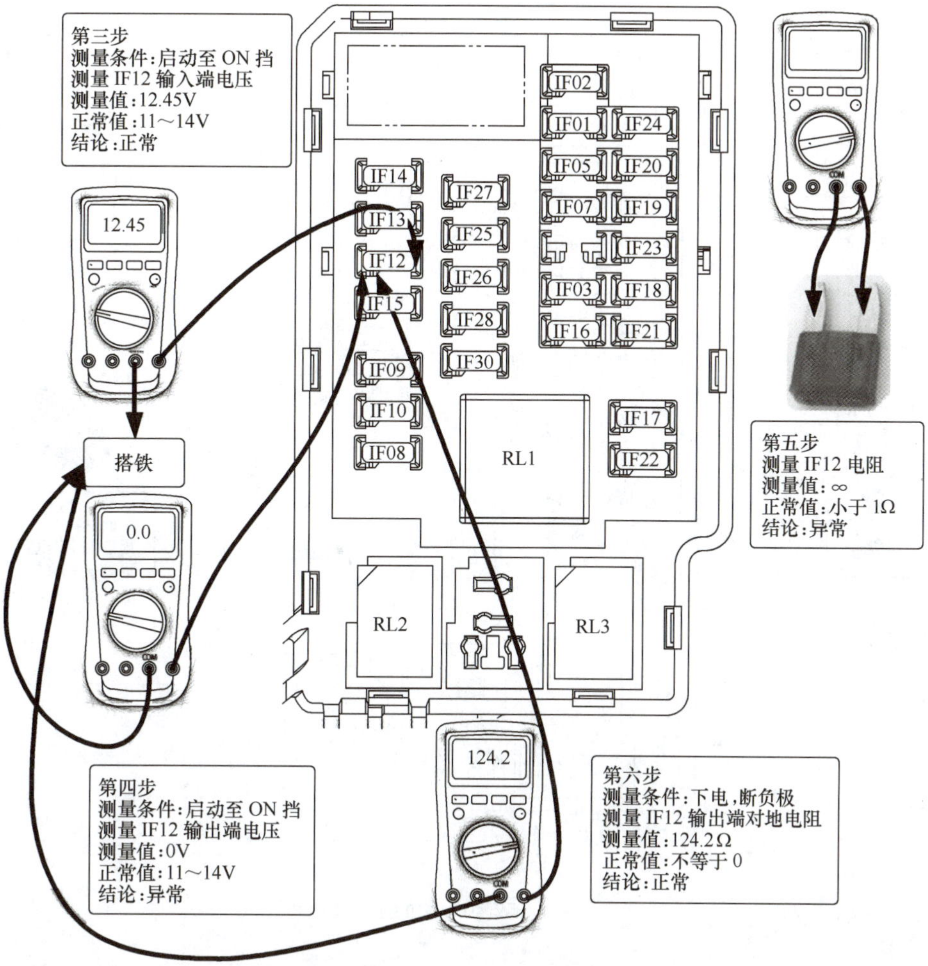

图 3-10 故障排除步骤及测量情况（二）

和数据流的读取，VCU 模块能进入，PEPS 显示无故障码，确认故障已排除。

六、故障机理

本故障案例的故障机理是，IF12 保险熔断，整车控制器 VCU 的 IG2 供电不正常，因此整车控制器 VCU 未能正常工作，PEPS 不能与 VCU 进行信息认证，PEPS 通过车身 CAN 总线 B-CAN 向组合仪表发送“IMMO 认证失败”信息。

七、案例小结

（1）吉利帝豪 EV300 电动汽车上，IMMO 模块集成在 PEPS 模块中。当按下启动开关，PEPS 模块检测周围遥控器（UID）的有效性，遥控器发出信号回应车辆，以解锁转向柱电子锁（ESCL），此时，PEPS 模块通过 CAN 总线与整车控制系统 VCU 进行信息认证，若所有信息有效，PEPS 模块将控制启动继电器以启动车辆。

（2）IMMO 认证是高低压启动的第一步，IMMO 认证的条件是 PEPS 收到有效的钥

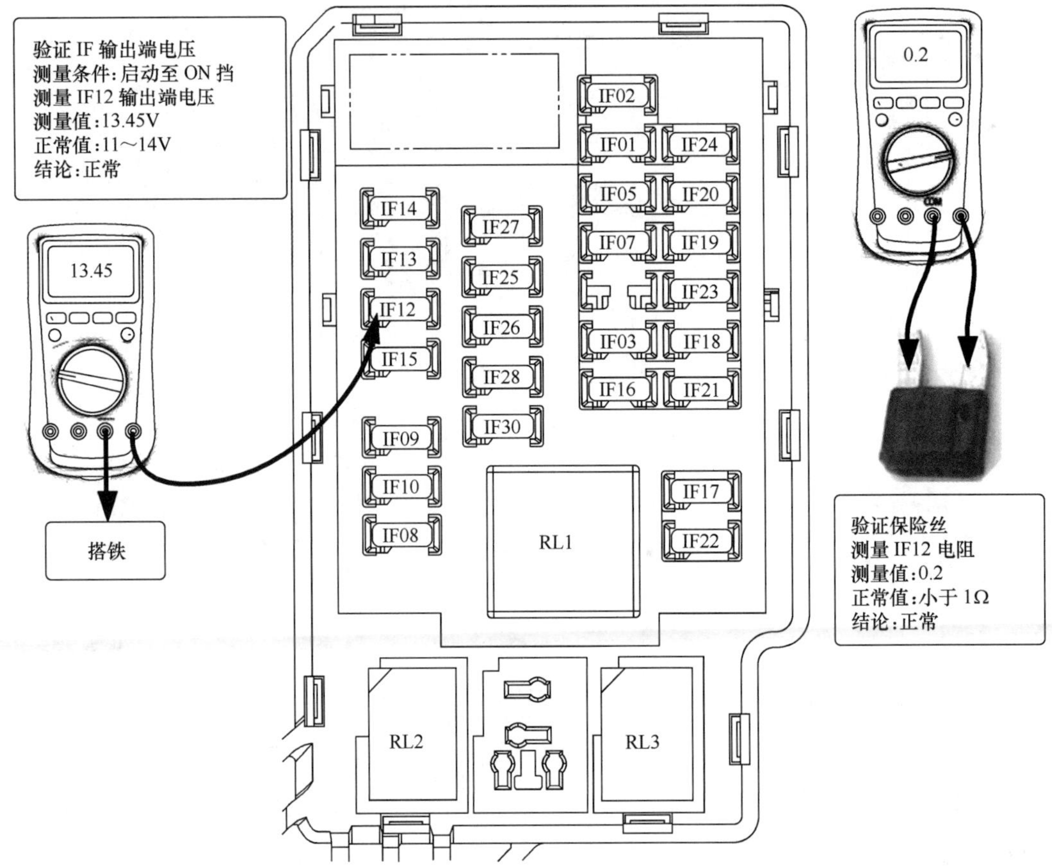

图 3-11　故障点验证测量情况

匙信息、制动踏板被踩下、启动按钮被按下、VCU 正常工作并把 P 挡信息传递至 PEPS，IMMO 认证成功是低压启动的成功标志，IMMO 认证成功，防盗解除。

（3）IMMO 认证失败涉及 VCU 模块的故障主要包含 VCU 供电异常、VCU 的车身 CAN 总线、VCU 信号以及 VCU 硬件损坏等，涉及 PEPS 模块的故障主要包含 PEPS 供电异常、PEPS 硬件损坏等。

八、实训任务

实训任务 4　　整车控制器引起防盗报警故障诊断与排除

姓名		班级		学号		日期	
任务名称	整车控制器引起防盗报警故障诊断与排除					成绩	
任务描述	一辆吉利帝豪 EV300 电动汽车，用户反映启动车辆后，车辆无法行驶，经技师上电查看发现仪表有显示，按一键启动后时屏幕中央显示“IMMO 认证失败”，几秒后回到正常显示状态，动力系统故障灯亮起，双闪警告，报警喇叭持续警报，车辆无法启动。经过技师诊断排除，确认是整车控制器供电故障						

续表

<table>
<tr><td colspan="6">一、信息收集</td></tr>
<tr><td>1. 诊断基础</td><td colspan="5">① 吉利帝豪 EV300 电动汽车上，防盗认证模块集成在________中。当按下启动开关，________检测周围________的有效性，________发出信号回应车辆，并解锁________，此时，________通过 CAN 总线与________进行信息认证，若所有信息有效，________将控制________以启动车辆
② ________是高低压启动的第一步，________的条件是________收到有效的________、________、________、________并把 P 挡信息传递至 PEPS，________是低压启动的成功标志，________成功，________解除
③ VCU 模块引起________涉及的主要故障包含 VCU ________、VCU 的________、VCU ________等</td></tr>
<tr><td>2. 绘制整车控制器电路简图、标注插接器位置图和针脚图</td><td colspan="5"></td></tr>
<tr><td>3. 综合分析故障原因</td><td colspan="5"></td></tr>
<tr><td>4. 制定诊断流程图</td><td colspan="5"></td></tr>
<tr><td colspan="6">二、任务准备</td></tr>
<tr><td rowspan="3">1. 车辆预检</td><td>车辆 VIN 码</td><td colspan="2"></td><td>车辆型号</td><td></td></tr>
<tr><td>车辆外观</td><td colspan="2">□正常 □划痕 □破损</td><td>损伤情况</td><td></td></tr>
<tr><td>车辆内饰</td><td colspan="2">□正常 □划痕 □破损</td><td>损伤情况</td><td></td></tr>
<tr><td rowspan="9">2. 安全防护</td><td>场地警戒与检查</td><td colspan="4">□隔离栏　□警示牌　□灭火器</td></tr>
<tr><td>检查项目</td><td colspan="2">状态记录</td><td colspan="2">处理方案</td></tr>
<tr><td>安全帽</td><td>□正常</td><td>□破损 □脏污 □过期</td><td colspan="2">□更换 □维修 □清洁</td></tr>
<tr><td>护目镜</td><td>□正常</td><td>□破损 □脏污 □过期</td><td colspan="2">□更换 □维修 □清洁</td></tr>
<tr><td>绝缘手套</td><td>□正常</td><td>□破损 □脏污 □过期</td><td colspan="2">□更换 □维修 □清洁</td></tr>
<tr><td>绝缘鞋</td><td>□正常</td><td>□破损 □脏污 □过期</td><td colspan="2">□更换 □维修 □清洁</td></tr>
<tr><td>绝缘工具套装</td><td>□正常</td><td>□破损 □脏污 □过期</td><td colspan="2">□更换 □维修 □清洁</td></tr>
<tr><td>绝缘垫外观</td><td>□正常</td><td>□破损 □脏污 □过期</td><td colspan="2">□更换 □维修 □清洁</td></tr>
<tr><td>绝缘垫检测</td><td colspan="2">绝缘阻值</td><td colspan="2">□更换 □维修</td></tr>
</table>

续表

三、故障诊断			
1. 故障现象	故障描述		
	仪表故障灯	□无 □有：	
	故障码	□无 □有：	
	故障相关数据流	1	
		2	
2. 故障分析	故障原因分析		
	故障可能的部位		

3. 检测流程						
小组分工	主操作员		记录员			
	安全员		汇报员			
步骤	检测项目	测量条件及方法	测量值	正常值	结果	
1					□正常 □异常	
2					□正常 □异常	
3					□正常 □异常	
4					□正常 □异常	
5					□正常 □异常	
6					□正常 □异常	

四、故障点确认及排除方案			
故障确认		维修方案	□更换 □维修 □调整
教师确认		教师签字：	

五、故障验证			
故障修复验证	故障现象		
	仪表故障灯	□无 □有：	
	故障码	□无 □有：	
	相关数据流	1	
		2	

六、任务评价			
自我评价	基本技能和关键技能是否掌握？	任务目标是否实现？效果如何？	给自己打分

续表

小组评价	基本技能和关键技能是否掌握？	任务目标是否实现？效果如何？	给他(她)打分
	小组评价人员：		
工单评价	教师签名：		
整体评价	整体评价=(10%自评+10%小组评+80%教师评价)		
教师签名：			

教学课件

任务二　整车控制器引起高压供电不正常故障

整车控制器引起高压供电不正常故障

学习目标	
素质目标	1. 养成遵守个人和车间安全作业要求、注重个人安全防护，形成安全作业意识。 2. 养成严格执行汽车的检修规范，养成严谨科学的工作态度。 3. 逐步养成“整理、整顿、清扫、清洁、素养、安全”的6S习惯。 4. 成为具有新时代担当的劳动者，领悟工匠精神的核心——责任担当。
知识目标	1. 理解新能源汽车高压启动控制系统的结构与工作原理。 2. 掌握新能源汽车高压启动控制系统故障的诊断方法。
能力目标	1. 能根据仪表显示的现象、故障码、数据流及电路图分析故障原因。 2. 能制定高压启动控制系统故障的诊断流程。 3. 能根据制定的诊断流程对整车控制器引起高压供电不正常故障进行诊断与排除。 4. 能根据诊断结果判定故障点，并对故障点进行维修或更换故障元器件。

【任务寄语】 责任就是对自己所负使命的忠诚和信守，就是对自己工作出色地完成，就是忘我的坚守，就是人性的升华。在工作中表现优秀的人往往都是那些有着强烈责任感的人，在市场中生存比较好的企业也往往是那些有责任感的企业。责任会成就一个人或一个组织的成功，丢掉了责任，同样也就丢掉了成功的机会。因而，每个人对待工作，都不能将责任抛到脑后，因为责任是你走向成功、杰出乃至卓越的起点。勇于负责的精神是一种全力以赴、善始善终的工匠精神，一旦这种精神主宰一个人的心灵，渗透进一个人的个性中，它就会影响一个人的行为和气质。这也是一种对自己负责、高度自律的特质。

教学视频

整车控制器引起高压供电不正常故障

一、高压启动控制原理

（一）高压启动定义

高压启动即车辆从其他挡位（OFF挡、ACC挡、ON挡）至READY

挡的过程，也可称为高压上电。高压上电成功的车辆状态：与车辆高压系统运行相关模块都处于可工作、高压接触器吸合、驱动系统无故障、仪表 READY 灯点亮的状态。

（二）高压启动操作步骤

吉利帝豪 EV 纯电动汽车高压启动主要有三种启动方式：

（1）OFF 挡不踩刹车，按下启动按钮至 ACC 挡；不踩刹车，再次按下启动按钮至 ON 挡；踩刹车，按下启动按钮至 READY 挡。

（2）OFF 挡不踩刹车，按下启动按钮至 ACC 挡；踩刹车，按下启动按钮至 READY 挡。

（3）OFF 挡踩刹车，按下启动按钮至 READY 挡，如图 3-12 所示。

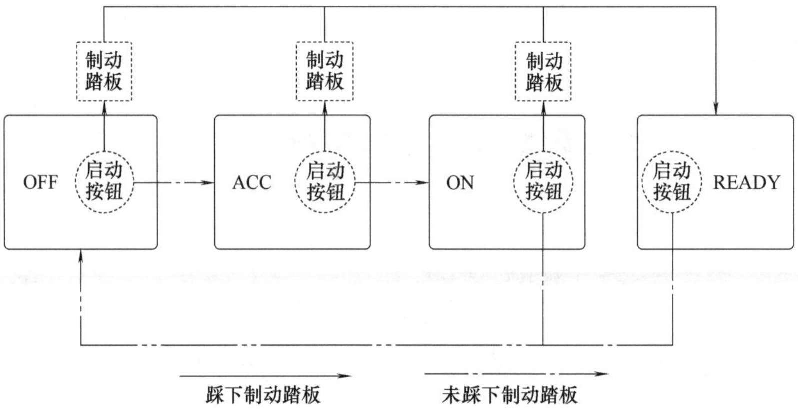

图 3-12　高压上下电操作步骤

与传统汽车类似，ACC 和 ON 挡分别可以用于启动多媒体和完成车辆各模块上电自检的作用，能够在一定程度上提前发现车辆故障，避免某些情况下带故障启动造成潜在的危险，（2）、（3）两种启动方式未完成模块自检工作就直接启动，不建议采用。而（1）方式启动，车辆各模块在完成自检后无故障情况后启动高压，有利于降低模块损坏风险。

（三）高压启动控制逻辑

（1）吉利帝豪 EV300 电动汽车高压启动首先需满足三个前提条件。

① 相关模块（VCU、PEPS、BCM、IPU、BMS……）自身、电源、接地正常。

② 相关传感器（旋转变压器、制动开关）、执行器（IG1 继电器、IG2 继电器、主继电器）、线路正常。

③ P-CAN（动力网）、B-CAN（车身网）网络无故障。

（2）在满足以上三个条件的前提下，按下启动开关至 ON 挡，仪表显示正常无故障灯，PEPS 模块完成输入信号的条件甄别并对防盗解锁，车辆模块供电做出相应控制。

（3）PEPS 控制 ACC、IG1、IG2 继电器吸合将 12V 电源提供给多个低压模块，各模块可以完成自检并通过 CAN 网络传输模块的工作状态。

（4）VCU 通过输出高压互锁 PWM 信号，并将信号与各高压模块线束连接器或模块上盖开闭状态关联，只有各模块的高压插件安装到位，上盖关闭的状态下，VCU 才能够从信号输入端检测到高压互锁的信号，从而确认各高压部件及插接器连接情况，并通过 P-CAN 网络发送给 BMS 确认高压互锁连接正常。

（5）完成以上步骤后，须同时满足以下条件。电池管理系统 BMS 在工作状态下通过动力电池正负极母线上的漏电传感器对动力电池高压正负极母线的绝缘电阻进行检测，并且实时发送绝缘电阻及漏电报警。当 BMS 检测到绝缘电阻大于 20MΩ 时，BMS 会通过 P-CAN 发送绝缘故障信号至整车控制器 VCU 来控制车辆紧急下电。

（6）BMS 内部检测整车碰撞信号，电池温度电压信号等。

① 碰撞信号检测：在 ON 挡或 READY 状态下 BMS 通过 ACU（安全气囊控制单元）发送的 PWM 信号检测车辆，在整车发生碰撞的时候，BMS 及时断开高压接触器，从而断开整车高压回路，保证整车碰撞高压安全，避免发生短路等风险；同时 BMS 将碰撞信号通过 P-CAN 网络发送至 VCU，VCU 接收信号后控制 EPB、IPU、IPC 执行减速、停止电机运行并点亮仪表故障灯等相应操作。

② 温度、电压信号检测：每个电池单元有多个 CSC（电池信息采集器）采集系统，以检测其中每个电池单体或电池组的电压、温度信号。CSC 采集系统将相关信息上报电池控制单元（BMS）并根据 BMS 的指令执行单体电压均衡。

（7）VCU 模块需接受 5 个输入信号、1 个反馈信号，并对外输出 4 个信号。

① 5 个输入信号分别为：PEPS 启动信号（启动开关按下，将信号通过 BCM 传输至 VCU）；各模块自检正常（与启动相关的模块完成自检后通过 CAN 网络传输自检完成信号）；OBC 无插枪信号（保证车辆与充电枪断开连接）；EPB 电子驻车信号（确认车辆处于停车状态）；IPU（驱动系统）无故障。

② 4 个输出信号分别为：发送启动信号给 BMS（唤醒）；发送启动信号给 IPU（唤醒）；控制主继电器吸合；发送 READY 灯点亮信号给 ICU（组合仪表）。

③ 1 个反馈信号分别为：主继电器吸合反馈（确认主继电器正常工作）。

以上条件都满足后 BMS 依次接通主负接触器、预充接触器，开始预充；预充完成后主正接触器接通、预充接触器断开；完成整个高压启动过程。

二、故障案例

一辆吉利帝豪 EV300 电动汽车，用户反映启动车辆后，绿色“READY”灯不亮，出现了几个红色的指示灯，车辆无法行驶，经技师上电查看发现仪表有显示，动力系统故障灯亮起，动力电池警告灯亮起，蓄电池充电警告灯点亮，车辆无法启动，主要故障灯和显示异常如表 3-5 所示。经过技师诊断排除，确认是整车控制器动力 CAN 总线 CAN-L 故障，修复后故障现象消失，车辆可以正常行驶。

表 3-5　　故障灯及显示异常情况

序号	仪表盘显示的故障灯或故障信息	特点	其他异常
1		常亮	READY 灯不亮
2		常亮	
3		常亮	

三、故障分析

技师接车后首先试车，确认故障现象属实，检查车辆低压系统的供电，正常，然后连接故障检测仪，对全车系统进行扫描，发现只能进入 14 个系统模块，并且存在多个故障代码。多个故障代码与整车控制器 VCU 有关，用故障检测仪继续扫描整车控制器 VCU，发现无法与其进行通信，吉利帝豪 EV300 电动汽车 VCU 电路图如图 3-8 所示。

由于高压供电不正常涉及故障范围较广，为了快速锁定缩小故障范围，需利用诊断仪进行故障检测。通过故障诊断仪检测发现 VCU 模块无法通信，而 VCU 正常通信的前提条件是 VCU 本身正常工作，按照常规分析一个电控模块正常工作的条件是：①需正常的工作电源和接地良好；②模块通信线良好；③模块本身完好。因此需要从以上三方面考虑 VCU 工作是否正常，分析如图 3-13 所示。

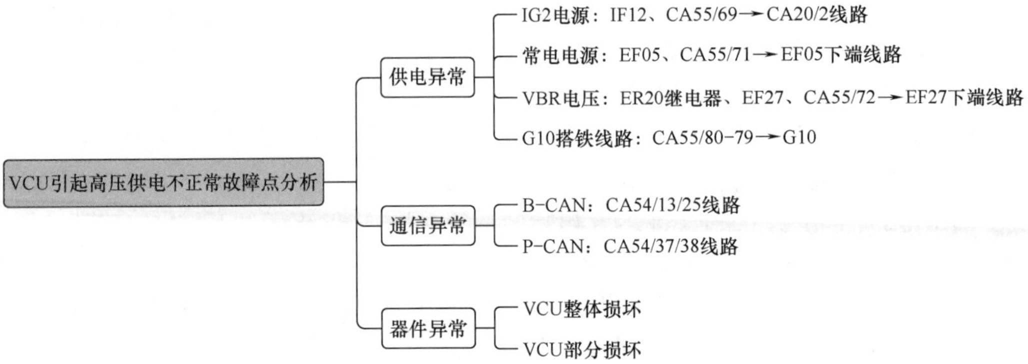

图 3-13　整车控制器引起高压供电不正常的故障点分析

整车控制器的故障主要是整车控制器电源、P-CAN 总线、整车控制器控制板等故障，整车控制器 P-CAN 总线出现故障，整车控制器可以正常工作，但是整车控制器无法与其他高压控制器进行通信，这时其他高压控制系统会失去与整车控制器通信，其他高压控制器断开高压电，同时整车控制系统还要向 BCM 系统发送整车控制器与其他系统失去通信的信息，BCM 会将故障显示在仪表上。

整车控制器出现故障，如果是电源或 P-CAN 总线通信故障，整车控制器无法与其他系统进行通信，整车控制器无法进入读取故障码和数据流，需要在其他系统读取整车控制器故障码和数据流，如果不是电源或 P-CAN 线故障，那么整车控制器就可以读取故障码和数据流。

整车控制器 VCU 电源出现故障，整车控制器无法正常工作，整车控制器负责与车辆所有高压控制器通信并发出相对应的控制指令，同时整车控制器负责将高压控制器的信息传递给车身控制器，整车控制器出现无法与其他系统通信的故障，通过电路图可以看出整车控制器有动力 CAN 总线 P-CAN 和车身 CAN 总线 B-CAN，整车控制器与高压控制器通信是 P-CAN 总线，整车控制器与 BCM 通信是 B-CAN 总线。

整车控制器电源出故障与 P-CAN 还有区别，整车控制器有两根电源线，一根电源是 B+直接供电，另外一根电源线是由 IG1 供电，当 B+这根电源线出现故障，与整车控制器 P-CAN 故障现象是一样的，但是 IG1 供电线路出现故障，故障现象与整车控制器

P-CAN 故障现象完全不一样，并且整车控制器使用解码器可以进入读取故障码。

整车控制器系统其他线束出现故障或多或少与 P-CAN 总线故障的故障现象有所区别，排除故障一定要由简易难，分析出是整车控制器 VCU 故障，那么首先要检测的故障应该是 VCU 的电源线，汽车在工作时他的线路不易损坏，但保险是比较容易出现故障的。

四、诊断流程

当车辆发生高压供电不正常的故障时一般遵循图 3-14 所示的故障诊断流程进行排除。

首先要进行初步的检查，对低压蓄电池、高低压插接器等进行检查，如果低压蓄电池电压异常，则进行补充电能或者更换，如果有动力电池包相关插接器松动、脱落就进行修复，故障解除，则诊断结束。故障依然存在，则使用故障诊断仪，根据故障指向进行相应的检测与修复，当指向 VCU 时，则从 VCU 的供电、通信、硬件等方面进行逐步排查，直至找到故障点并修复。

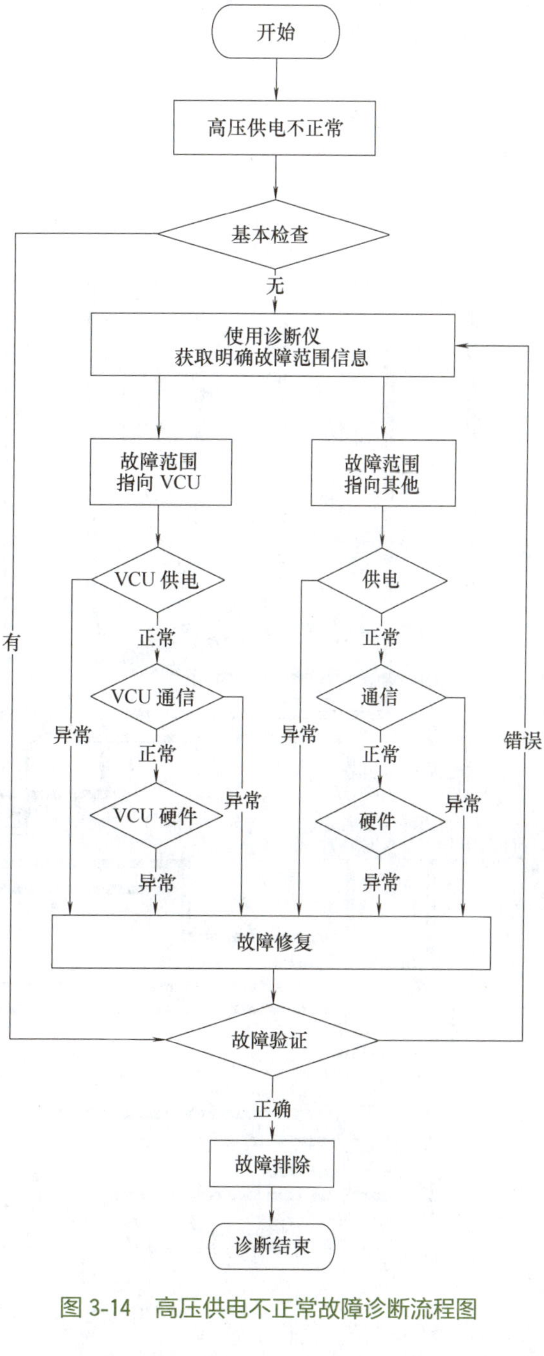

图 3-14　高压供电不正常故障诊断流程图

五、故障检修与修复

下面根据前面分析的诊断流程，完成故障案例——高压供电不正常故障的检测、诊断与修复。

第一步，确认故障现象。根据用户描述的故障现象，检查组合仪表的故障提示，发现 READY 灯没有点亮，蓄电池充电警告灯点亮，系统故障警告灯点亮，动力电池故障警告灯点亮，ESC 系统故障警告灯点亮，车辆无法行驶。

第二步，连接故障诊断仪。关闭点火开关，将故障诊断仪与车辆诊断口连接。

第三步，启动车辆，使用故障诊断仪进入相关系统模块读取故障码和相关数据流，发现故障诊断仪不能进入整车控制器 VCU 模块。切换 BMS、TCU 等系统模块都能进入，读取故障码和相关数据流，读取到的故障码为 U014287，VCU 通信丢失。

故障诊断仪读取的相关故障码和数据流如表 3-6 所示，通过仪表显示的信息和故障诊断仪所读取的信息，初步判断为整车控制器可能出现故障，故障部位可能是整车控制器的供电和通信，由简易难的故障诊断思路，可以先对整车控制器的供电进行检查。

第四步，确定故障范围。根据故障诊断仪的相关故障码和数据流，结合吉利帝豪 EV300 的整车控制器 VCU 电路图分析，如图 3-8 所示。导致该故障发生的可能原因有：整车控制器供电故障；整车控制器通信故障；整车控制器本体故障等。

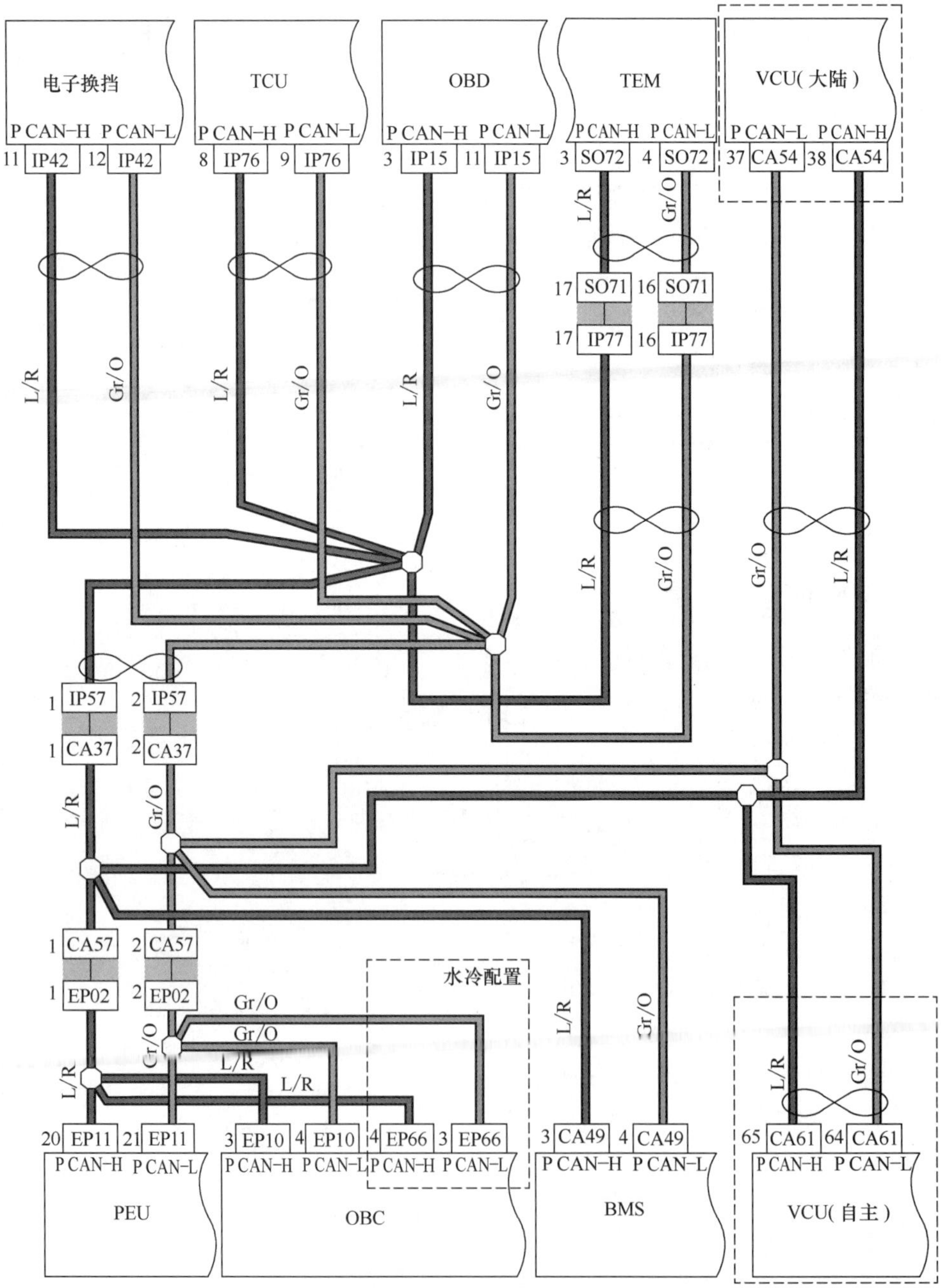

图 3-15 吉利帝豪 EV300 动力 CAN 网络

表 3-6　　**故障码及数据流情况**

序号	系统模块	能否进入	故障码	主要数据流
1	VCU	不能		
2	BMS	能	U014287，VCU 通信丢失	
3	TCU	能	U014287，VCU 通信丢失	

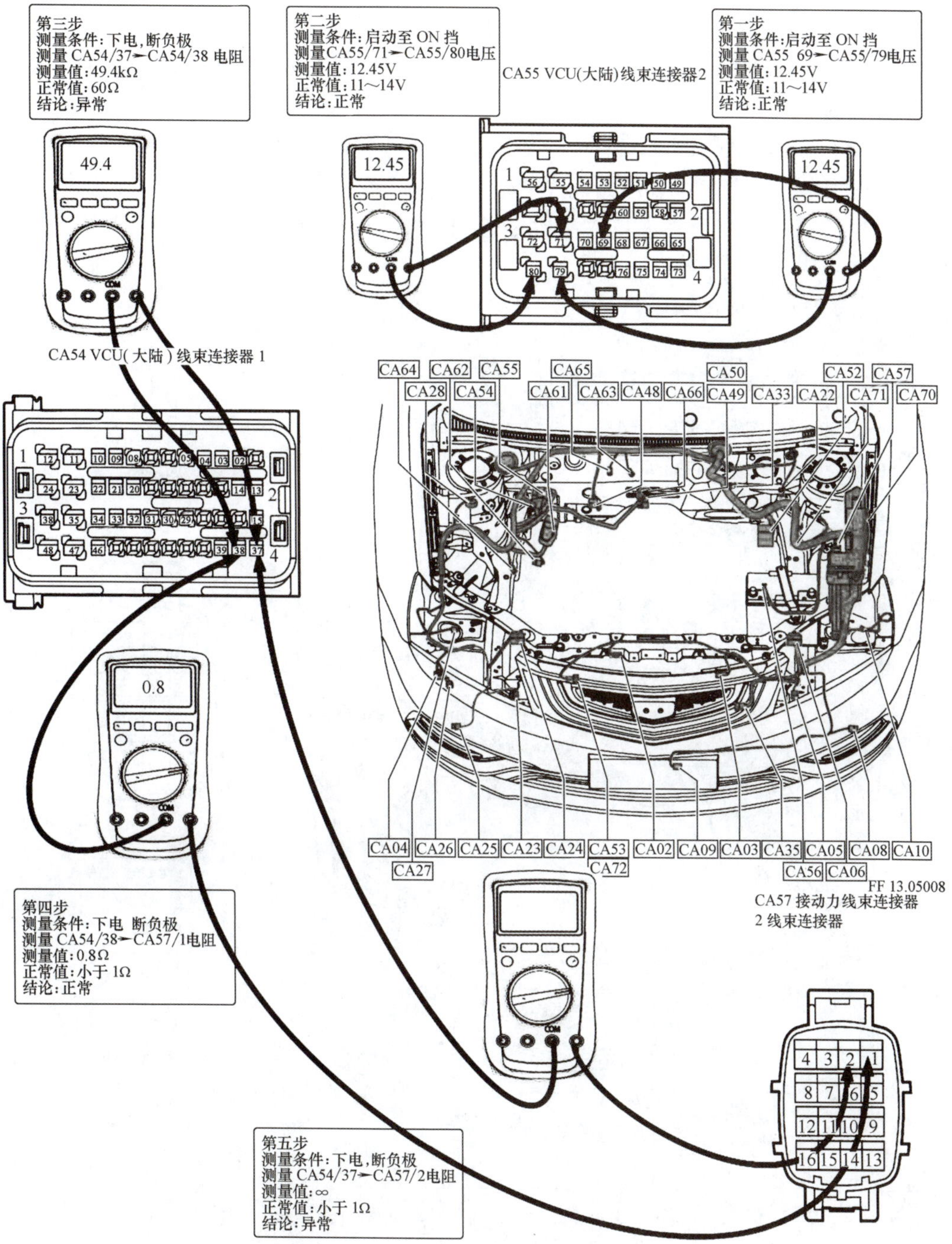

图 3-16　故障检测步骤及测量情况

通过对整车控制器相关电路进行分析可知，整车控制器连接器 CA55 的端子 69、端子 71 为供电线，端子 79、端子 80 为搭铁线。对整车控制器的供电线及搭铁线进行测量。

测量结果表明，整车控制器的供电线及搭铁线均正常。接下来对整车控制器的通信线路进行检查，发现连接器 CA54 的端子 38、端子 37 分别为动力 CAN 总线 P-CAN 的 CAN-H 线和 CAN-L 线，连接器 CA54 的端子 13、端子 25 分别为舒适 CAN（B-CAN）的 CAN-H 线和 CAN-L 线。如果是总线故障导致该车无法上电，则动力 CAN 存在故障的可能性更大，因此对动力 CAN 的 CAN-H 线和 CAN-L 线进行测量。查阅相关资料得知，动力 CAN 的网络如图 3-15 所示，电机控制器 PEU 和电池控制器 BMS 内各有一个 120Ω 的终端电阻。

第五步，故障范围检测与测量，故障检测步骤及测量，如图 3-16 所示。

第六步，故障点确认。测量结果表明，连接器 CA54 的端子 37 与连接器 CA57 的端子 2 之间的线束存在断路，检查相关线束，发现在整车控制器下方的线束（线束颜色主色为灰、辅色为橙）断开。

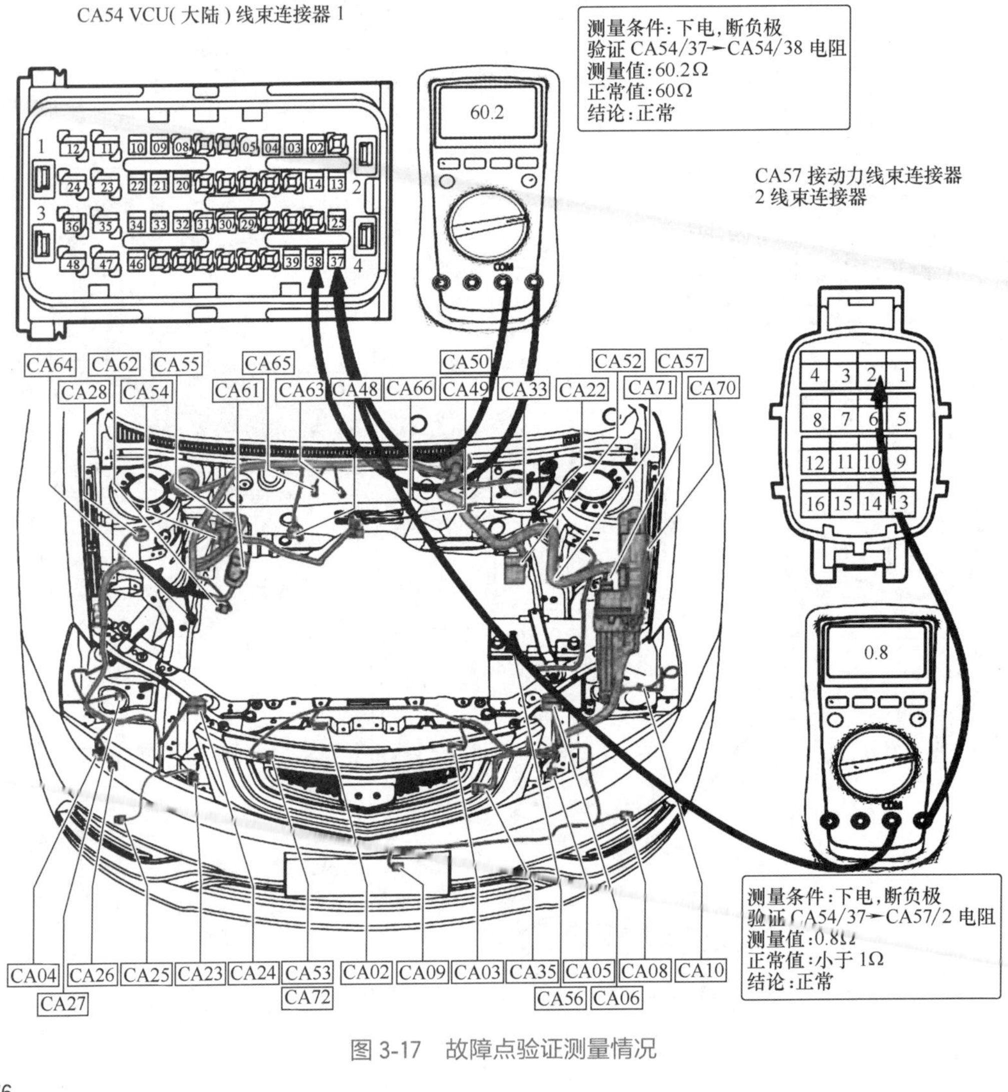

图 3-17 故障点验证测量情况

第七步，故障排除及验证。按维修手册的要求修复故障线束，验证测量如图 3-17 所示，重新启动，高压供电正常，READY 灯亮，使用故障诊断仪对帝豪 EV300 进行故障码和数据流的读取，VCU 模块能进入，确认故障已排除。

六、故障机理

本故障案例的故障机理是，由吉利帝豪 EV300 电动汽车 P-CAN 总线通信电路图可以分析出，整车控制器与其他高压控制器通过 P-CAN 总线 CA54 插接器 37、38 号针脚进行通信，当整车控制器 P-CAN 总线出现故障，整车控制器与其他高压控制器无法进行信息互换，因此整车控制器未能正常工作，高压供电不正常。

七、案例小结

（1）整车控制器与其他高压控制器无法通信故障时，仪表上会显示蓄电池充电警告灯点亮，系统故障警告灯点亮，动力电池故障警告灯点亮，ESC 系统故障警告灯点亮，一般这类故障是由于整车控制器故障、电池管理系统故障等导致。

（2）整车控制器与电池管理系统、电机控制系统、充电控制系统通过 P-CAN 总线通信，整车控制器 P-CAN 总线接收其他高压控制系统的信号，也通过 P-CAN 总线向其他的高压控制系统发送指令。

（3）整车控制器的故障主要包含整车控制器供电异常、整车控制器自身损坏、整车控制器通信故障、整车控制器插接器故障等。

八、实训任务

实训任务 5　　整车控制器引起高压供电不正常故障诊断与排除

<table>
<tr><td>姓名</td><td></td><td>班级</td><td></td><td>学号</td><td></td><td>日期</td><td></td></tr>
<tr><td>任务名称</td><td colspan="5">整车控制器引起高压供电不正常故障诊断与排除</td><td>成绩</td><td></td></tr>
<tr><td>任务描述</td><td colspan="7">一辆吉利帝豪 EV300 电动汽车，用户反映启动车辆后，绿色 READY 灯不亮，出现了几个红色的指示灯，车辆无法行驶，经技师上电查看发现仪表有显示，动力系统故障灯亮起，动力电池警告灯亮起，蓄电池充电警告灯点亮，车辆无法启动。经过技师诊断排除，确认是整车控制器动力 CAN 总线 CAN-L 故障</td></tr>
<tr><td colspan="8">一、信息收集</td></tr>
<tr><td>1. 诊断基础</td><td colspan="7">① 吉利帝豪 EV300 电动汽车高压启动正常需满足的三个前提条件，第一个条件是相关模块________、________、________正常；第二个条件是相关________（如旋转变压器、制动开关）、________（如 IG1 继电器、IG2 继电器、主继电器）、________正常；第三个条件是________、________无故障
② 整车控制器与________、________、________通过 P-CAN 总线通信，整车控制器________接受其他高压控制系统的信号，也通过 P-CAN 总线________________发送指令
③ 整车控制器的故障主要包含整车控制器________异常、整车控制器________、整车控制器________故障、整车控制器________故障等</td></tr>
<tr><td>2. 绘制整车控制器电路简图、标注插接器位置图和针脚图</td><td colspan="7"></td></tr>
</table>

续表

<table>
<tr><td>3. 综合分析故障原因</td><td colspan="5"></td></tr>
<tr><td>4. 制定诊断流程图</td><td colspan="5"></td></tr>
<tr><td colspan="6">二、任务准备</td></tr>
<tr><td rowspan="3">1. 车辆预检</td><td>车辆 VIN 码</td><td colspan="2"></td><td>车辆型号</td><td></td></tr>
<tr><td>车辆外观</td><td colspan="2">□正常 □划痕 □破损</td><td>损伤情况</td><td></td></tr>
<tr><td>车辆内饰</td><td colspan="2">□正常 □划痕 □破损</td><td>损伤情况</td><td></td></tr>
<tr><td rowspan="9">2. 安全防护</td><td>场地警戒与检查</td><td colspan="4">□隔离栏 □警示牌 □灭火器</td></tr>
<tr><td>检查项目</td><td colspan="2">状态记录</td><td colspan="2">处理方案</td></tr>
<tr><td>安全帽</td><td>□正常</td><td>□破损 □脏污 □过期</td><td colspan="2">□更换 □维修 □清洁</td></tr>
<tr><td>护目镜</td><td>□正常</td><td>□破损 □脏污 □过期</td><td colspan="2">□更换 □维修 □清洁</td></tr>
<tr><td>绝缘手套</td><td>□正常</td><td>□破损 □脏污 □过期</td><td colspan="2">□更换 □维修 □清洁</td></tr>
<tr><td>绝缘鞋</td><td>□正常</td><td>□破损 □脏污 □过期</td><td colspan="2">□更换 □维修 □清洁</td></tr>
<tr><td>绝缘工具套装</td><td>□正常</td><td>□破损 □脏污 □过期</td><td colspan="2">□更换 □维修 □清洁</td></tr>
<tr><td>绝缘垫外观</td><td>□正常</td><td>□破损 □脏污 □过期</td><td colspan="2">□更换 □维修 □清洁</td></tr>
<tr><td>绝缘垫检测</td><td colspan="2">绝缘阻值</td><td colspan="2">□更换 □维修</td></tr>
<tr><td colspan="6">三、故障诊断</td></tr>
<tr><td rowspan="5">1. 故障现象</td><td>故障描述</td><td colspan="4"></td></tr>
<tr><td>仪表故障灯</td><td colspan="4">□无 □有：</td></tr>
<tr><td>故障码</td><td colspan="4">□无 □有：</td></tr>
<tr><td rowspan="2">故障相关数据流</td><td>1</td><td colspan="3"></td></tr>
<tr><td>2</td><td colspan="3"></td></tr>
<tr><td rowspan="2">2. 故障分析</td><td>故障原因分析</td><td colspan="4"></td></tr>
<tr><td>故障可能的部位</td><td colspan="4"></td></tr>
</table>

续表

<table>
<tr><td rowspan="9">3. 检测流程</td><td rowspan="2" colspan="2">小组分工</td><td>主操作员</td><td></td><td colspan="2">记录员</td><td></td></tr>
<tr><td>安全员</td><td></td><td colspan="2">汇报员</td><td></td></tr>
<tr><td>步骤</td><td colspan="2">检测项目</td><td>测量条件及方法</td><td>测量值</td><td>正常值</td><td>结果</td></tr>
<tr><td>1</td><td colspan="2"></td><td></td><td></td><td></td><td>□正常
□异常</td></tr>
<tr><td>2</td><td colspan="2"></td><td></td><td></td><td></td><td>□正常
□异常</td></tr>
<tr><td>3</td><td colspan="2"></td><td></td><td></td><td></td><td>□正常
□异常</td></tr>
<tr><td>4</td><td colspan="2"></td><td></td><td></td><td></td><td>□正常
□异常</td></tr>
<tr><td>5</td><td colspan="2"></td><td></td><td></td><td></td><td>□正常
□异常</td></tr>
<tr><td>6</td><td colspan="2"></td><td></td><td></td><td></td><td>□正常
□异常</td></tr>
<tr><td colspan="8">四、故障点确认及排除方案</td></tr>
<tr><td>故障确认</td><td colspan="3"></td><td>维修方案</td><td colspan="3">□更换 □维修 □调整</td></tr>
<tr><td>教师确认</td><td colspan="7">教师签字：</td></tr>
<tr><td colspan="8">五、故障验证</td></tr>
<tr><td rowspan="5">故障
修复验证</td><td colspan="2">故障现象</td><td colspan="5"></td></tr>
<tr><td colspan="2">仪表故障灯</td><td colspan="5">□无 □有：</td></tr>
<tr><td colspan="2">故障码</td><td colspan="5">□无 □有：</td></tr>
<tr><td colspan="2" rowspan="2">相关数据流</td><td>1</td><td colspan="4"></td></tr>
<tr><td>2</td><td colspan="4"></td></tr>
<tr><td colspan="8">六、任务评价</td></tr>
<tr><td rowspan="2">自我评价</td><td colspan="3">基本技能和关键技能是否掌握？</td><td colspan="3">任务目标是否实现？效果如何？</td><td>给自己打分</td></tr>
<tr><td colspan="3"></td><td colspan="3"></td><td></td></tr>
<tr><td rowspan="3">小组评价</td><td colspan="3">基本技能和关键技能是否掌握？</td><td colspan="3">任务目标是否实现？效果如何？</td><td>给他(她)打分</td></tr>
<tr><td colspan="3"></td><td colspan="3"></td><td></td></tr>
<tr><td colspan="7">小组评价人员：</td></tr>
<tr><td>工单评价</td><td colspan="7">教师签名：</td></tr>
<tr><td>整体评价</td><td colspan="7">整体评价=(10%自评+10%小组评+80%教师评价)</td></tr>
<tr><td colspan="8">教师签名：</td></tr>
</table>

教学课件

高压互锁异常引起
高压供电不正常故障

任务三　高压互锁异常引起高压供电不正常故障

学习目标	
素质目标	1. 养成遵守个人和车间安全作业要求、注重个人安全防护，形成安全作业意识。 2. 养成严格执行汽车的检修规范，养成严谨科学的工作态度。 3. 逐步养成“整理、整顿、清扫、清洁、素养、安全”的6S习惯。 4. 养成注重细节的工作作风，形成精益求精的工匠精神理念。
知识目标	1. 理解新能源汽车高压互锁系统的结构与工作原理。 2. 掌握新能源汽车高压互锁系统故障的诊断方法。
能力目标	1. 能根据仪表显示的现象、故障码、数据流及电路图分析故障原因。 2. 能制定高压互锁系统故障的诊断流程。 3. 能根据制定的诊断流程对高压互锁引起高压供电不正常故障进行诊断与排除。 4. 能根据诊断结果判定故障点，并对故障点进行维修或更换故障元器件。

【任务寄语】“细节决定成败”，是当今工作中流行的一句名言。细节是产品品质的基础，注重细节是人的工作态度。我们已经生活在“细节经济”的时代，细节已经成为企业竞争最重要的表现形式。古人尚提倡“天下大事，必作于细；天下难事，必作于易”的理念，认真做好细节，成功将会不期而至，机会就藏在细节中，党的十九大报告中提出“弘扬劳模精神和工匠精神，营造劳动光荣的社会风尚和精益求精的敬业风气”。因此，我们要在做事中注重细节，在标准之上精益求精。

一、高压互锁的作用

高压互锁也称危险电高压互锁回路，是指通过使用电气信号来检查整个高压部件、导线、插接件及护盖的电气完整性（连续性），识别到回路异常断开时，及时断开高压电。

高压互锁系统在识别到危险时，整个控制器VCU会根据危险时的行车状态及危险程度及时采取相关措施。

（1）故障报警。在何种状态，高压互锁系统在识别到危险时，车辆应该对危险情况作出报警提示，需要仪表或指示器以声或光报警的形式提醒驾驶人，让驾驶人注意车辆的异常情况，以便及时处理，避免发生安全事故。

（2）切断高压电。在停止状态时，高压互锁系统在识别到严重危险情况时，除了进行故障报警外，还应通知系统控制器断开自动断路器，使高压电被彻底断开，避免可能发生的高压危险，确保财产和人身安全。

（3）降低功率行驶。在高速行车过程中，高压互锁系统在识别到危险情况时，不能马上切断高压电，应首先通过报警来提示驾驶人，然后让控制系统降低电机的运行功率，使车辆速度降下来，从而使整车高压系统在负荷较小的情况下运行，尽量降低发生高压危险的可能性，同时允许驾驶人能够将车辆停到安全的地方。

教学视频

高压互锁异常引起高压供电不正常故障

二、故障案例

一辆吉利帝豪 EV300 纯电动汽车，用户反映启动车辆后，车辆无法行驶，经技师上电查看发现 READY 灯没有点亮，蓄电池充电警告灯点亮，系统故障警告灯点亮，主要故障灯和显示异常如表 3-7 所示。经过技师诊断排除，确认是整车控制器与 PTC 加热控制器之间的高压互锁线路断路故障，维修后故障现象消失，车辆可以正常行驶。

表 3-7　　故障灯及显示异常情况

序号	仪表盘显示的故障灯或故障信息	特点	其他异常
1		常亮	READY 灯无显示
2		常亮	

三、故障分析

吉利帝豪 EV300 的高压互锁检测由电池内部环路互锁和外部高压插件环路构成，内部的由 BMS 单独检测，通过 CAN 发至整车网络由 VCU 根据故障等级进行相应操作。外部的由 VCU 检测，并根据故障等级进行相应操作，如图 3-18 所示。

高压互锁出现故障整车是无法上高压电的，VCU 检测不到高压互锁信号，就会将整个车辆高压电断开，并将检测到的故障发送到 BCM，由 BCM 传到仪表显示故障现象。

外部高压插件环路由整车控制器 VCU→电机控制器 PEU→空调压缩机→PTC 加热控制器→整车控制器 VCU 组成。如果高压互锁中间环节的线路、插接器以及器件不正常，那么整车控制器将接收不到高压互锁信号，整车控制器将全车下电，报故障，如图 3-19 所示。

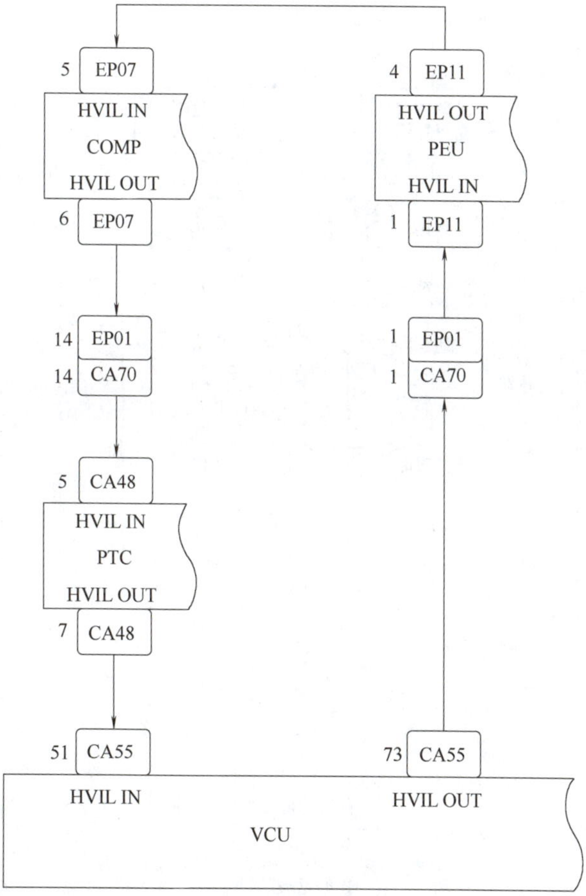

图 3-18　EV300 VCU 高压互锁电路图

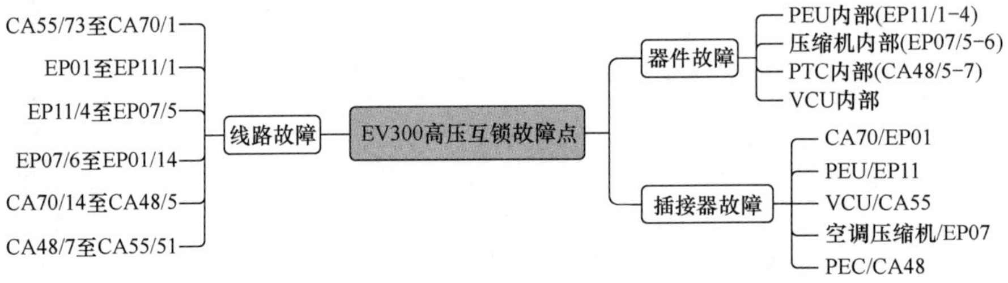

图 3-19　高压互锁故障点

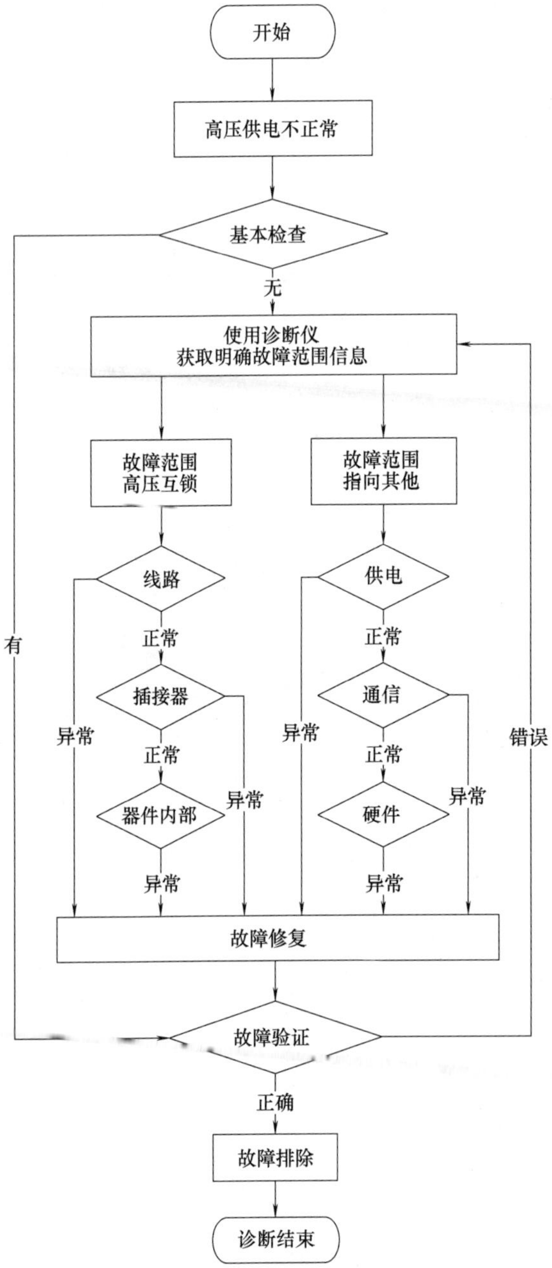

图 3-20　高压互锁故障诊断流程

四、诊断流程

当车辆发生高压互锁故障时，要根据用户的描述故障现象，初步分析故障，使用解码器检查故障码和数据流，分析判断故障，通过分析判断制定故障维修流程，进行故障检测。吉利帝豪 EV300 高压互锁故障出现后，应该从整车控制器→电机控制器→空调压缩机→PTC 加热控制器按线路、插接器、器件本身进行故障检测与分析。一般遵循图 3-20 所示的故障诊断流程进行排除。

五、故障检测与修复

下面根据前面分析的诊断流程，完成故障案例——高压互锁故障的检测、诊断与修复。

第一步，确认故障现象。根据用户描述的故障现象，检查组合仪表的故障提示，发现 READY 灯没有点亮，蓄电池充电警告灯点亮，动力系统故障警告灯点亮，车辆无法启动。

第二步，连接故障诊断仪。关闭点火开关，将故障诊断仪与车辆诊断口连接。

第三步，启动车辆，使用故障诊断仪进入相关系统模块读取故障码和相关数据流，进入整车控制器 VCU 模块读取故障码为 P0A0A11，VCU 高压互锁断开，故障诊断仪读取的相关故障码和数据流如表 3-8 所示。

表 3-8　　故障码及数据流情况

系统模块	能否进入	故障码	主要数据流
VCU	能	P0A0A11，VCU 高压互锁断开	

第四步，确定故障范围。通过仪表显示的信息和故障诊断仪所读取的信息，初步判断

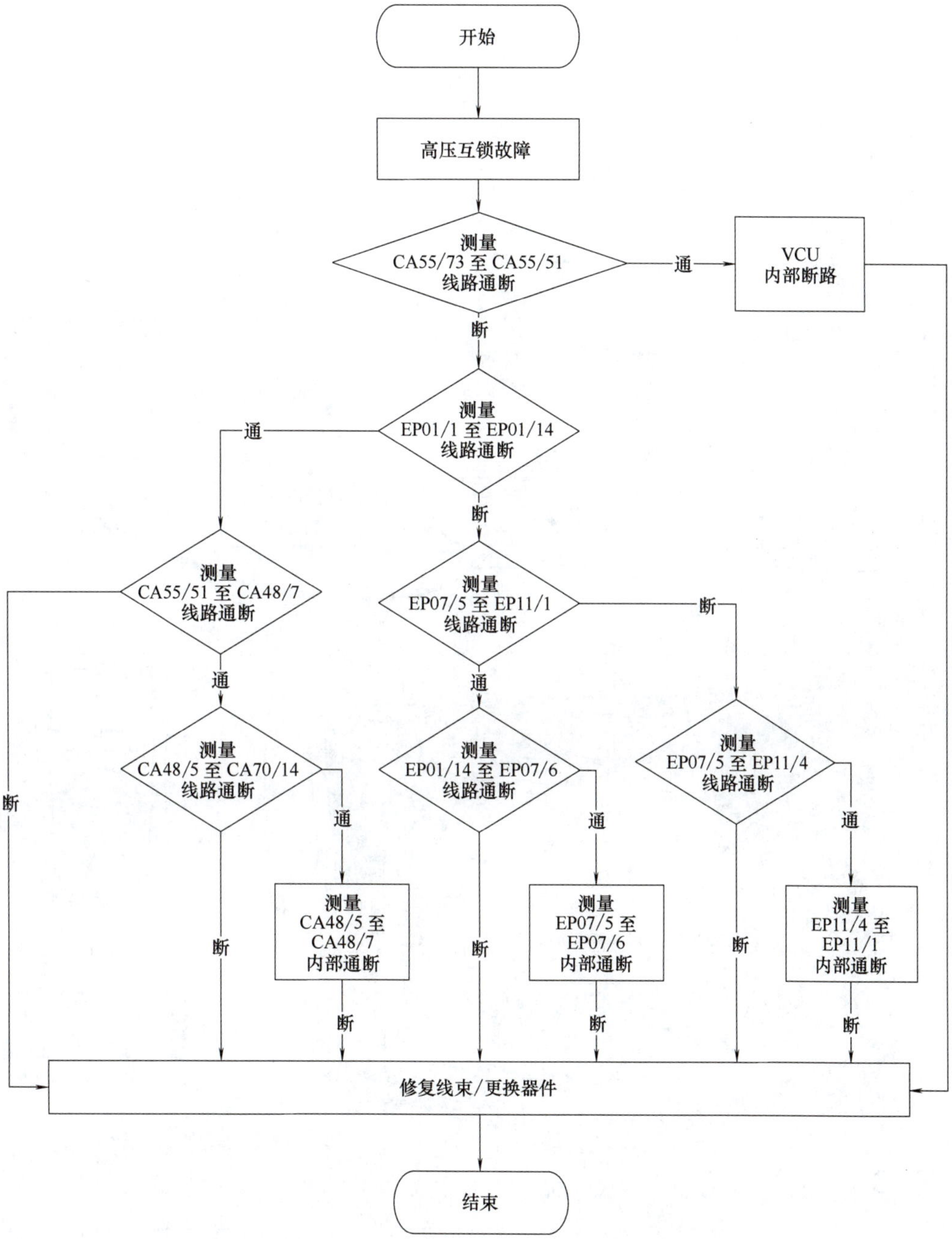

图 3-21　吉利帝豪 EV300　高压互锁故障检修流程图

为整车控制器 VCU 的高压互锁出现故障，故障范围为 VCU 本身、高压互锁线路、插接器以及相关器件本身。

第五步，线路检测与测量。断开蓄电池负极，等待 5min，进行基本检查，CA55、CA48、EP11、EP07、CA70/EP01 插接器外观及连接情况检查，检查插接器外观及连接是否正常。再按照 EV300 高压互锁故障检修流程进行检测，如图 3-21 所示，检测及测量记录如图 3-22 所示。

第六步，故障点确认。测量结果表明，连接器 CA55 的端子 51 与连接器 CA48 的端子 7 之间的线束存在断路，检查相关线束，发现该线路断开。

第七步，故障排除及验证。按维修手册的要求修复故障线束，验证测量如图 3-23 所

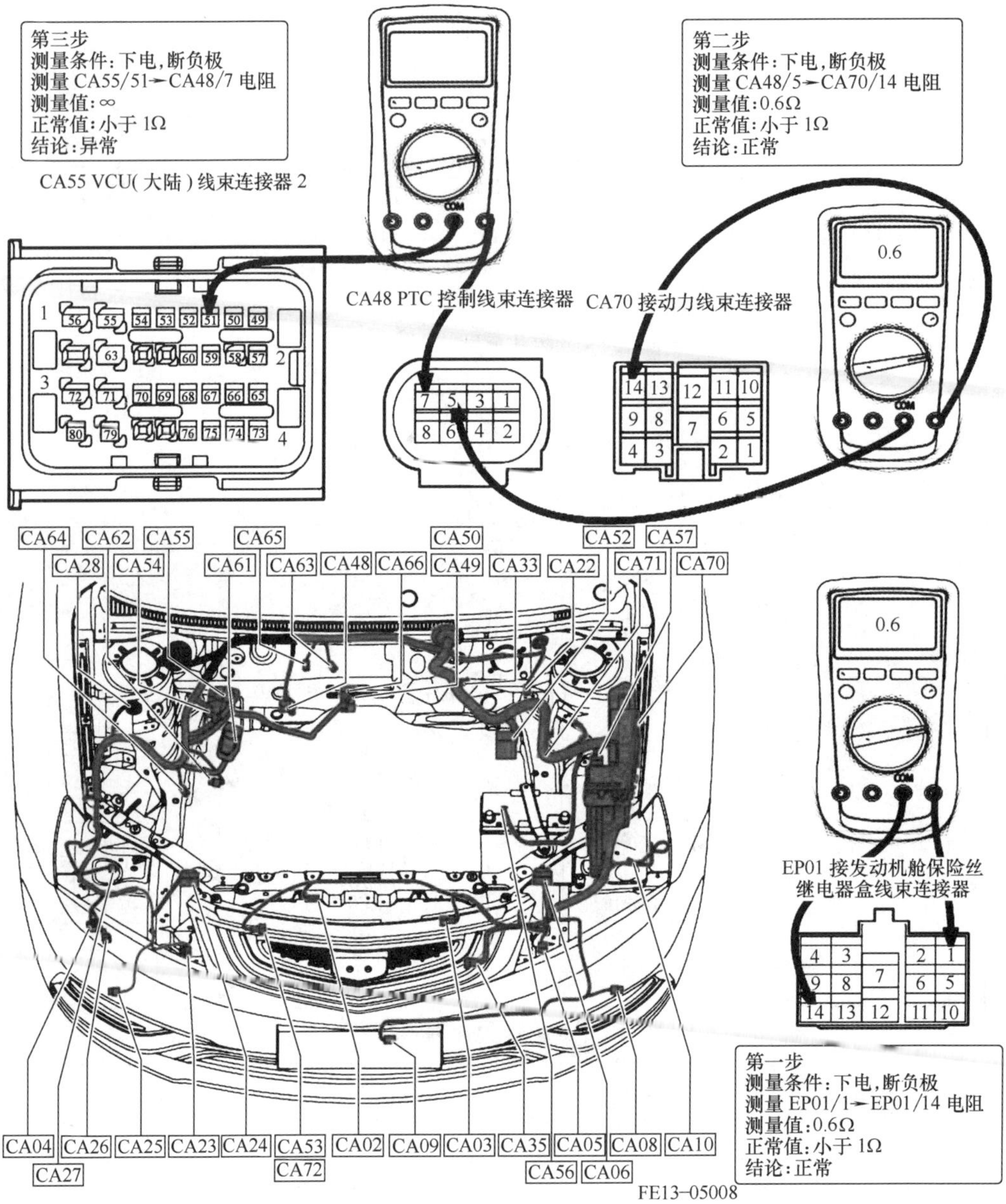

图 3-22 排故流程及测量情况

示，重新启动，高压供电正常，READY 灯亮起，使用故障诊断仪对帝豪 EV300 进行故障码和数据流的读取，故障码消失，确认故障已排除。

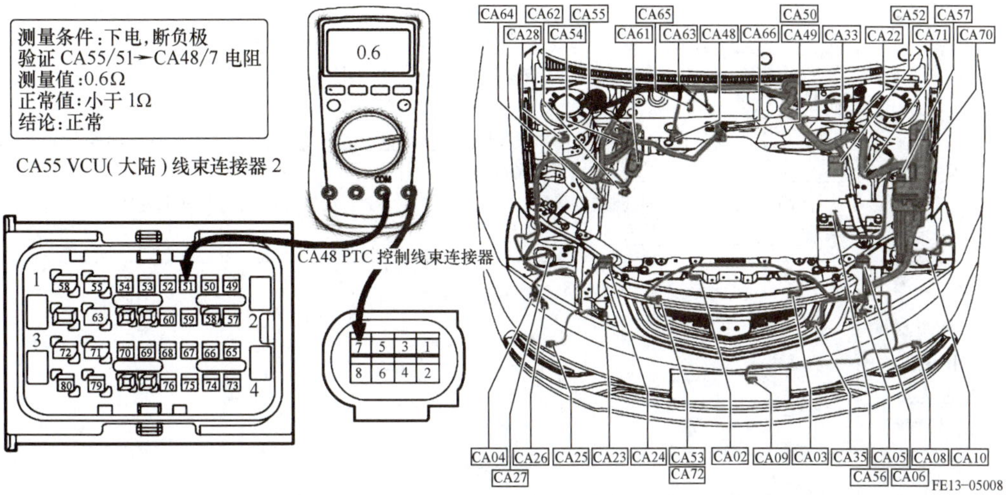

图 3-23 故障点验证测量情况

六、故障机理

本故障案例的故障机理是，由吉利帝豪 EV300 电动汽车高压互锁电路图可以分析出，连接器 CA55 的端子 51 与连接器 CA48 的端子 7 之间线路断路，整车控制器检测到互锁线路断路，报高压互锁故障，全车断电，高压供电不正常。

七、案例小结

（1）高压互锁故障，仪表上会显示蓄电池充电警告灯点亮，系统故障警告灯点亮，一般这类故障是由于高压互锁回路导致。

（2）高压互锁由整车控制器发出信号经过电机控制器、空调压缩机、PTC 加热控制器回到整车控制器。

（3）高压互锁在检测时，先检测整车控制器高压互锁线路，在检测整车控制器与车载充电机之间的高压互锁线路，判断是哪一侧出现故障，最后按系统逐个检测。

（4）高压互锁存在两种类型，一种是通过控制器中的低压互锁线束来检测整车高压回路；另一种是控制器端盖布置了开盖检测装置，同样可以检测整车高压回路。

八、实训任务

实训任务 6　　高压互锁异常引起高压供电不正常故障诊断与排除

姓名		班级		学号		日期	
任务名称	高压互锁异常引起高压供电不正常故障诊断与排除					成绩	
任务描述	一辆吉利帝豪 EV300 纯电动汽车，用户反映启动车辆后，车辆无法行驶，经技师上电查看发现 READY 灯没有点亮，蓄电池充电警告灯点亮，系统故障警告灯点亮。经过技师诊断排除，确认是整车控制器与 PTC 加热控制器之间的高压互锁线路断路故障						

续表

一、信息收集	
1. 诊断基础	① 高压互锁也称________回路，是指通过使用________来检查整个高压部件、________、________及护盖的________（连续性），识别到回路________时，及时________ ② 吉利帝豪 EV300 电动汽车高压互锁由________发出信号经过________、________、________回到________ ③ 高压互锁存在两种类型，一种是通过__________________检测整车高压回路；另一种是__________________，同样可以检测整车高压回路 ④ 高压互锁系统在识别到危险时，整个控制器 VCU 会根据危险时的行车状态及危险程度及时采取________、________、________等措施
2. 绘制高压互锁电路简图、标注插接器位置图和针脚图	
3. 综合分析故障原因	
4. 制定诊断流程图	

二、任务准备				
1. 车辆预检	车辆 VIN 码		车辆型号	
	车辆外观	□正常 □划痕 □破损	损伤情况	
	车辆内饰	□正常 □划痕 □破损	损伤情况	
2. 安全防护	场地警戒与检查	□隔离栏 □警示牌 □灭火器		
	检查项目	状态记录		处理方案
	安全帽	□正常	□破损 □脏污 □过期	□更换 □维修 □清洁
	护目镜	□正常	□破损 □脏污 □过期	□更换 □维修 □清洁
	绝缘手套	□正常	□破损 □脏污 □过期	□更换 □维修 □清洁
	绝缘鞋	□正常	□破损 □脏污 □过期	□更换 □维修 □清洁
	绝缘工具套装	□正常	□破损 □脏污 □过期	□更换 □维修 □清洁
	绝缘垫外观	□正常	□破损 □脏污 □过期	□更换 □维修 □清洁
	绝缘垫检测	绝缘阻值		□更换 □维修

续表

<table>
<tr><td colspan="7">三、故障诊断</td></tr>
<tr><td rowspan="5">1. 故障现象</td><td colspan="2">故障描述</td><td colspan="4"></td></tr>
<tr><td colspan="2">仪表故障灯</td><td colspan="4">□无 □有：</td></tr>
<tr><td colspan="2">故障码</td><td colspan="4">□无 □有：</td></tr>
<tr><td colspan="2" rowspan="2">故障相关
数据流</td><td>1</td><td colspan="3"></td></tr>
<tr><td>2</td><td colspan="3"></td></tr>
<tr><td rowspan="2">2. 故障分析</td><td colspan="2">故障原因分析</td><td colspan="4"></td></tr>
<tr><td colspan="2">故障可能的部位</td><td colspan="4"></td></tr>
<tr><td rowspan="9">3. 检测流程</td><td rowspan="2">小组分工</td><td>主操作员</td><td></td><td>记录员</td><td colspan="2"></td></tr>
<tr><td>安全员</td><td></td><td>汇报员</td><td colspan="2"></td></tr>
<tr><td>步骤</td><td>检测项目</td><td>测量条件及方法</td><td>测量值</td><td>正常值</td><td>结果</td></tr>
<tr><td>1</td><td></td><td></td><td></td><td></td><td>□正常
□异常</td></tr>
<tr><td>2</td><td></td><td></td><td></td><td></td><td>□正常
□异常</td></tr>
<tr><td>3</td><td></td><td></td><td></td><td></td><td>□正常
□异常</td></tr>
<tr><td>4</td><td></td><td></td><td></td><td></td><td>□正常
□异常</td></tr>
<tr><td>5</td><td></td><td></td><td></td><td></td><td>□正常
□异常</td></tr>
<tr><td>6</td><td></td><td></td><td></td><td></td><td>□正常
□异常</td></tr>
<tr><td colspan="7">四、故障点确认及排除方案</td></tr>
<tr><td>故障确认</td><td colspan="2"></td><td>维修方案</td><td colspan="3">□更换 □维修 □调整</td></tr>
<tr><td>教师确认</td><td colspan="6">教师签字：</td></tr>
<tr><td colspan="7">五、故障验证</td></tr>
<tr><td rowspan="5">故障
修复验证</td><td colspan="2">故障现象</td><td colspan="4"></td></tr>
<tr><td colspan="2">仪表故障灯</td><td colspan="4">□无 □有：</td></tr>
<tr><td colspan="2">故障码</td><td colspan="4">□无 □有：</td></tr>
<tr><td colspan="2" rowspan="2">相关数据流</td><td>1</td><td colspan="3"></td></tr>
<tr><td>2</td><td colspan="3"></td></tr>
<tr><td colspan="7">六、任务评价</td></tr>
<tr><td rowspan="2">自我评价</td><td colspan="2">基本技能和关键技能是否掌握？</td><td colspan="2">任务目标是否实现？效果如何？</td><td colspan="2">给自己打分</td></tr>
<tr><td colspan="2"></td><td colspan="2"></td><td colspan="2"></td></tr>
</table>

续表

<table>
<tr><td rowspan="3">小组评价</td><td>基本技能和关键技能是否掌握？</td><td>任务目标是否实现？效果如何？</td><td>给他(她)打分</td></tr>
<tr><td></td><td></td><td></td></tr>
<tr><td colspan="3">小组评价人员：</td></tr>
<tr><td>工单评价</td><td colspan="3">教师签名：</td></tr>
<tr><td>整体评价</td><td colspan="3">整体评价＝(10%自评＋10%小组评＋80%教师评价)</td></tr>
<tr><td colspan="4">教师签名：</td></tr>
</table>

教学课件

加速传感器引起车辆不能正常行驶故障

任务四　加速传感器引起车辆不能正常行驶故障

学习目标	
素质目标	1. 养成遵守个人和车间安全作业要求、注重个人安全防护，形成安全作业意识。 2. 养成严格执行汽车的检修规范，养成严谨科学的工作态度。 3. 逐步养成“整理、整顿、清扫、清洁、素养、安全”的6S习惯。 4. 养成严格遵守纪律的习惯，领悟纪律是事业成功的保障。
知识目标	1. 理解新能源汽车加速控制器的结构与工作原理。 2. 掌握新能源汽车加速控制器故障的诊断方法。
能力目标	1. 能根据仪表显示的现象、故障码、数据流及电路图分析故障原因。 2. 能制定加速控制器故障的诊断流程。 3. 能根据制定的诊断流程对加速控制器引起车辆不能正常行驶故障进行诊断与排除。 4. 能根据诊断结果判定故障点，并对故障点进行维修或更换故障元器件。

【任务寄语】 一个富有战斗力和进取心的团队，必定是一个有纪律的团队。同样，一个积极主动、忠诚敬业的员工，也必定是一个具有强烈纪律观念的员工。可以说，纪律永远是忠诚、敬业、创造力和团队精神的基础。

教学视频

加速传感器引起车辆不能正常行驶故障

一、故障案例

一辆吉利帝豪EV300纯电动汽车，用户反映启动车辆后，车辆无法行驶，经技师上电查看发现该车可以正常上高压电，READY灯点亮，挂挡正常，把挡位调到D挡后，踩下加速踏板车辆无法行驶，仪表上故障提醒警告灯点亮，松开加速踏板故障提醒警告灯熄灭，主要故障灯和显示异常如表3-9所示。经过技师诊断排除，确认是加速踏板线路故障，维修故障现象消失，车辆可以正常行驶。

表 3-9　　故障灯及显示异常情况

仪表盘显示的故障灯或故障信息	特点
	D挡踩下加速踏板该故障灯亮起，松开熄灭

二、故障分析

无法正常行驶故障一般分两种情况，一种情况是车辆高压供电正常，READY 灯亮，但是挂挡踩下加速踏板车辆不能行驶，另一种情况是车辆高压供电不正常，READY 灯不亮，车辆无法正常行驶。

车辆高压供电不正常，READY 灯不亮，车辆无法正常行驶，故障比较广，高压控制系统要分析，低压控制系统也要分析，主要还是要看 READY 灯亮不亮的故障现象，根据 READY 灯不亮的故障现象进行具体分析。

车辆高压供电正常，READY 灯亮，但是挂挡踩下加速踏板车辆不能行驶，通过现象可以分析出高压控制系统是正常的，低压控制系统出现故障，这种故障一般出现在 VCU 加速控制单元，加速踏板本身及其相关线路。

本故障案例是属于第一种情况，吉利帝豪 EV 电动汽车的电机驱动控制系统电气原理图，如图 3-24 所示，从图中可以看出，加速踏板信号经整车控制器 VCU 处理后，通过

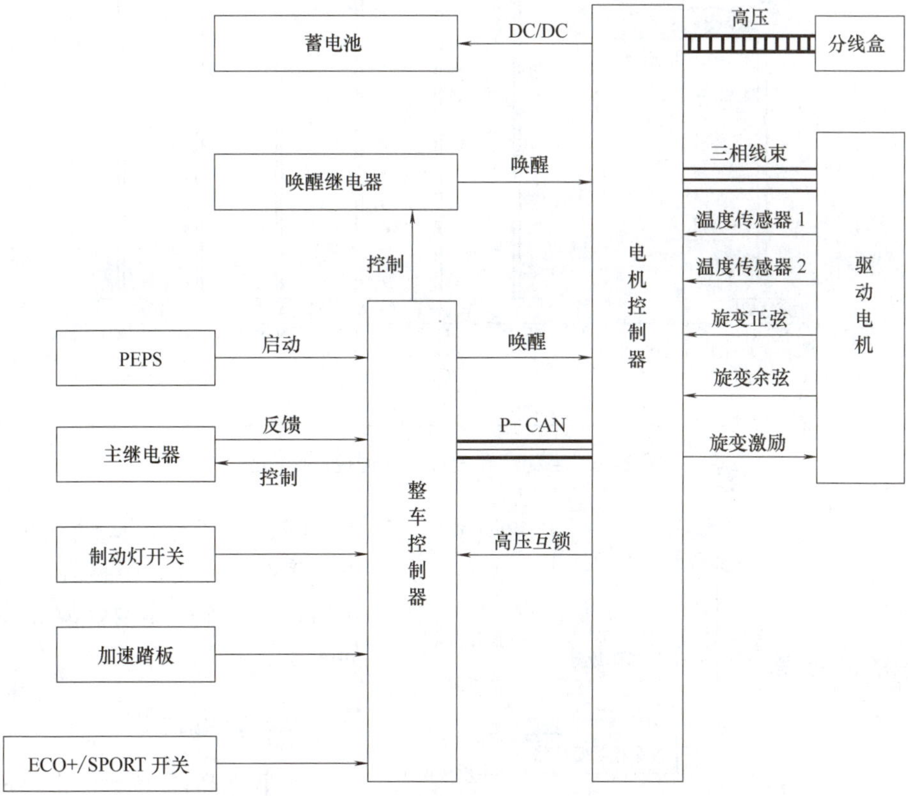

图 3-24　吉利帝豪 EV 电机驱动控制系统电气原理图

CAN 通信方式控制驱动电机扭矩输出。车辆行驶过程中，司机的操作意图更多的时候体现在对加速踏板的操控上，在此情形下加速踏板传感器自然成为一个“安全相关”设备。加速踏板故障出现时，车辆高压供电正常，READY 灯亮，但是车辆不能行驶，加速踏板信号传递不到 VCU，VCU 是无法根据驾驶员意图进行控制。

通过上述分析，对车辆高压供电正常，READY 灯亮，但是挂挡踩下加速踏板车辆不能行驶的故障，主要故障是出在 VCU 加速控制部分，吉利帝豪 EV300 的加速控制电路图如图 3-25 所示。从图中可以看出，出故障点的可能有传感器、线束与插接器以及 VCU 本身，故障点分析，如图 3-26 所示。

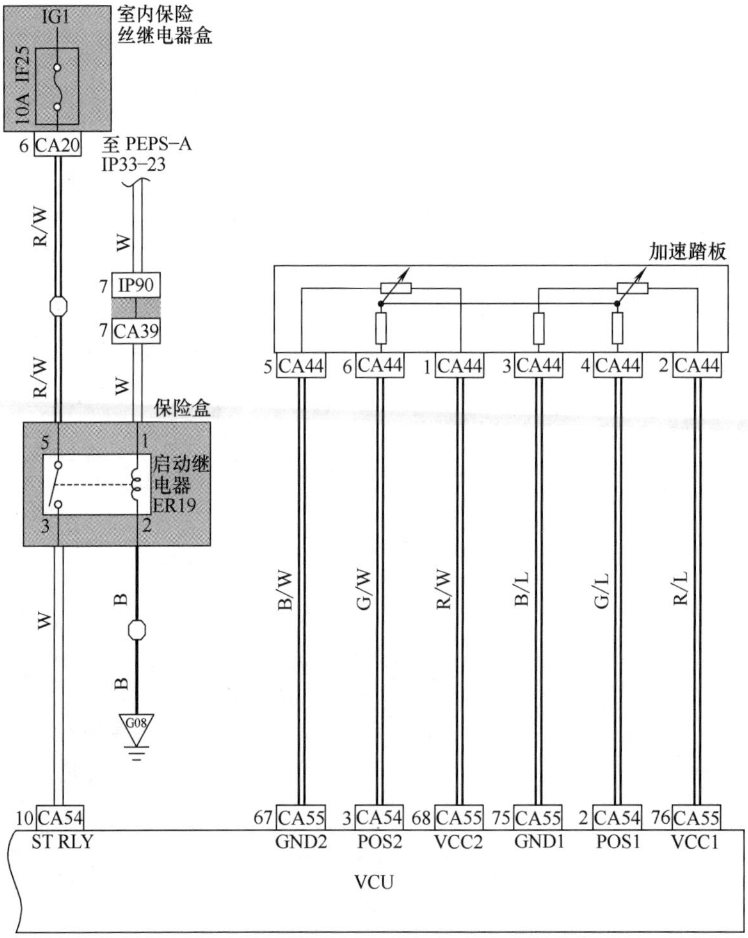

图 3-25　吉利帝豪 EV300 加速控制电路图

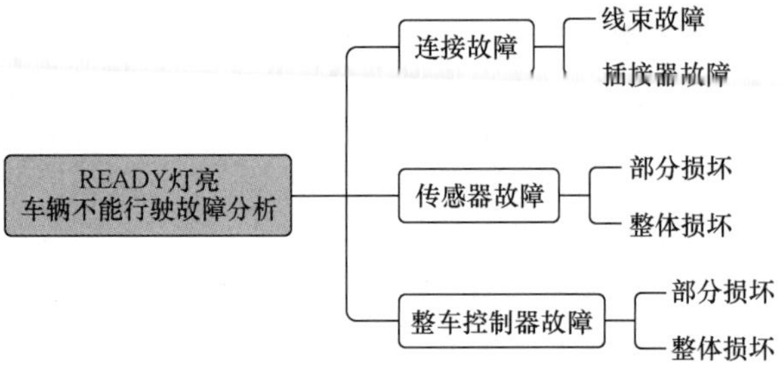

图 3-26　READY 灯亮车辆不能行驶故障分析

三、诊断流程

当车辆高压供电正常，READY 灯亮，但是挂挡踩下加速踏板车辆不能行驶时，要根据用户描述的故障现象，初步分析故障，使用解码器检查故障码和数据流，分析判断故障，通过分析判断制定故障维修流程，进行故障检测。吉利帝豪 EV300 电动汽车出现该类无法正常行驶故障，诊断流程应该从加速踏板本身及其相关线路、控制单元等方面进行故障分析。一般遵循图 3-27 所示的故障诊断流程进行排除。

四、故障检测与修复

下面根据前面分析的诊断流程，完成故障案例——车辆高压供电正常，READY 灯亮，车辆不能正常行驶故障的检测、诊断与修复。

第一步，确认故障现象。根据用户描述的故障现象，车辆高压供电正常，READY 灯亮，检查组合仪表的故障提示，把挡位调到 D 挡后，踩下加速踏板车辆无法行驶，仪表上故障提醒警告灯点亮，松开加速踏板故障提醒警告灯熄灭。

第二步，连接故障诊断仪。关闭点火开关，将故障诊断仪与车辆诊断口连接。

第三步，启动车辆，使用故障诊断仪进入相关系统模块读取故障码和相关数据流，读取整车控制器 VCU 模块，故障码为 P212211，油门 1 信号值过低。相关数据流为油门 1 信号 0.0V，油门 2 信号 2.1V，踩加速踏板，油门 1 信号没变化，油门 2 信号变大，故障诊断仪读取的相关故障码和数据流如表 3-10 所示，通过仪表显示的信息和故障诊断仪所读取的信息，初步判断为加速踏板 1 信号可能出现故障，故障部位可能是线路或传感器本身，由简易难的故障诊断思路，可以先对加速踏板传感器线路进行检查。

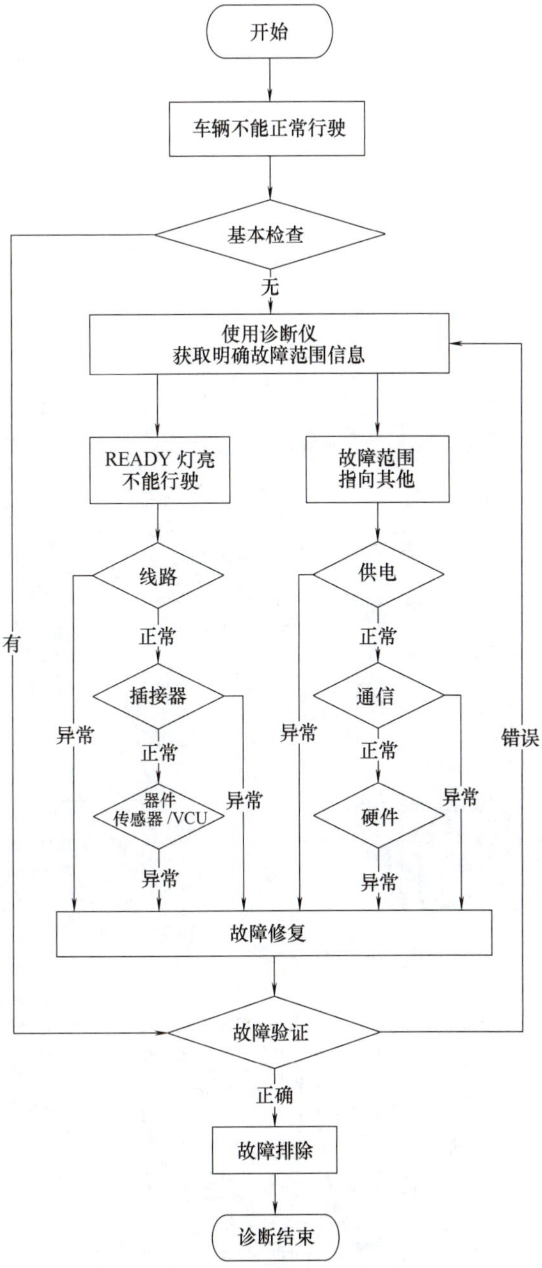

图 3-27 车辆不能正常行驶故障诊断流程

第四步，确定故障范围。根据故障诊断仪的相关故障码和数据流，结合吉利帝豪 EV300 的 VCU 加速控制电路图分析，导致该故障发生的可能原因有：加速踏板传感器自身及其相关线路、插接器等，根据故障范围找到加速踏板传感器及 VCU。

表 3-10 故障码及数据流情况

系统模块	能否进入	故障码	主要数据流
VCU	能	P212211,油门 1 信号值过低	油门 1 信号 0.0V 油门 2 信号 2.1V 踩加速踏板 油门 1 信号没变化 油门 2 信号变大

第五步，线路检测与测量。断开蓄电池负极，等待 5min，进行基本检查，CA55、CA54、CA44 插接器外观及连接情况检查，检查插接器外观及连接是否正常，如果异常进行维修，正常进行一下逐步检查和测量，测量记录如图 3-28 所示。

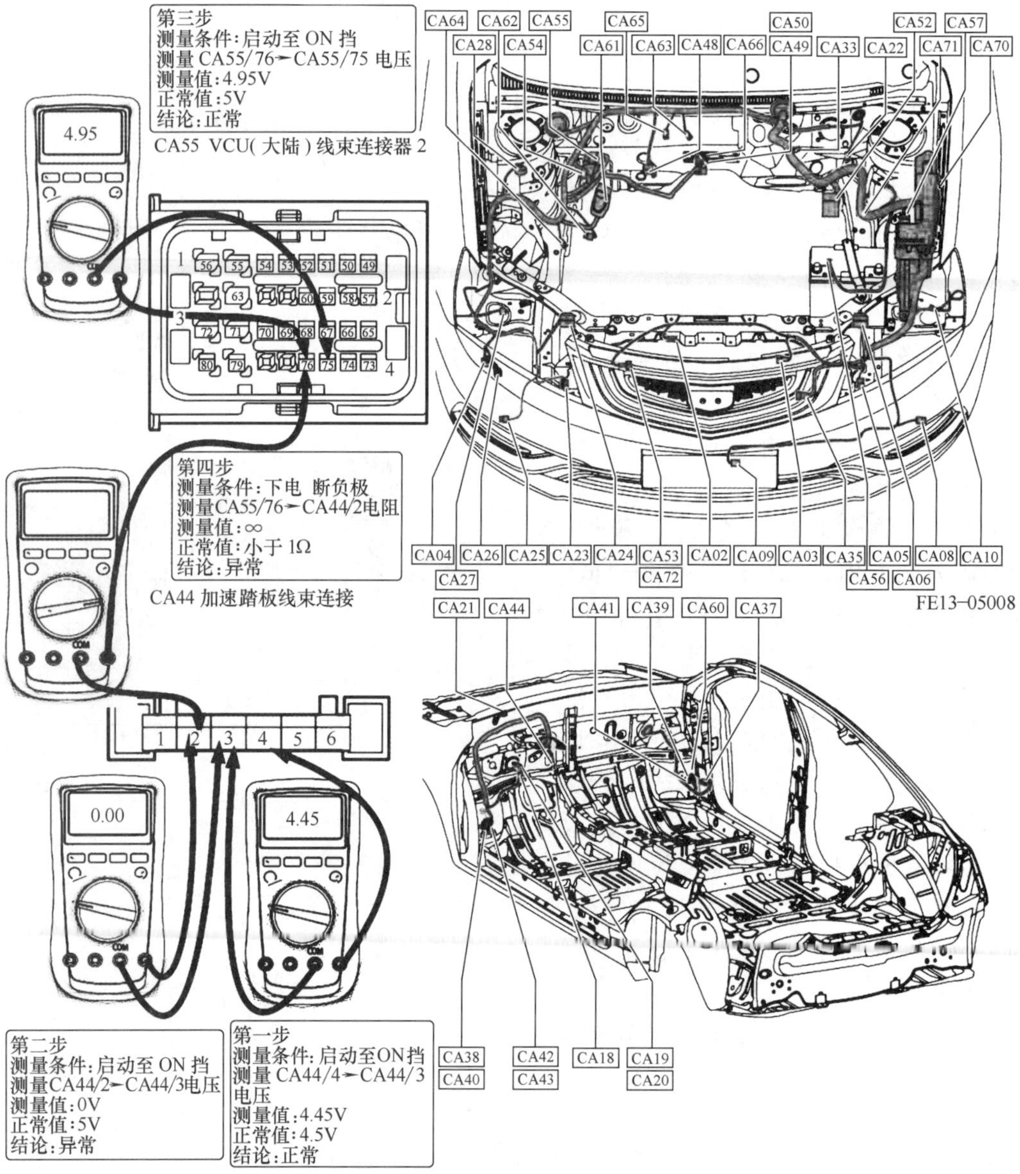

图 3-28 排故流程及测量情况

第六步，故障点确认。测量结果表明，连接器 CA55 的端子 76 与连接器 CA44 的端子 2 之间的线束存在断路，检查相关线束，发现该线路断开。

第七步，故障排除及验证。按维修手册的要求修复故障线束，故障点验证测量如图 3-29 所示，重新启动，高压供电正常，READY 灯亮起，使用故障诊断仪对帝豪 EV300 进行故障码和数据流的读取，故障码消失，确认故障已排除。

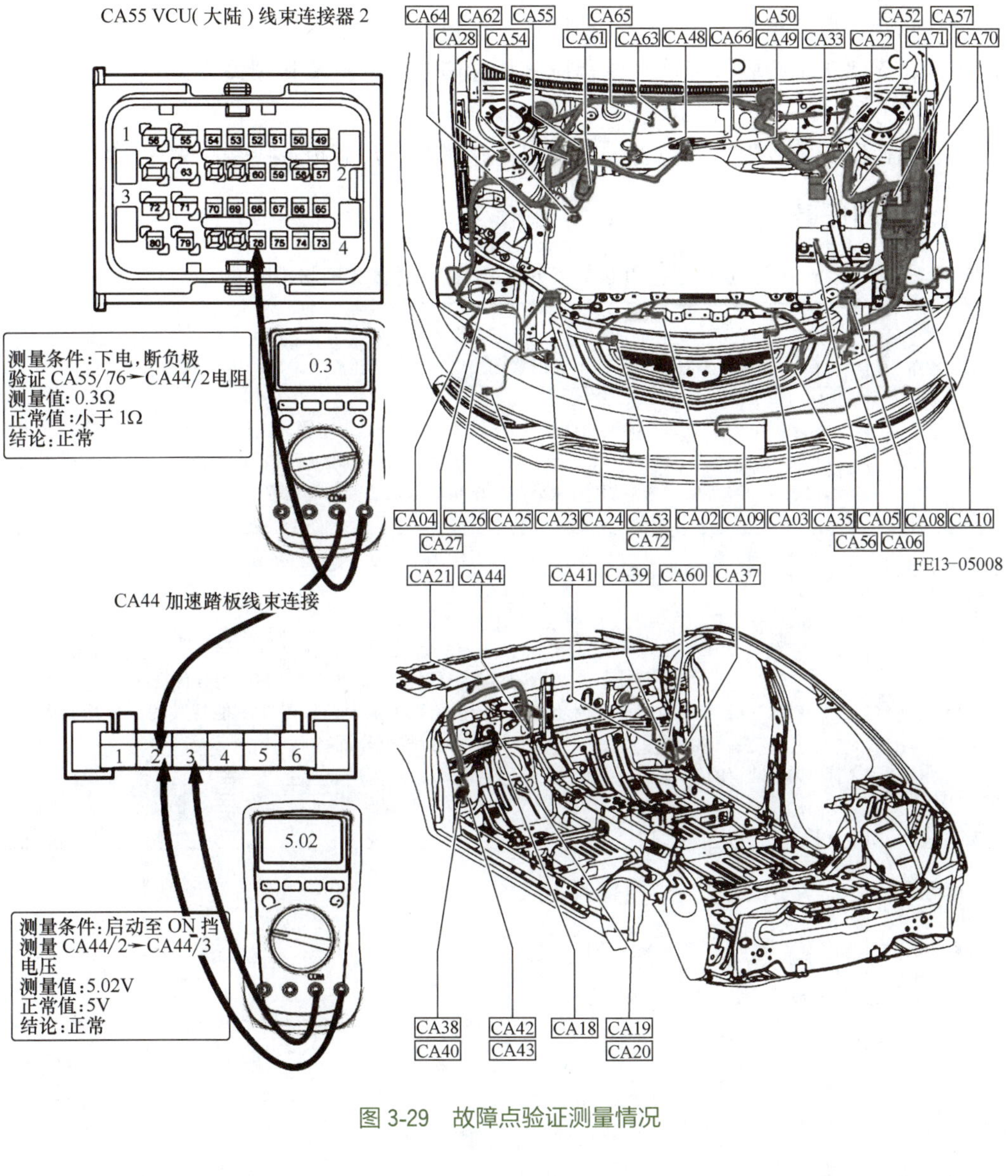

图 3-29 故障点验证测量情况

五、故障机理

本故障案例的故障机理是，由吉利帝豪 EV300 电动汽车加速控制电路图可以分析出，连接器 CA55 的端子 76 与连接器 CA44 的端子 2 之间线路断路，加速踏板信号 1 的 VCC 电源缺失，导致加速踏板信号 1 的 POS1 信号缺失，整车控制器 VCU 接收不到加速踏板

1的信号，驱动电机控制系统没获取扭矩输出指令，车辆不能行驶。

六、案例小结

（1）无法正常行驶故障一般分两种情况，一种车辆可以达到READY状态，但是挂挡踩下加速踏板车辆不能行驶，另一种是车辆不可以达到READY状态，车辆无法正常行驶。

（2）车辆可以是正常上高压电，挂挡踩下加速踏板汽车不能行驶，与用户沟通，进行故障确认，无法正常行驶故障诊断流程应该从加速踏板本身及其相关线路、控制单元等方面进行故障分析。

（3）加速踏板的故障主要包含加速踏板传感器本身及其相关线路、VCU等。

七、实训任务

实训任务7　加速传感器引起车辆不能正常行驶故障诊断与排除

姓名		班级		学号		日期	
任务名称	加速传感器引起车辆不能正常行驶故障诊断与排除					成绩	
任务描述	一辆吉利帝豪EV300纯电动汽车，用户反映启动车辆后，车辆无法行驶，经技师上电查看发现该车可以正常上高压电，READY灯点亮，挂挡正常，把挡位调到D挡后，踩下加速踏板车辆无法行驶，仪表上故障提醒警告灯点亮，松开加速踏板故障提醒警告灯熄灭						
一、信息收集							
1. 诊断基础	① 吉利帝豪EV电动汽车的电机驱动控制系统中，加速踏板信号经________处理后，通过________控制________输出。车辆行驶过程中，司机的操作意图更多的时候体现在________上 ② 启动车辆，车辆可以是正常上高压电，挂挡踩下加速踏板汽车不能行驶的故障诊断应该从________本身及其________、________等方面进行故障分析 ③ 加速踏板的故障主要包含________本身及其________、________等						
2. 绘制加速控制电路简图、标注插接器位置图和针脚图							
3. 综合分析故障原因							
4. 制定诊断流程图							

续表

二、任务准备				
1. 车辆预检	车辆 VIN 码		车辆型号	
	车辆外观	□正常 □划痕 □破损	损伤情况	
	车辆内饰	□正常 □划痕 □破损	损伤情况	
2. 安全防护	场地警戒与检查	□隔离栏 □警示牌 □灭火器		
	检查项目	状态记录		处理方案
	安全帽	□正常	□破损 □脏污 □过期	□更换 □维修 □清洁
	护目镜	□正常	□破损 □脏污 □过期	□更换 □维修 □清洁
	绝缘手套	□正常	□破损 □脏污 □过期	□更换 □维修 □清洁
	绝缘鞋	□正常	□破损 □脏污 □过期	□更换 □维修 □清洁
	绝缘工具套装	□正常	□破损 □脏污 □过期	□更换 □维修 □清洁
	绝缘垫外观	□正常	□破损 □脏污 □过期	□更换 □维修 □清洁
	绝缘垫检测	绝缘阻值		□更换 □维修

三、故障诊断			
1. 故障现象	故障描述		
	仪表故障灯	□无 □有：	
	故障码	□无 □有：	
	故障相关数据流	1	
		2	
2. 故障分析	故障原因分析		
	故障可能的部位		

3. 检测流程						
	小组分工	主操作员		记录员		
		安全员		汇报员		
	步骤	检测项目	测量条件及方法	测量值	正常值	结果
	1					□正常 □异常
	2					□正常 □异常
	3					□正常 □异常
	4					□正常 □异常
	5					□正常 □异常
	6					□正常 □异常

续表

<table>
<tr><td colspan="5">四、故障点确认及排除方案</td></tr>
<tr><td>故障确认</td><td colspan="2"></td><td>维修方案</td><td>□更换 □维修 □调整</td></tr>
<tr><td>教师确认</td><td colspan="4">教师签字：</td></tr>
<tr><td colspan="5">五、故障验证</td></tr>
<tr><td rowspan="5">故障
修复验证</td><td>故障现象</td><td colspan="3"></td></tr>
<tr><td>仪表故障灯</td><td colspan="3">□无 □有：</td></tr>
<tr><td>故障码</td><td colspan="3">□无 □有：</td></tr>
<tr><td rowspan="2">相关数据流</td><td>1</td><td colspan="2"></td></tr>
<tr><td>2</td><td colspan="2"></td></tr>
<tr><td colspan="5">六、任务评价</td></tr>
<tr><td rowspan="2">自我评价</td><td>基本技能和关键技能是否掌握？</td><td colspan="2">任务目标是否实现？效果如何？</td><td>给自己打分</td></tr>
<tr><td></td><td colspan="2"></td><td></td></tr>
<tr><td rowspan="3">小组评价</td><td>基本技能和关键技能是否掌握？</td><td colspan="2">任务目标是否实现？效果如何？</td><td>给他(她)打分</td></tr>
<tr><td></td><td colspan="2"></td><td></td></tr>
<tr><td colspan="4">小组评价人员：</td></tr>
<tr><td>工单评价</td><td colspan="4">教师签名：</td></tr>
<tr><td>整体评价</td><td colspan="4">整体评价=(10%自评+10%小组评+80%教师评价)</td></tr>
<tr><td colspan="5">教师签名：</td></tr>
</table>

项目四

电池管理系统故障诊断与排除

教学课件

电池管理系统引起高压供电不正常故障

任务一　电池管理系统引起高压供电不正常故障

教学视频

电池管理系统引起高压供电不正常故障

学习目标	
素质目标	1. 养成遵守个人和车间安全作业要求、注重个人安全防护，形成安全作业意识。 2. 养成严格执行汽车的检修规范，养成严谨科学的工作态度。 3. 逐步养成“整理、整顿、清扫、清洁、素养、安全”的6S习惯。 4. 坚守诚信品质，养成诚信素养。
知识目标	1. 理解新能源汽车电池管理系统的结构与工作原理。 2. 掌握新能源汽车电池管理系统故障的诊断方法。
能力目标	1. 能根据仪表显示的现象、故障码、数据流及电路图分析故障原因。 2. 能制定电池管理系统故障的诊断流程。 3. 能根据制定的诊断流程对电池管理系统引起高压供电不正常故障进行诊断与排除。 4. 能根据诊断结果判定故障点，并对故障点进行维修或更换故障元器件。

【任务寄语】 诚信是我们中华民族的传统美德。诚信是人的一种基本品质。诚信还是我们立身处事，成就事业的基石。诚信可以让人们得到打开成功之门的钥匙。因此同学在学习过程中绝不能不懂装懂，也不能一知半解，必须以诚信的态度掌握技术难题。

一、电池管理系统故障诊断基础

新能源汽车的高压供电系统主要由动力电池、电池管理系统、充电系统、电池冷却系统及低压辅助电源等组成，如图 4-1 所示。

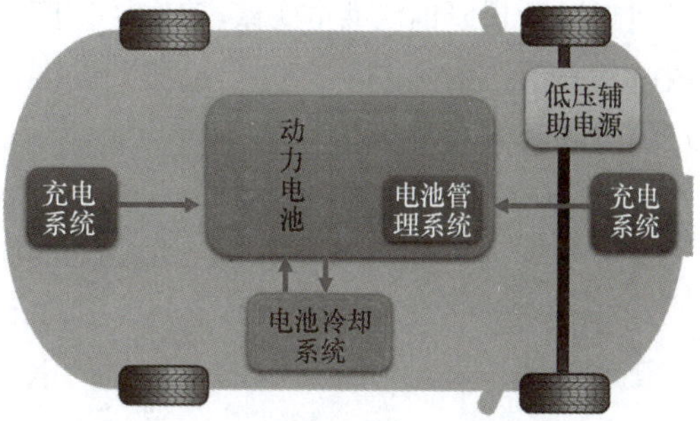

图 4-1　高压供电系统结构

电池管理系统 BMS 是电动汽车必备的系统，它承担着动力电池组的全面管理，与电机控制系统 PEU、整车控制系统 VCU 共同构成电动汽车的三大核心技术。BMS 通过检测动力电池组中各单体电池的状态来确定整个电池系统 BMS 的状态，并根据它们的状态对电池管理系统进行对应的控制调整和策略实施，实现对电池管理系统及各单体的充放电管理以保证电池管理系统安全稳定地运行。即一方面保证动力电池组的正常运作，显示动力电池组的动态响应并及时报警，以便使驾驶人随时都能掌握动力电池组的情况；另一方面对人身和车辆进行安全保护，避免因电池引起的各种事故。

（一）电池管理系统功能

电池管理系统的功能：通过电压、电流及温度检测等功能实现对电池管理系统的过电压、欠电压、过电流、过高温和过低温保护，继电器控制、剩余电量（SOC）估算、充放电管理、均衡管理、故障报警处理、与其他控制器通信等功能；此外，电池管理系统还具有高压回路绝缘检测功能，以及电池管理系统加热功能。

1. 过充电保护

电池过充将破坏正极结构而影响性能和寿命，过充电还会使电解液分解，内部压力过高而导致漏液、变形、起火等问题，过充电保护就是当电池组中的某个单元电池的电压高于设定的过充保护电压值，且该状态的保持时间超过预设延时，保护功能动作，切断充电电路，停止对电池组的充电，并锁定为过充电状态。

2. 过放电保护

电池过放会导致大量活性物质容量不可逆而大量衰减，并可能导致漏液、零电压以及负电压，也是损害电池性能的主要原因之一。过放电保护就是当电池组中的某个单元电池的电压低于设定的过放保护电压值，且该状态的保持时间超过预设延时，保护功能动作，切断放电电路，停止对电池组的放电，并锁定为过放电状态。

3. 过流保护

过流保护分为充电过流和放电过流。当电池组的充电电流或放电电流超过预设值，且该状态的保持时间超过预设延时，保护功能动作，切断充电电路或放电电路，停止对电池组的充电或放电，并锁定为过流状态。过流保护在一定时间后自动释放。

4. 短路保护

当电池组发生短路，且该状态的保持时间超过预设延时，启动保护功能动作，切断充电电路和放电电路，禁止对电池组进行充电和放电。

5. 温度保护

系统可进行多点温度采样，包括电池体温度、环境温度、功率器件温度等，根据不同的采样位置，预设相应的保护值。当检测到的温度超过设定的高温保护值，且该状态的保持时间超过预设延时，保护功能动作，切断充电电路和放电电路，禁止对电池组进行充电和放电，并锁定为短路状态。当检测到的温度恢复设定的高温释放温度以下，且保持时间超过预设延时，高温保护释放。

6. 电压检测

管理系统可对电池组中每个单元电池的电压进行监控，并转换为数字值。

7. 电流检测

管理系统应可对电池组中的充放电的电流进行监控，并转换为数字值。

8. 温度检测

管理系统应可对电池体温度、环境温度、功率器件温度等温度状态量进行监控，并转换为数字值。

9. SOC 检测

SOC 的估算通过相应的估算电池的剩余容量，为系统进行相应的控制提供依据和为驾驶员合理安排驾驶提供参考。

10. 监控显示

管理系统通过液晶显示屏，显示相关检测数据，提供用户直观了解电池使用情况。

11. 通信功能

电池管理系统应具备通信功能，可扩充多种总线接口，通过通信接口与设备总线相连，汇报电池组的参数和状态。

12. 受控功能

电池管理系统应可以通过通信接口接收设备总线上发来控制指令，并做相应响应，如按照总线指令对电池组做开启或关闭等操作。电池管理系统也可以通过通信接口接收设备总线上下传的参数信息，更新或调整电池管理的相关参数，包括保护参数、电压参数、电流参数、温度参数、时间参数等都可通过软件编程的方式灵活修改。

13. 均衡功能

由于电池制作工艺等的差异，使得生产出来的电池性能不可能完全一致，而使用中充放电的不同又加剧了电池的不一致性，这就需要对电池进行有效的均衡，以保证了电池组在使用周期内的一致性，从而有效地改善电池组的使用性能、延长电池组的使用寿命。

14. 散热功能

管理系统包含散热组件，可对电池体、功率器件等进行被动散热和主动散热。被动散热采用普通热传递方式，满足系统在正常温度下的散热需求。被动散热无须进行管理控制，不消耗电源功耗；当电池系统的温度超过正常值，被动散热无法满足要求时，管理系统可开启主动散热功能，通过整车冷却系统电池温度降低。

15. 自检功能

电池管理系统具备自检功能，系统每次运行首先完成初始化检测，如发现问题则自动做出相应的处理，并通过液晶显示屏或总线接口上报告警。电池组在工作过程中，管理系统定时巡检，及时发现可能出现的问题，自动做出相应安全处理，并告警显示。

（二）电池管理系统组成

动力电池管理系统主要由数据检测模块、中央处理器、显示单元模块、控制部件等组成，如图 4-2 所示，一般通过采用内部 CAN 总线技术实现模块之间的数据信息通信。控制部件主要是指继电器、加热继电器及熔断装置等；数据检测模块主要进行数据采集，包括电流传感器、电压传感器、温度传感器等；中央处理器指电池管理模块，主要与整车系统进行通信，控制充电机等；显示单元模块主要指示显

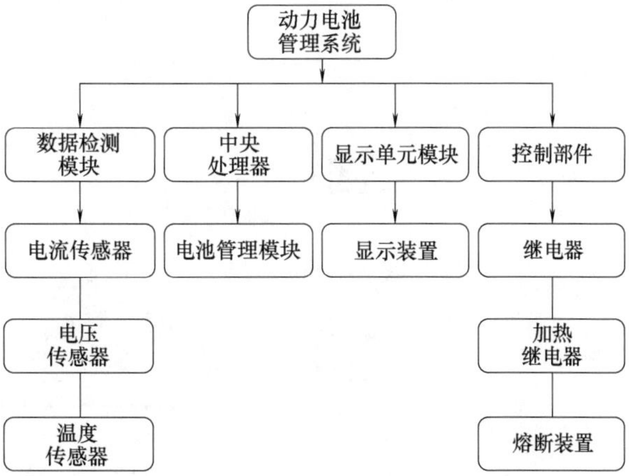

图 4-2 动力电池管理系统组成

示装置，可以进行数据呈现，实现人机交互。

（三）**电池管理系统工作原理**

电池管理系统与电动汽车的动力电池紧密结合在一起，通过传感器对电池的电压、电流、温度进行实时检测，同时还进行漏电检测、热管理、电池均衡管理、报警提醒。计算剩余容量（SOC 值[1]）和放电功率，报告电池劣化程度（SOH 值[2]）和剩余容量（SOC 值）状态，还根据电池的电压、电流及温度用算法控制最大输出功率以获得最大行驶里程，以及用算法控制充电机进行最佳电流的充电，通过 CAN 总线接口与车载总控制器、电机控制器、能量控制系统、车载显示系统等进行实时通信，如图 4-3 所示。

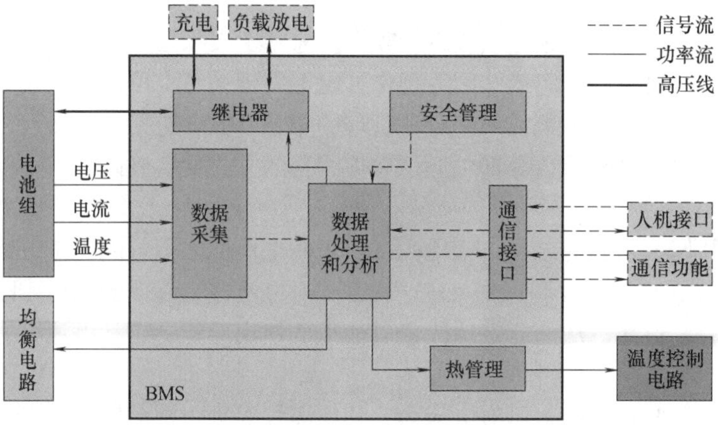

图 4-3　电池管理系统工作原理

二、故障案例

一辆吉利帝豪 EV300 纯电动汽车，用户反映启动后，车辆无法行驶，经技师上电查看发现除了用户说的故障现象以外，还发现了蓄电池充电警告灯点亮，动力电池故障指示灯点亮，仪表上没有显示动力电池的电量信息，READY 灯没有点亮。主要故障灯和显示异常，如表 4-1 所示。技师通过诊断，确认是电池管理系统 BMS 出现故障，修复后故障现象消失，车辆可以正常行驶。

表 4-1　　故障灯及显示异常情况

序号	仪表盘显示的故障灯或故障信息	特点	其他异常
1		常亮	 电量信息无显示
2		常亮	
3		常亮	

[1] SOC 值表示电池荷电状态，也称剩余电量，即电池剩余电量百分比。

[2] SOH 值表示性能状态值，也称健康状态值，即电池当前容量与出厂容量的百分比。

三、故障分析

该故障也是高压供电不正常，车辆无法行驶，但有一个显著特征就是，仪表上没有动力电池的电量信息。正常情况下仪表会显示动力电池的电量、总里程、续驶里程等，BMS 信息传递线路，如图 4-4 所示。

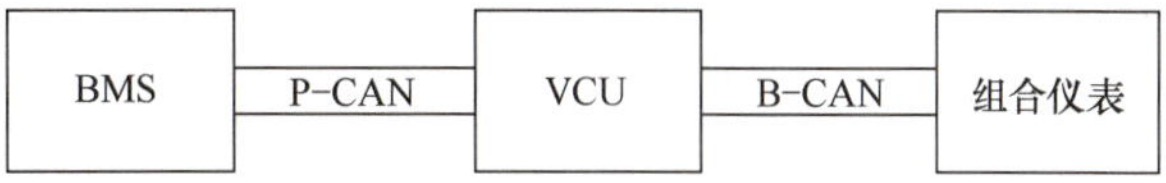

图 4-4　BMS 信息传递线路示意图

从图 4-4 看出，正常工作时，BMS 通过内部采集子系统获取动力电池的电压、温度以及电量 SOC 值等信息，通过动力网络 P-CAN 传递给 VCU，VCU 处理后将信息通过车身网络 B-CAN 传递给组合仪表进行显示，因此可以看出，如果仪表盘没有动力电池电量信息，且亮起；动力电池故障灯，则故障点包含 BMS、VCU 以及仪表等环节。这类故障并不是由动力电池自身故障导致的，而是由于 BMS 故障、VCU 故障、绝缘故障以及总线故障导致的。可能故障点分析，如图 4-5 所示。

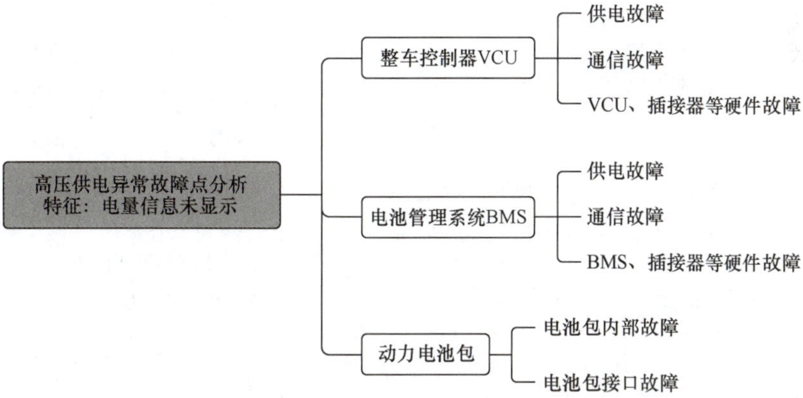

图 4-5　电量未显示特征的高压供电不正常故障点分析

通过对电量未显示特征的高压供电不正常故障点分析，电池管理系统 BMS 的故障主要包含 BMS 供电异常、BMS 通信故障和插接器或 BMS 硬件损坏。BMS 供电异常往往是由于 BMS 供电线路故障导致，例如供电线路断路、短路、保险熔断等，当出现这类故障时，需要对 BMS 供电线路进行进一步的检查以确定故障点位置。BMS 插接器故障一般是由于进水氧化、维修时没有插接到位、车辆发生碰撞时损坏到插接器等，这类故障主要检查插接器外观及内部来确定故障部位。BMS 通信故障主要是 BMS 与低压控制盒通信及 BMS 与 VCU 的通信，一般的通信故障主要检查 CAN 线是否异常。BMS 损坏一般是由外部原因导致的 BMS 内部元器件损坏、内部线路故障等，该类故障一般不好进行判断，一种办法是如果对其他故障进行排除后，仍不能解决故障，则可认为是 BMS 损坏，另一种是直接拿一个好的 BMS 换上，故障排除就可以确定是 BMS 损坏故障。另外，VCU 有故障、动力电池包出故障也会导致类似故障，VCU 方面的主要故障点与 BMS 系统的类似，动力电池包，则主要是电池包内部有问题，或者高压插接件等部位故障。

四、诊断流程

当车辆发生以仪表未显示电池电量信息为特征的高压供电不正常故障时一般遵循如图

4-6 所示的故障诊断流程进行排除。

首先要进行初步的检查，对低压蓄电池、高低压插接器等进行检查，如果低压蓄电池电压异常，则进行补充电能或者更换，如果有动力电池包相关插接器松动、脱落就进行修复，故障解除，则诊断结束。故障依然存在，则使用故障诊断仪，根据故障指向进行相应的检测与修复，当指向 VCU 时，则从 VCU 的供电、通信、硬件等方面进行逐步排查，直至找到故障点并修复，当指向 BMS 时，则从 BMS 的供电、通信、硬件等方面进行逐步排查，直至找到故障点并修复，当指向电池包时，则从电池包本身以及插接件等方面进行逐步排查，直至找到故障点并修复。

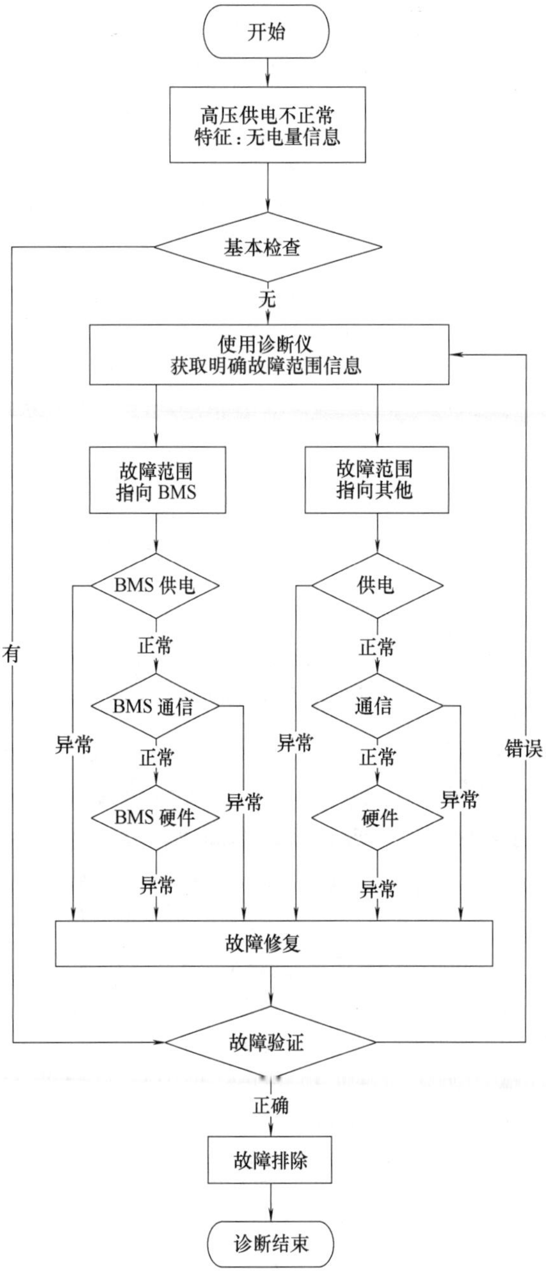

图 4-6　电量未显示特征的高压供电不正常故障诊断流程

五、故障检测与修复

下面根据前面分析的诊断流程，完成故障案例——仪表未显示电池电量信息为特征的高压供电不正常故障的检测、诊断与修复。

第一步，确认故障现象。根据用户描述的故障现象，结合组合仪表的故障提示，确认为故障现象是，READY 灯没有点亮，车辆无法行驶，蓄电池充电警告灯点亮，动力电池故障指示灯点亮，仪表上没有显示蓄电池的剩余电量，等待 4min 后，系统故障警告灯点亮。

第二步，连接故障诊断仪。关闭点火开关，将故障诊断仪与车辆诊断口连接。

第三步，启动车辆，使用故障诊断仪进入相关系统模块读取故障码和相关数据流，发现故障诊断仪不能进入动力电池管理系统（BMS）模块。切换 VCU 系统模块能进入，读取故障码和相关数据流，读取到的故障码为 U017187，与 BMS 通信丢失。读取剩余电量为 0，动力电池总电压为 0V 等相关数据流。故障诊断仪读取的相关故障码和数据流如表 4-2 所示，通过仪表显示的信息和故障诊断仪所读取的信息，初步判断为动力电池管理系统可能出现故障，故障部位可能是动力电池管理系统的供电和通信，由简易难的故障诊断思路，可以先对电池管理系统的供电进行检查。

表 4-2　故障码及数据流情况

序号	系统模块	能否进入	故障码	主要数据流
1	BMS	不能		
2	VCU	能	U017187,与 BMS 通信丢失	

第四步，确定故障范围。根据故障诊断仪的相关故障码和数据流，结合吉利帝豪 EV300 的动力电池管理系统（BMS）电路图，初步判断为 BMS 通信可能出现故障，故障部位可能是动力电池管理系统的 P-CAN 总线，由简易难的故障诊断思路，可以先对动力电池的供电进行检查，如图 4-7 所示。动力 CAN 网络，如图 4-8 所示。

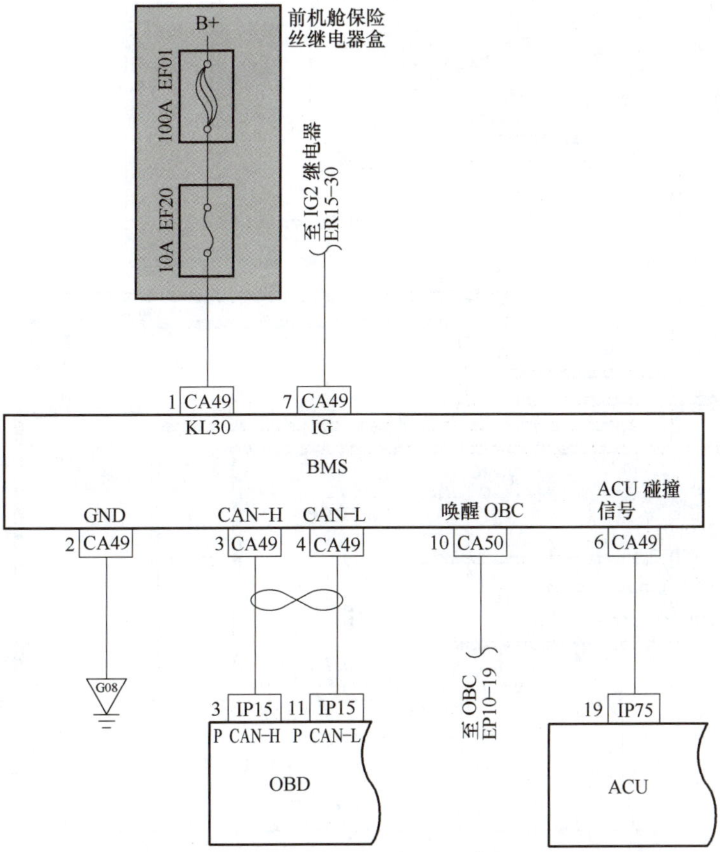

图 4-7　吉利帝豪 EV300 动力电池管理系统电路简图

第五步，故障范围检测与测量，故障排除流程及测量如图 4-9 所示。

第六步，故障点确认。经检查发现连接器 CA49 的端子 4 至连接器 CA57 的端子 2 之间公共铰接点线路断路。

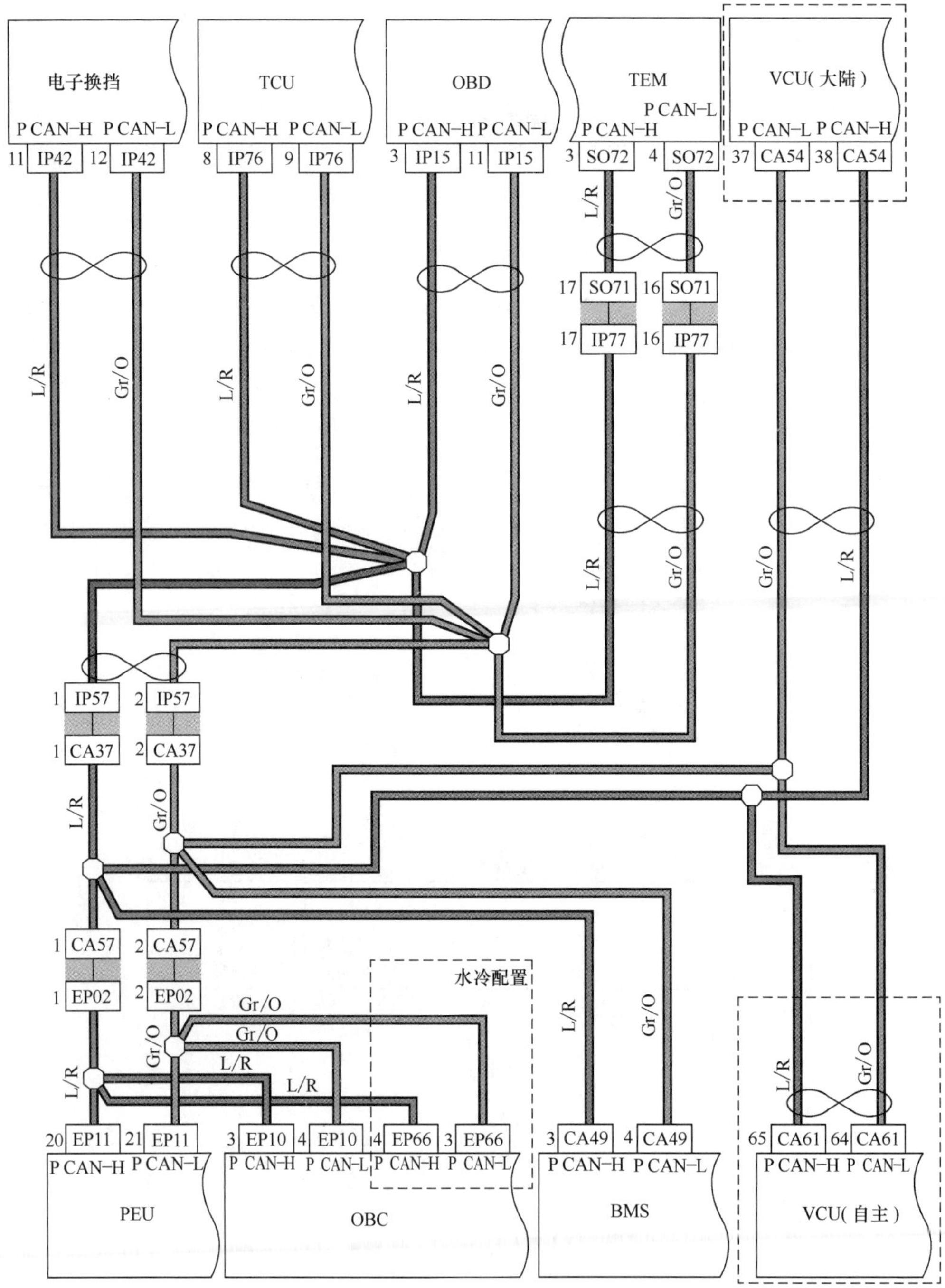

图 4-8　吉利帝豪 EV300 动力 CAN 网络

第七步，故障排除及验证。按维修手册的要求修复故障线束，故障点验证测量如图 4-10 所示，车辆上电，使用故障诊断仪对帝豪 EV300 进行故障码和数据流的读取，动力电池管理系统显示无故障码，确认故障已排除。

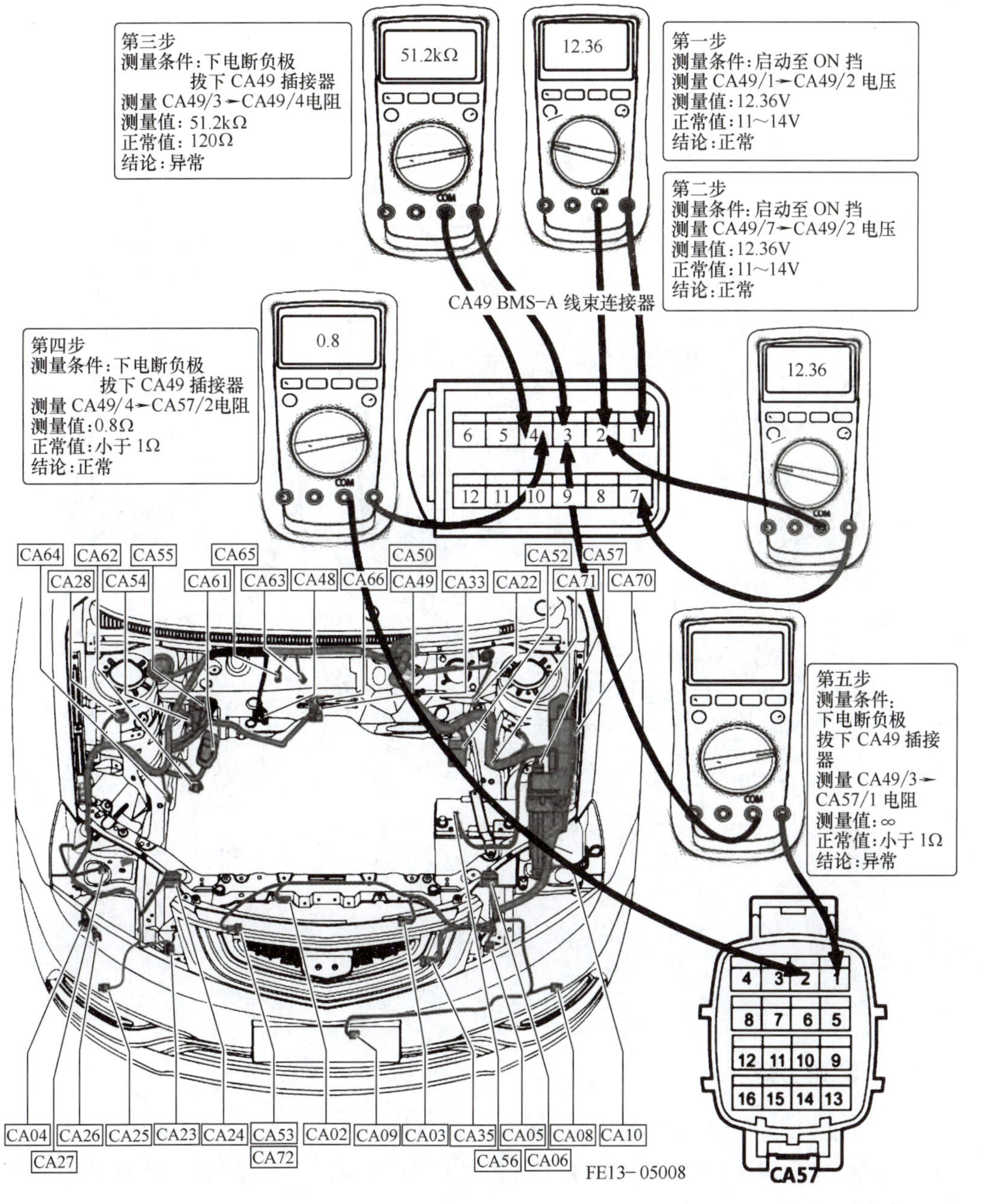

图 4-9　排故流程及测量情况

六、故障机理

本故障案例的故障机理是，连接器 CA49 的端子 3 至连接器 CA57 的端子 1 之间公共铰接点线路断路，电池管理系统 BMS 不能正常通信，因此电池管理系统 BMS 未能正常工作，VCU 不能获取动力电池所有的信息，也不能指示 BMS 闭合相关继电器，高压供

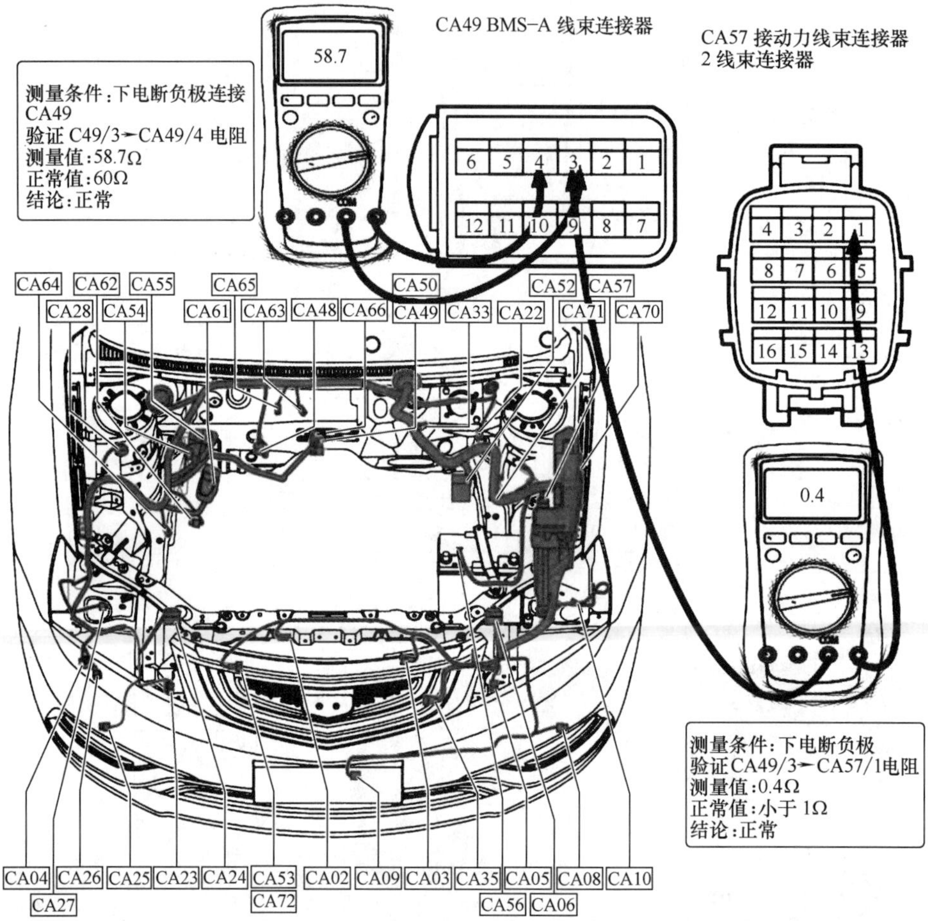

图 4-10　故障点验证测量情况

电不正常。

七、案例小结

（1）以仪表未显示电池电量信息为特征的高压供电不正常故障，一般不能正常显示剩余电量等参数，这类故障主要由电池管理系统 BMS 故障、整车控制器 VCU 故障、电池包自身故障等导致。

（2）动力电池的各种参数信息都是由 BMS 收集和处理，然后通过动力 CAN 总线的 P-CAN 总线传送给整车控制器 VCU，再由整车控制器 VCU 通过车身 CAN 总线 B-CAN 总线传递给组合仪表，由组合仪表盘显示出来。

（3）电池管理系统 BMS 的故障主要包含电池管理系统 BMS 供电异常、通信故障、自身损坏以及相关插接器故障。

（4）排除 CAN 总线故障时一定要确定到最小范围，否则故障点是无法获取到的，故障点确定不了就无法对故障进行有效的维修或更换。

八、实训任务

实训任务 8　　电池管理系统引起高压供电不正常故障诊断与排除

<table>
<tr><td>姓名</td><td></td><td>班级</td><td></td><td>学号</td><td></td><td>日期</td><td></td></tr>
<tr><td>任务名称</td><td colspan="5">电池管理系统引起高压供电不正常故障诊断与排除</td><td>成绩</td><td></td></tr>
<tr><td>任务描述</td><td colspan="7">一辆吉利帝豪 EV300 纯电动汽车,用户反映启动后,车辆无法行驶,经技师上电查看发现除了用户说的故障现象以外,还发现了蓄电池充电警告灯点亮,动力电池故障指示灯点亮,仪表上没有显示动力电池的电量信息,READY 灯没有点亮</td></tr>
<tr><td colspan="8">一、信息收集</td></tr>
<tr><td>1. 诊断基础</td><td colspan="7">① 电池管理系统的功能:通过________、________及________检测等功能实现对电池管理系统的________、________、________、________和________保护,继电器控制、________估算、________、均衡管理、故障报警处理、与其他控制器通信等功能;此外,电池管理系统还具有高压回路________功能,以及电池管理系统________功能
② 正常工作时,________通过内部采集子系统获取动力电池的电压、温度以及电量 SOC 等信息,通过动力网络________传递给________,________处理后将信息通过车身网络________传递给组合仪表进行显示
③ 电池管理系统 BMS 的故障主要包含 BMS ________异常、BMS ________故障和插接器或 BMS ________
④ 排除 CAN 总线故障时一定要确定到________范围,否则故障点是无法获取到的,故障点确定不了就无法对故障进行有效的维修或更换</td></tr>
<tr><td>2. 绘制电池管理系统电路、标注插接器位置图和针脚图</td><td colspan="7"></td></tr>
<tr><td>3. 综合分析故障原因</td><td colspan="7"></td></tr>
<tr><td>4. 制定诊断流程图</td><td colspan="7"></td></tr>
<tr><td colspan="8">二、任务准备</td></tr>
<tr><td rowspan="3">1. 车辆预检</td><td>车辆 VIN 码</td><td colspan="3"></td><td>车辆型号</td><td colspan="2"></td></tr>
<tr><td>车辆外观</td><td colspan="3">□正常 □划痕 □破损</td><td>损伤情况</td><td colspan="2"></td></tr>
<tr><td>车辆内饰</td><td colspan="3">□正常 □划痕 □破损</td><td>损伤情况</td><td colspan="2"></td></tr>
</table>

续表

2. 安全防护	场地警戒与检查	□隔离栏 □警示牌 □灭火器					
	检查项目	状态记录		处理方案			
	安全帽	□正常	□破损 □脏污 □过期	□更换 □维修 □清洁			
	护目镜	□正常	□破损 □脏污 □过期	□更换 □维修 □清洁			
	绝缘手套	□正常	□破损 □脏污 □过期	□更换 □维修 □清洁			
	绝缘鞋	□正常	□破损 □脏污 □过期	□更换 □维修 □清洁			
	绝缘工具套装	□正常	□破损 □脏污 □过期	□更换 □维修 □清洁			
	绝缘垫外观	□正常	□破损 □脏污 □过期	□更换 □维修 □清洁			
	绝缘垫检测	绝缘阻值		□更换 □维修			
三、故障诊断							
1. 故障现象	故障描述						
	仪表故障灯	□无 □有：					
	故障码	□无 □有：					
	故障相关数据流	1					
		2					
2. 故障分析	故障原因分析						
	故障可能的部位						
3. 检测流程	小组分工	主操作员		记录员			
		安全员		汇报员			
	步骤	检测项目	测量条件及方法	测量值	正常值	结果	
	1					□正常 □异常	
	2					□正常 □异常	
	3					□正常 □异常	
	4					□正常 □异常	
	5					□正常 □异常	
	6					□正常 □异常	
四、故障点确认及排除方案							
故障确认		维修方案	□更换 □维修 □调整				
教师确认		教师签字：					

续表

五、故障验证				
故障 修复验证	故障现象			
	仪表故障灯	□无 □有：		
	故障码	□无 □有：		
	相关数据流	1		
		2		
六、任务评价				
自我评价	基本技能和关键技能是否掌握？	任务目标是否实现？效果如何？		给自己打分
小组评价	基本技能和关键技能是否掌握？	任务目标是否实现？效果如何？		给他(她)打分
	小组评价人员：			
工单评价	教师签名：			
整体评价	整体评价=(10%自评+10%小组评+80%教师评价)			
教师签名：				

教学课件

高压绝缘破损引起高压断开故障

任务二 高压绝缘破损引起高压断开故障

学习目标	
素质目标	1. 养成遵守个人和车间安全作业要求、注重个人安全防护，形成安全作业意识。 2. 养成严格执行汽车的检修规范，养成严谨科学的工作态度。 3. 逐步养成“整理、整顿、清扫、清洁、素养、安全”的6S习惯。
知识目标	1. 理解新能源汽车高压绝缘检测的工作原理。 2. 掌握新能源汽车高压绝缘故障的诊断方法。
能力目标	1. 能根据仪表显示的现象、故障码、数据流及电路图分析故障原因。 2. 能制定高压绝缘故障的诊断流程。 3. 能根据制定的诊断流程对高压绝缘破损引起高压断开故障进行诊断与排除。 4. 能根据诊断结果判定故障点，并对故障点进行维修或更换故障元器件。

【任务寄语】 教育部实验室安全检查组成员、中国矿业大学（北京）资产与实验室管理处曾做了一个不完全统计：2001～2020年间，媒体公开报道的全国高校实验室安全事故有113起，共造成99人次伤亡。其中，火灾、爆炸事故占80%，中毒、触电、机械伤

害等事故占20%；化学品试剂使用、储存、废物处理方面的事故比例接近50%；试剂存储不规范、违规操作、废物处置不当等直接原因比例占62%。频频发生在实验室的安全事故，大部分都是违反操作规程、疏忽大意造成的，既伤害了自己又伤害了别人，还损害了单位和国家的利益，值得深思。

安全是企业生命线，是一切工作的重中之重，在企业生产过程中，我们要时刻树立安全意识，严格执行安全规程，做好安全措施防护，遵守安全规章制度，严格安全操作。目前，新能源汽车维修车间有高压电安全风险隐患，必须加强安全管理，提高维修作业人员的职业素养和安全作业意识，杜绝高压安全事故的发生。

教学视频

高压母线绝缘检测

一、绝缘故障的原因及诊断流程

（一）高压绝缘概述

1. 绝缘电阻的概念

绝缘电阻是电气设备和电气线路最基本的绝缘指标，主要用来考察电气设备绝缘性能是否良好。在规定的温度、湿度和压力条件下，对绝缘部分施加规定的电压，测量出来的电阻值即为绝缘电阻。该电阻值的高低直接关系到设备的安全性，绝缘电阻的降低会增加驾乘人员触电的可能性。

2. 新能源汽车对高压绝缘的要求

新能源汽车由动力电池提供电量给电机，进而驱动车辆行驶。动力电池输出电压大部分为DC300～600V，甚至更高。根据《特低电压（FLV）限值》（GB/T 3805—2008）的要求，人体的安全电压一般是指不使人直接致死或致残的电压，一般环境条件下允许持续接触的安全特低电压是DC 36V。新能源汽车动力电池输出的直流电压区间已远远超过了此安全电压。因此，国家的电动汽车安全要求标准对人员的触电防护提出了明确的要求，其中包括对绝缘电阻值的最低要求。根据《电动汽车安全要求第3部分：人员触电防护》（GB/T 18384.3—2015）中6.7.1条规定，在最大工作电压下，直流电路绝缘电阻的最小值应至少大于100Ω/V，交流电路应至少大于500Ω/V。

3. 车辆对绝缘故障的处理

车辆的绝缘状态一般由电池管理系统来检测，当检测到绝缘电阻值低于系统设定的最低绝缘值时，电池管理系统将生成故障码，并与整车控制器通信，由组合仪表来进行声音报警、文字提示和故障灯报警，同时切断动力电池高压输出，使高压断电。当车辆出现绝缘系统报警时，表示此时车辆出现了绝缘故障，必须马上进行故障排查，以免出现人身安全事故。

当出现绝缘故障后，系统有以下几种处理措施。

（1）从动力源头切断任何充电和放电过程，主要响应比较高等级的绝缘故障。

（2）考虑电池的故障在一定范围内，限制电机输出功率，在充电模式下充电停止（阻止能量回收）。

（3）限制电池包的输入和输出功率。

（4）仅亮起警告灯，其他不做处理。

此处需要注意的是，并不是所有的高压绝缘故障都会造成车辆高压电断开，具体的故障现象需要根据绝缘故障的严重程度决定，在进行车辆各种故障诊断时应特别注意。

（二）高压绝缘故障主要原因

由高压系统组成和绝缘检测原理可知，导致车辆出现绝缘故障的原因主要是高压系统故障和电池管理系统绝缘检测系统故障，如表 4-3 所示。当车辆的高压系统发生绝缘故障时，说明高压部件、高压线束及插接件出现了绝缘电阻过低的情况，需要对高压系统进行相关检查。

表 4-3　　高压绝缘故障原因和部位

故障名称	故障原因	故障部位
绝缘故障	高压系统故障	高压部件：动力电池、驱动电机、充电机、高压配电箱和充电口等
		高压线束及各连接件
	BMS 检测系统故障	BMS 系统

（三）高压绝缘故障诊断流程

当发生绝缘故障后，对于维修人员，首先应保证人身安全，操作时都须佩戴好有一定安全等级、符合国家相关标准要求的防护用品，如绝缘手套等，并按下列流程进行故障的诊断与排除。

（1）启动车辆试车，看车辆是否能正常行驶，判断车辆的故障现象是否与车主描述一致。

（2）观察组合仪表上的故障指示灯，通过故障指示灯进行故障的初步判断。

（3）打开空调面板进行空调制冷和制热操作，看高压电是否正常输出到空调；检查 DC/DC 系统是否正常工作。

（4）对车辆进行慢充充电操作，确认车辆是否能进行慢充充电。

（5）连接故障诊断仪，进行故障码数据流的相关读取。

（6）如确定是绝缘故障，则先进行断电操作，然后按绝缘电阻检测方法对车辆高压部件及线束进行绝缘检测。

（7）对已找出的故障部件进行更换或维修。

（8）正确地清除故障码，然后试车，看故障是否排除。

（四）绝缘测试仪的使用

当发生绝缘故障时，需用到绝缘电阻测试仪对绝缘部位进行绝缘检测，下面介绍常用的绝缘测试仪的特点及使用方法。

数字绝缘电阻表受电池驱动，具有精度高、读数直观、操作方便、安全可靠、便于携带等优点，已成为测量绝缘电阻最常用的仪表。数字绝缘电阻表一般由直流电压转换器将电池电压转换为直流高压电作为测试电压，该测试电压施加于被测物上产生的电流经电流电压转换器转换为相应的电压值，然后送入模数转换器变为数字编码，再经微机处理，由显示屏显示相应的电阻值。绝缘测试仪内部可以产生不同大小的电压，通常有 50V、100V、250V、500V 和 1000V 等多个挡位，可用于测量不同电压下物体的电阻大小。下面以优利德 UT511 为例介绍数字绝缘测试仪的使用。

优利德 UT511 数字绝缘测试仪。操作面板上有液晶显示屏、选择开关、电源开关按钮、绝缘电阻测量按钮、比较功能按钮等，如图 4-11 所示。

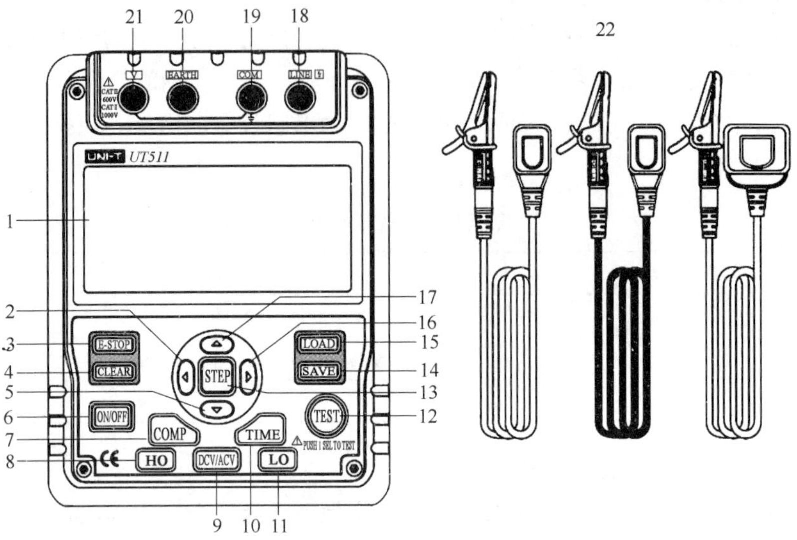

图 4-11　优利德 UT511 数字绝缘测试仪

1—显示液晶屏；2—◀选择按钮；3—应急关机按钮；4—背光与数据清除按钮；5—▼选择按钮；6—电源开关按钮；7—比较功能按钮；8—绝缘电阻测量按钮；9—电压测量按钮；10—定时器按钮；11—低电阻测量按钮；12—测试使用按钮；13—步进选择按钮；14—数据存储按钮；15—读存储数据按钮；16—▶选择按钮；17—▲选择按钮；18—LINE：电阻输入插孔；19—COM：电压输入插孔；20—EARTH：电阻输入插孔；21—V：电压输入插孔；22—测试笔（红、黑），专用双插头（红）

1. 按键功能

（1）ON/OFF：按 ON/OFF 1s 开机，再按一次关机。

（2）LIGHT：打开或关闭背光源。

（3）CLEAR：擦除存储数据。

（4）SAVE：存储当前液晶数据，当存储数据个数显示为 18 时，液晶会显示 FULL 符号，表示存储器满，须按 CLEAR 键擦除存储器内的数据才可以存储下一组数据。

（5）LOAD：（无高压输出时此功能有效）。按一次，读第一组存储数据，再按退出 LOAD 操作。

（6）▲：当绝缘电阻测量无测试电压输出时，▲为测试电压上档选择键。当 LOAD 操作时，▲为上调下一组数据选择键。

（7）▼：当绝缘电阻测量无测试电压输出时，▼为测试电压下档选择键。当 LOAD 操作时，▼为下调下一组数据选择键。

（8）◀：

① 当定时测量绝缘电阻或测量极化指数时，用来递减设置时间。

② 当比较功能测量绝缘电阻时，用来递减设置电阻比较值。

③ 当极化指数测量结束时，循环显示极化指数、TIME2 绝缘电阻值和 TIME1 绝缘电阻值。

（9）▶：

① 当定时测量绝缘电阻或测量极化指数时，用来递增设置时间。

② 当比较功能测量绝缘电阻时，用来递增设置电阻比较值。

③ 当极化指数测量结束时，循环显示极化指数、TIME2 绝缘电阻值和 TIME1 绝缘电阻值。

（10）STEP：步进选择按键，每按一次，液晶循环显示 S1→S2→S3。

① 当定时测量绝缘电阻或测量极化指数时，S1 表示步进值为 1，S2 表示步进值为 10，S3 表示步进值为 30。

② 当比较功能测量绝缘电阻时，S1 表示步进值为 1，S2 表示步进值为 10，S3 表示步进值为 100。

（11）COMP：绝缘电阻测量比较功能测量，开机时，比较值预设为 100MΩ。

（12）TIME：每按一次，循环设置绝缘电阻测量模式。连续测量→定时器测量→极化指数测量。

（13）TEST：用作开启和关闭绝缘电阻测试电压。

（14）HO：绝缘电阻测量功能。

（15）LO：电压测量功能。

（16）DCV/ACV：直流/交流电压测量功能。

2. 使用

（1）测量前的准备。

① 按 ON/OFF 1s 开机，开机时预设为测试电压为 100V 绝缘电阻连续测量挡。

② 当液晶屏左侧电池标记显示剩一格时，说明电池几乎耗尽需要更换电池，测量准确性不会受到影响。但当电池标记为空格时，说明电池电量已经到最低极限，因此不能保证其准确性，必须更换电池。

（2）安全检查。在使用前应检查兆欧表连接线的绝缘层是否完好，并利用开路和短路测试检验其性能。

开路测试：将兆欧表水平放置，连接线开路，按下 TEST 键，显示屏应显示“OL”，表示“∞”（在开路测试中，双手不能碰触线夹的导体部分，测试完成后，相互触碰线夹放电）。

短路测试：将兆欧表水平放置，连接线短路，按下 TEST 键，显示屏应显示“0”。

（3）测量注意事项。

① 测量前必须将被测设备电源切断，并对地短路放电。决不能让设备带电进行测量，以保证人身和设备的安全。对可能感应出高压电的设备，必须消除这种可能性后，才能进行测量。

② 绝缘检测需要穿戴绝缘防护套装。

③ 测试前先确认导线的连接插头已紧密地插入端子内，功能选择开关设定在合适的测试电压上。

④ 将测试导线与电路或设备连接时，先连接公共测试导线，拆卸时，要先断开测试导线，再断开公共测试导线。

⑤ 断开与测试电路连接的其他电路，以防影响测量结果。

⑥ 绝缘检测应符合以下标准：当空气相对湿度≤90%时，检测的绝缘电阻值应≥20MΩ；当空气相对湿度>90%时，检测的绝缘电阻值应≥2MΩ，不符合以上标准则应

查明原因，直至符合绝缘标准为止。

（4）使用。

① 电压测量。按 DCV/ACV 键设置到直流电压测量挡，再按可设置到交流电压测量挡，如此循环设置，如图 4-12 所示。

a. 将红测试线插入“V”输入端口，黑测试线插入“COM”输入端口。

b. 将红、黑鳄鱼夹接入被测电路，当测量直流电压时，若红测试线为负电压，则“-”负极标志显示在液晶屏上。

※ 注意：

（a）不要输入高于 1000V 或 750Vrms 的电压。显示更高的电压是有可能的，但有损坏仪器的危险。

（b）在测量高电压时，要特别注意避免触电。

（c）在完成所有的测量操作后，要断开测试线与被测电路的连接，并从仪器输入端拿掉测试线。

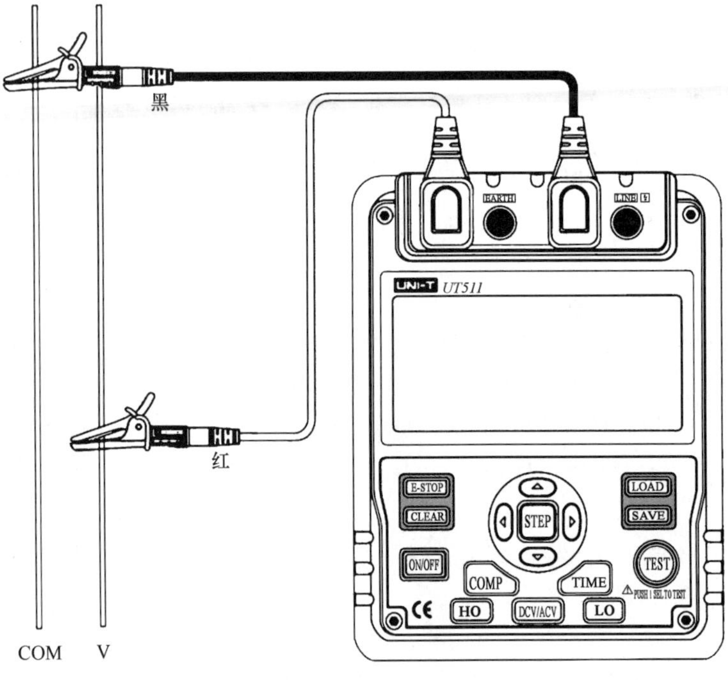

图 4-12　电压测量

② 绝缘电阻测量。按 HO 键设置到绝缘电阻测量挡，按▲和▼选择测试电压 100V、250V、500V、1000V 中之一，如图 4-13 所示。

在测量绝缘电阻前，待测电路必须完全放电，并且与电源电路完全隔离。将红测试线插入“LINE”输入端口，黑测试线插入“EARTH”输入端口。将红、黑鳄鱼夹接入被测电路，正极电压是从 LINE 端输出的。

选择以下绝缘电阻测量模式测量：

a. 连续测量。按 TIME 键选择连续测量模式，在液晶屏上无定时器标志显示，此后按住 TEST 键 1s 能够进行连续测量，输出绝缘电阻测试电压，测试红灯发亮，在液晶屏上高压提示符 0.5s 闪烁。在测试完以后，压下 TEST 键，关闭绝缘电阻测试电压，测试红灯灭且无高压提示符，在液晶屏上保持当前测量的绝缘电阻值。

b. 定时器测量。按 TIME 键选择定时器测量模式，在液晶屏显示“TIME1”和定时器标志符号，用“◀”“▶”和 STEP 键设置时间（00：05～29：30），此后压下 TEST 键 2s 能够进行定时器测量，在液晶屏上 TIME1 标志 0.5s 闪烁。当设定的时间到时自动结束测量，关闭绝缘电阻测试电压，并且在液晶屏上显示绝缘电阻值。

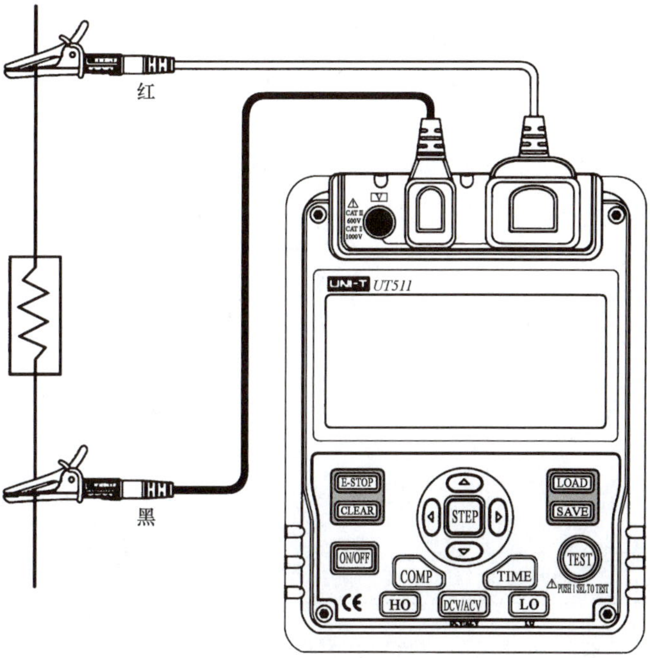

图 4-13　绝缘电阻测量

c. 极化指数测量（能设置到任何时间）。按 TIME 键，在液晶屏显示“TIME1”和定时器标志符号，用“◀”“▶”和 STEP 键设置 TIME1 时间（00：05～29：30），在设置完 TIME1 以后，再按 TIME 键，在显示屏显示“TIME2”“PI”和定时器标志符号，用“◀”“▶”和 STEP 键设置 TIME2 时间（00：10～30：00）。此后压下 TEST 键 2s，当 TIME1 设定时间到之前，在液晶屏上 TIME1 标志 0.5s 闪烁，当 TIME2 设定时间到之前，在液晶屏上 TIME2 标志 0.5s 闪烁，在设定时间 TIME2 测量结束后，在显示屏显示 PI 值，用“◀”或“▶”键循环显示极化指数、TIME2 绝缘电阻值和 TIME1 绝缘电阻值。（常识：极化指数＝3～10min 值/30～60s 值。）

d. 比较功能测量。按 COMP 键选择比较功能测量模式，在液晶屏显示“COMP”标志符号和电阻比较值，用“◀”和“▶”键和 STEP 键可设置电阻比较值（最小为 1MΩ，最大为测试电压允许测量的最大值），此后压下 TEST 键 2s，当绝缘电阻值比电阻比较值小，在液晶屏显示“NG”标志符号，否则，在液晶屏显示“GOOD”标志符号。

※ 注意：

（a）在测试前，确定待测电路没有电存在，请勿测量带电设备或带电线路的绝缘。

（b）勿在高压输出状态短路两个测试表笔和高压输出之后再去测量绝缘电阻。

（c）当 100V 测量电阻低于 500kΩ、250V 测量电阻低于 1MΩ、500V 测量电阻低于 2MΩ、1000V 测量电阻低于 5MΩ 时，测量时不要超过 10s。

（d）测试完毕，勿用手触摸电路，此时电路可能被存储的电容引起电击。

（e）测试导线离开连接的电路，不能用手触摸，直到测试电压完全被释放。

（f）如果电池盖被打开，请不要进行测量。

（五）绝缘性能要求

当高压系统出现绝缘故障时，应使用绝缘电阻表测量各高压部件及线束的绝缘电阻值。在测量绝缘电阻时，首先应使用放电器对正负极进行放电（若无放电器，则需静止10min以上）。关于绝缘电阻的标准，目前各个厂家对其规定值不同，具体值请参考厂家维修手册。某电动汽车各高压部件绝缘阻值检验参考标准，如表4-4所示。

表4-4　某电动汽车各高压部件绝缘阻值检验参考标准

测量对象	标准参数/MΩ
动力电池端正、负极输出端子	大于500
动力电池线束正、负极输出端子	大于500
车载充电机正、负极	大于20
空调压缩机电机正、负极	大于20
PTC正、负极	大于500
驱动电机控制器正、负极	大于20

对高压系统绝缘性能的检测，各个厂家的检测方法基本相同，主要测量各高压线束正负极对地的绝缘电阻。

二、故障案例

一辆吉利帝豪EV450纯电动汽车，用户反映，启动车辆时，刚开始状态正常，READY灯点亮，但过几秒后就出现故障，仪表READY灯熄灭，一些故障灯陆续点亮，车辆无法行驶。根据用户的描述故障现象，经技师验证，将点火开关从ACC→ON→ST挡，高压启动正常，READY灯点亮；但过了几秒后，仪表READY灯熄灭，动力电池断开故障指示灯点亮，动力系统故障指示灯点亮，且听到动力电池内部传来高压继电器断开的声音。主要故障灯和显示异常如表4-5所示。经过技师诊断排除，确认电池管理系统BMS检测到绝缘故障，维修后故障消失，车辆可以正常行驶。

表4-5　故障灯及显示异常情况

仪表盘显示的故障灯或故障信息	特点	其他异常
READY灯	亮起几秒后熄灭	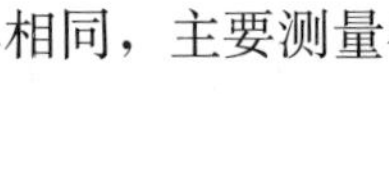 陆续亮起

三、故障分析

由于车辆刚开始能正常上电，说明各模块自检都能完成通过，因此可以排除各模块故障。但高压上电后突然下电，说明车辆检测到在高压上电后存在安全隐患，于是控制车辆紧急下电。根据高压上电控制原理，可以分析出高压下电主要由高压绝缘故障或高压互锁故障这两个原因引起。在高压启动过程中当BMS检测到直流母线绝缘电阻小于20MΩ

时，会通过 P-CAN 发送信号给 VCU，并控制动力电池内部各高压接触器断开，实现紧急下电。同时当 VCU 检测到高压互锁故障，通过 P-CAN 通信线将信号发送至 BMS，BMS 控制动力电池内部各高压接触器断开，实现紧急下电。

绝缘电阻是新能源汽车高压设备最重要的绝缘指标，当绝缘电阻异常时，会造成严重的安全事故。为了防止安全事故的发生，当各高压线束及部件的绝缘阻值超过规定时，整车会禁止上电，也会禁止充电。当车辆出现高压断开故障时，首先应检查是否存在绝缘故障。高压绝缘故障的主要原因是高压部件、高压线束及插接件出现了绝缘电阻过低的情况或者 BMS 检测系统出了故障。故障原因如图 4-14 所示。

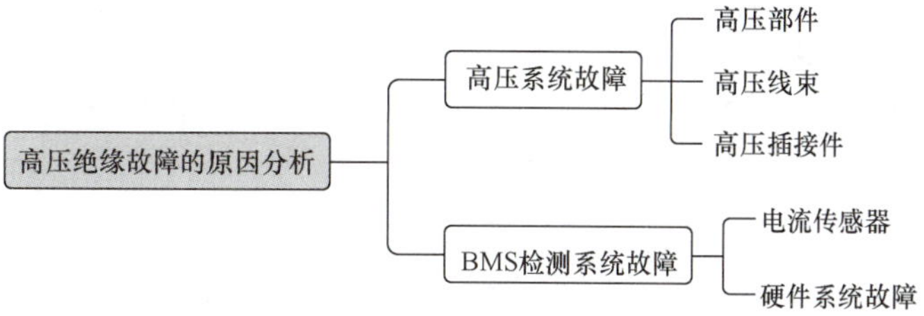

图 4-14　高压绝缘故障原因分析

从图 4-15 可见，高压系统中的部件除了车载充电机外，其他的高压线束与模块都是

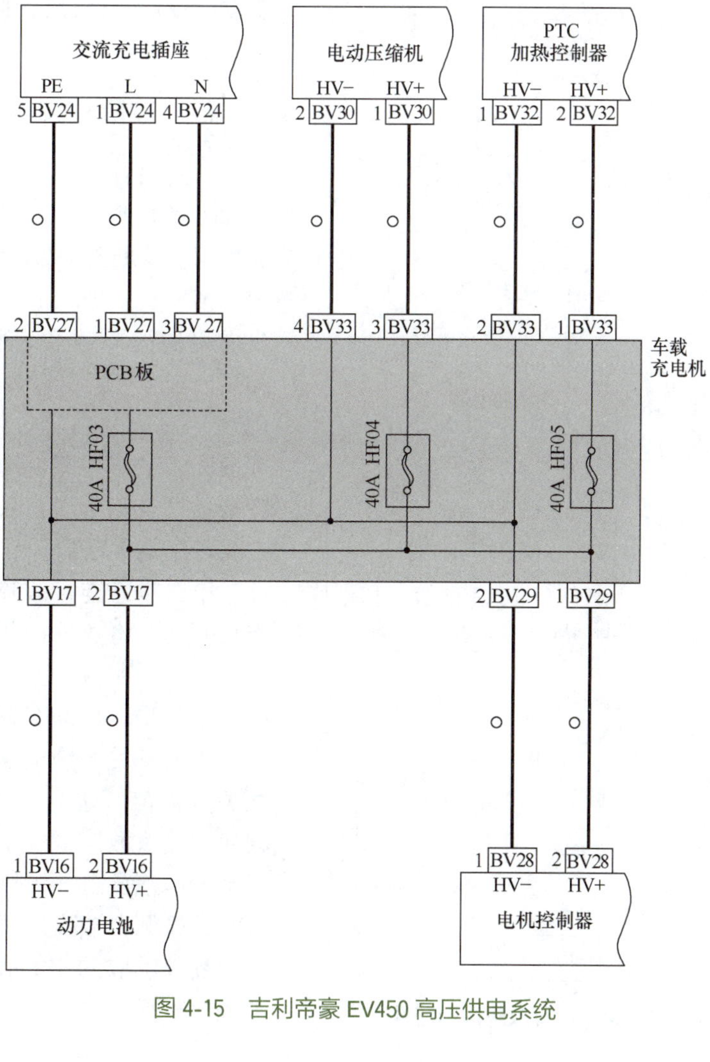

图 4-15　吉利帝豪 EV450 高压供电系统

直接连接的，因此电动压缩机，PTC 加热控制器，电机控制器如果存在高压绝缘故障，那么会在车辆上电，动力电池高压母线与外界高压电路接通后被检测到，造成故障。

四、诊断流程

当吉利帝豪 EV450 电动汽车发生高压绝缘导致高压紧急断开故障时，一般遵循如图 4-16 所示的故障诊断流程进行排除。

吉利帝豪 EV450 电动汽车发生高压紧急断开故障时，故障是上电后出现的，与用户沟通后，进行故障确认，说明车辆检测到在高压上电后存在安全隐患，于是控制车辆紧急下电。因此故障诊断流程应该从高压绝缘检测部分进行故障分析。根据用户的描述现场的故障再现，初步要分析故障位置，使用解码器检查故障码和数据流，分析判断故障位置，通过分析判断制定故障维修流程，进行故障检测。

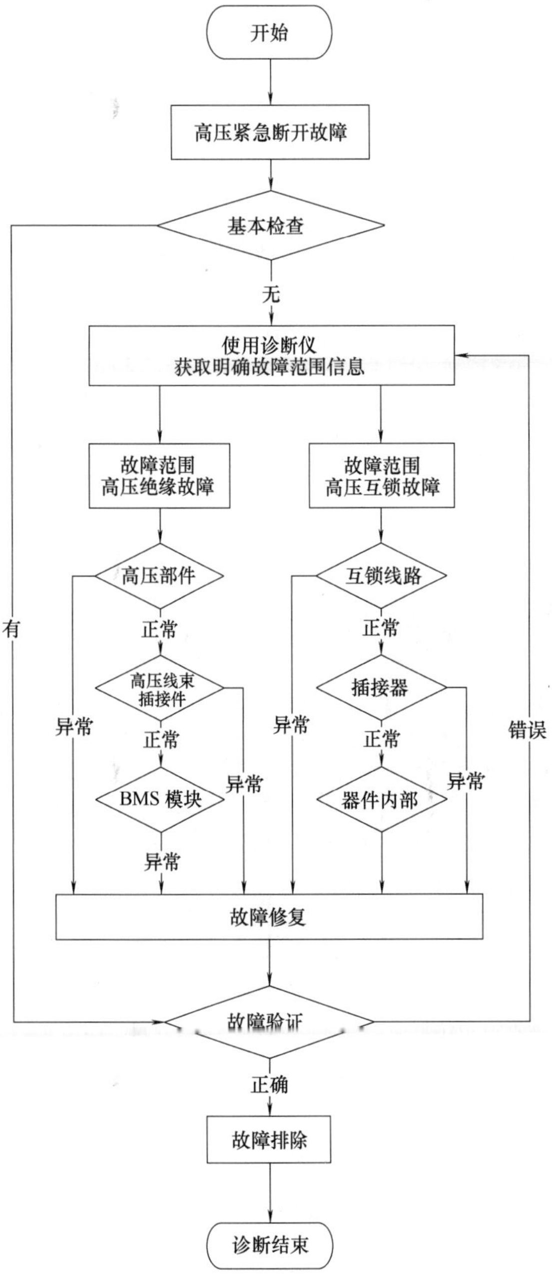

图 4-16 高压紧急断开故障诊断流程

五、故障检测与修复

下面根据前面分析的诊断流程，完成故障案例——高压紧急断开故障的检测、诊断与修复。

第一步，确认故障现象。根据用户描述的故障现象，将点火开关从 ACC→ON→ST 挡，高压启动正常，READY 灯点亮；但过了几秒后，仪表 READY 灯熄灭，动力电池断开故障指示灯点亮，动力系统故障指示灯点亮，车辆无法启动。

第二步，连接故障诊断仪。关闭点火开关，将故障诊断仪与车辆诊断口连接。

第三步，启动车辆，使用故障诊断仪进入相关系统模块读取故障码和相关数据流，进入整车控制器 VCU 模块，读取故障码为 P1C2704（BMS 报动力电池放电 3 级故障）、P1C7004（BMS 检测外部绝缘故障报警），故障诊断仪读取的相关故障码和数据流如表 4-6 所示。

表 4-6　故障码及数据流情况

系统模块	能否进入	故障码	主要数据流
VCU	能	P1C2704，BMS 报动力电池放电 3 级故障 P1C7004，BMS 检测外部绝缘故障报警	

第四步，确定故障范围。VCU 输出 P1C2704 BMS 报动力电池放电系统故障 3 级，说明 VCU 接收到来自 BMS 的信号，动力电池存在严重故障，为防止发生严重事故，3 级故障需要立即断开动力电池高压输出。P1C7004BMS 检测外部绝缘故障报警，说明 BMS 检测到高压系统中的外部电路，也就是除了动力电池之外的高压线束和高压模块在动力电池输出之后存在漏电现象，导致系统因为绝缘故障紧急下电。通过仪表显示的信息和故障诊断仪所读取的信息，初步判断为动力电池之外的高压线束和高压模块。

第五步，线路检测与测量。由于需要开放高压系统进行系统绝缘性能测试，所以要将点火开关置于 OFF 挡，断开蓄电池负极，对蓄电池负极进行绝缘处理（负极电瓶线及极柱包裹绝缘胶）。保证不会出现车辆意外通电的情况，确保维修过程的安全。检测步骤及记录如图 4-17 所示。

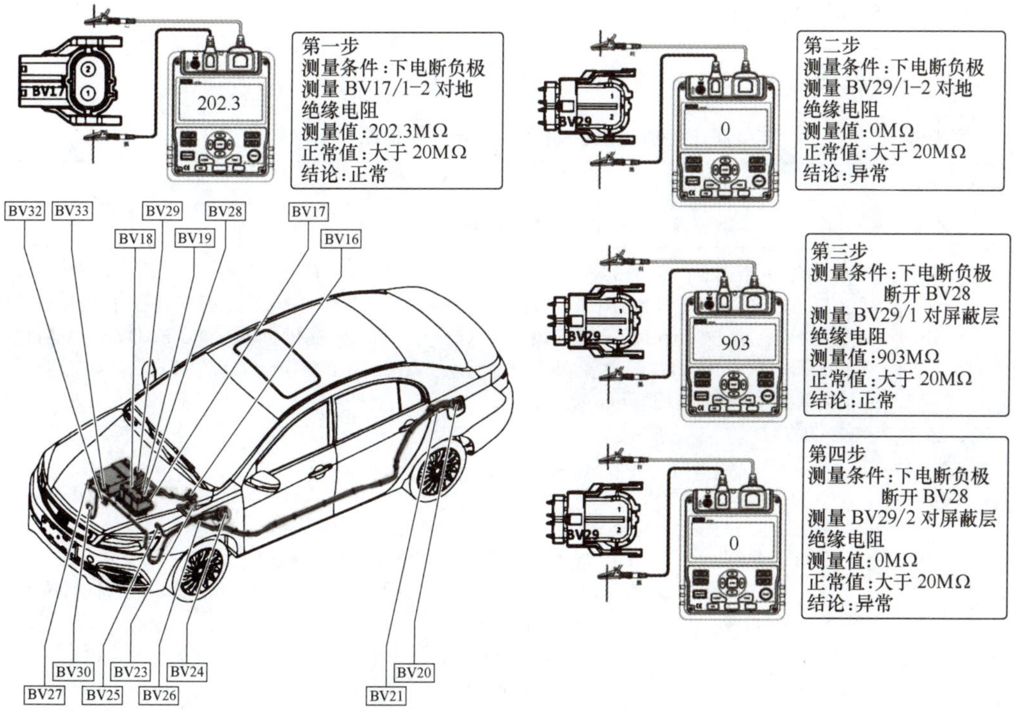

图 4-17　排故流程及测量情况

第六步，故障点确认。测量结果表明，电机控制器高压负极线束对屏蔽层绝缘存在短路现象。

第七步，故障排除及验证。按维修手册的要求更换电机控制器高压线束总成，重新启动，高压供电正常，READY 灯亮起，使用故障诊断仪对帝豪 EV450 进行故障码和数据流的读取，故障码消失，确认故障已排除。

六、故障机理

本故障案例的故障机理是，由吉利帝豪 EV450 电动汽车高压供电可以分析出，电机控制器高压负极线束对屏蔽层绝缘短路，绝缘电阻小于 20MΩ 的要求，BMS 检测到绝缘故障，高压紧急断电，车辆不能行驶。

七、案例小结

（1）高压上电后突然下电，说明车辆检测到在高压上电后存在安全隐患，于是控制车辆紧急下电。根据高压上电控制原理，可以分析出高压下电主要由高压绝缘故障或高压互锁故障这两个原因引起。

（2）绝缘电阻是新能源汽车高压设备最重要的绝缘指标，当绝缘电阻异常时，会造成严重的安全事故。为了防止安全事故的发生，当各高压线束及部件的绝缘阻值超过规定时，整车会禁止上电，也会禁止充电。当车辆出现高压断开故障时，首先应检查是否存在绝缘故障。

（3）高压绝缘故障的主要原因是高压部件、高压线束及插接件出现了绝缘电阻过低的情况或者 BMS 检测系统出了故障。

八、实训任务

实训任务 9　　　　高压绝缘破损引起高压断开故障诊断与排除

<table>
<tr><td>姓名</td><td></td><td>班级</td><td></td><td>学号</td><td></td><td>日期</td><td></td></tr>
<tr><td>任务名称</td><td colspan="5">高压绝缘破损引起高压断开故障诊断与排除</td><td>成绩</td><td></td></tr>
<tr><td>任务描述</td><td colspan="7">一辆吉利帝豪 EV450 纯电动汽车，用户反映，启动车辆时，刚开始状态正常，READY 灯点亮，但过了几秒后就不行了，仪表 READY 灯熄灭，一些故障灯陆续点亮，车辆无法行驶。根据用户的描述故障现象，经技师验证，将点火开关从 ACC→ON→ST 挡，高压启动正常，READY 灯点亮；但过了几秒后，仪表 READY 灯熄灭，动力电池断开故障指示灯点亮，动力系统故障指示灯点亮，且听到动力电池内部传来高压继电器断开的声音</td></tr>
<tr><td colspan="8">一、信息收集</td></tr>
<tr><td>1. 诊断基础</td><td colspan="7">① 根据《电动汽车安全要求第 3 部分：人员触电防护》中 6.7.1 条规定，在最大工作电压下，直流电路绝缘电阻的最小值应至少大于________，交流电路应至少大于________
② 车辆的绝缘状态一般由________来检测，当检测到绝缘电阻值________系统设定的最低绝缘值时，________将生成故障码，并与________通信，由组合仪表来进行声音报警、文字提示和故障灯报警，同时切断________输出，使________断电
③ 高压上电后突然下电，说明车辆检测到在高压上电后存在________，于是控制车辆________，主要由________故障或________故障这两个原因引起
④ 高压绝缘故障的主要原因是________、________及________出现了________的情况或者________出了故障</td></tr>
<tr><td>2. 绘制高压供电系统简图、标注插接器位置图和针脚图</td><td colspan="7"></td></tr>
</table>

续表

<table>
<tr><td>3. 综合分析故障原因</td><td colspan="7"></td></tr>
<tr><td>4. 制定诊断流程图</td><td colspan="7"></td></tr>
<tr><td colspan="8">二、任务准备</td></tr>
<tr><td rowspan="3">1. 车辆预检</td><td>车辆 VIN 码</td><td colspan="3"></td><td colspan="2">车辆型号</td><td></td></tr>
<tr><td>车辆外观</td><td colspan="3">□正常 □划痕 □破损</td><td colspan="2">损伤情况</td><td></td></tr>
<tr><td>车辆内饰</td><td colspan="3">□正常 □划痕 □破损</td><td colspan="2">损伤情况</td><td></td></tr>
<tr><td rowspan="9">2. 安全防护</td><td>场地警戒与检查</td><td colspan="6">□隔离栏 □警示牌 □灭火器</td></tr>
<tr><td>检查项目</td><td colspan="4">状态记录</td><td colspan="2">处理方案</td></tr>
<tr><td>安全帽</td><td colspan="2">□正常</td><td colspan="2">□破损 □脏污 □过期</td><td colspan="2">□更换 □维修 □清洁</td></tr>
<tr><td>护目镜</td><td colspan="2">□正常</td><td colspan="2">□破损 □脏污 □过期</td><td colspan="2">□更换 □维修 □清洁</td></tr>
<tr><td>绝缘手套</td><td colspan="2">□正常</td><td colspan="2">□破损 □脏污 □过期</td><td colspan="2">□更换 □维修 □清洁</td></tr>
<tr><td>绝缘鞋</td><td colspan="2">□正常</td><td colspan="2">□破损 □脏污 □过期</td><td colspan="2">□更换 □维修 □清洁</td></tr>
<tr><td>绝缘工具套装</td><td colspan="2">□正常</td><td colspan="2">□破损 □脏污 □过期</td><td colspan="2">□更换 □维修 □清洁</td></tr>
<tr><td>绝缘垫外观</td><td colspan="2">□正常</td><td colspan="2">□破损 □脏污 □过期</td><td colspan="2">□更换 □维修 □清洁</td></tr>
<tr><td>绝缘垫检测</td><td colspan="4">绝缘阻值</td><td colspan="2">□更换 □维修</td></tr>
<tr><td colspan="8">三、故障诊断</td></tr>
<tr><td rowspan="5">1. 故障现象</td><td>故障描述</td><td colspan="6"></td></tr>
<tr><td>仪表故障灯</td><td colspan="6">□无 □有：</td></tr>
<tr><td>故障码</td><td colspan="6">□无 □有：</td></tr>
<tr><td rowspan="2">故障相关数据流</td><td>1</td><td colspan="5"></td></tr>
<tr><td>2</td><td colspan="5"></td></tr>
<tr><td rowspan="2">2. 故障分析</td><td>故障原因分析</td><td colspan="6"></td></tr>
<tr><td>故障可能的部位</td><td colspan="6"></td></tr>
</table>

续表

3. 检测流程	小组分工	主操作员		记录员	
		安全员		汇报员	

3. 检测流程	步骤	检测项目	测量条件及方法	测量值	正常值	结果
	1					□正常 □异常
	2					□正常 □异常
	3					□正常 □异常
	4					□正常 □异常
	5					□正常 □异常
	6					□正常 □异常

四、故障点确认及排除方案

故障确认		维修方案	□更换 □维修 □调整
教师确认	教师签字：		

五、故障验证

故障修复验证	故障现象		
	仪表故障灯	□无 □有：	
	故障码	□无 □有：	
	相关数据流	1	
		2	

六、任务评价

自我评价	基本技能和关键技能是否掌握？	任务目标是否实现？效果如何？	给自己打分
小组评价	基本技能和关键技能是否掌握？	任务目标是否实现？效果如何？	给他(她)打分
	小组评价人员：		
工单评价	教师签名：		
整体评价	整体评价=(10%自评+10%小组评+80%教师评价)		
	教师签名：		

项目五

电驱控制系统故障诊断与排除

教学课件

电机控制器引起高压供电不正常故障

任务一　电机控制器引起高压供电不正常故障

学习目标	
素质目标	1. 遵守个人和车间安全作业要求、注重个人安全防护，形成安全作业意识。 2. 养成严格执行汽车的检修规范，养成严谨科学的工作态度。 3. 逐步养成“整理、整顿、清扫、清洁、素养、安全”的6S习惯。 4. 养成脚踏实地的作风，领悟工匠精神的精髓——勤奋踏实。
知识目标	1. 理解新能源汽车电机控制器的结构与工作原理。 2. 掌握新能源汽车电机控制器故障的诊断方法。
能力目标	1. 能根据仪表显示的现象、故障码、数据流及电路图分析故障原因。 2. 能制定电机控制器故障的诊断流程。 3. 能根据制定的诊断流程对电机控制器引起高压供电不正常故障进行诊断与排除。 4. 能根据诊断结果判定故障点，并对故障点进行维修或更换故障元器件。

【任务寄语】 任何人都要经过不懈的努力才能有所收获。收获成果的多少取决于这个人努力的程度，没有机缘巧合这样的事存在。所以说，只有那些勤奋工作，持之以恒地刻苦钻研技术的人才是真正的智者，而这样的人迟早会有回报——这就是工匠精神的精髓。

一、电驱控制系统故障诊断基础

教学视频

电机控制器引起高压供电不正常故障

（一）电驱系统组成及工作原理

新能源汽车区别于传统内燃机汽车的最大不同点，就是普遍采用了电驱系统，替代传统的发动机。电机驱动系统作为新能源汽车的心脏是纯电动汽车的核心系统，是车辆行驶的主要执行机构，它可以根据驾驶员的操作意图、动力电池和驱动电机的状态控制车辆的行驶和停止，同时在汽车减速制动或者下坡时，实现电能再生。它的系统结构、分类及工作原理，与传统的发动机有着很大的不同。

电驱系统工作原理，如图5-1所示。电驱系统工作时，根据接收到的驾驶员操纵信号和动力电池状态信息等信号，进行分析确定驾驶员的操作意图，得出相应的控制指令发送给电机控制器，电机控制器控制驱动电机工作，从而使电动汽车按照驾驶员的意图行驶。当车辆需要行驶时，电池管理系统将动力电池输出的高压直流电转换为三相交流电送给驱动电机，驱动电机将电能转换为机械能送驱动车轮，从而实现汽车行驶。当汽车减速制动

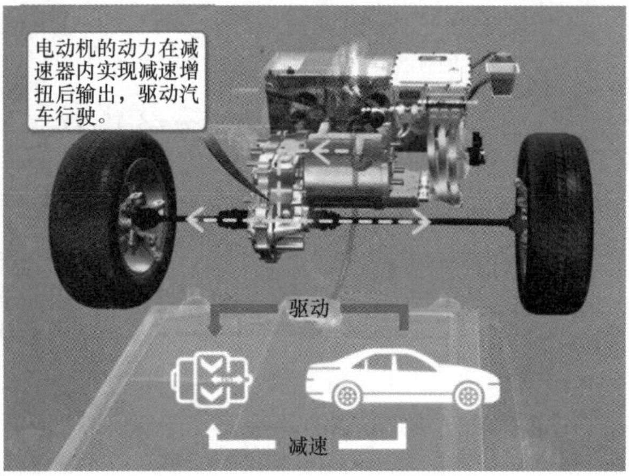

图 5-1　新能源汽车电驱系统工作原理

或者空挡滑行时，车轮带着驱动电机反转产生的三相交流电，电机控制器将三相交流电转换为高压直流电充入动力电池，补充电能。

（二）吉利帝豪 EV 电动汽车电机控制器

吉利帝豪 EV 电动汽车的电机控制器内部包含 1 个逆变器（DC/AC）和 1 个 DC/DC 转换器；逆变器由 IGBT、直流母线电容、驱动和控制电路板等组成，实现直流（可变的电压、电流）与交流（可变的电压，电流、频率）之间的转变。直流转换器由高低压功率器件、变压器、电感、驱动和控制电路板等组成，实现直流高压向直流低压的能量传递。电机控制器还包含冷却器（通过冷却液）给电子功率器件散热，如图 5-2 所示。

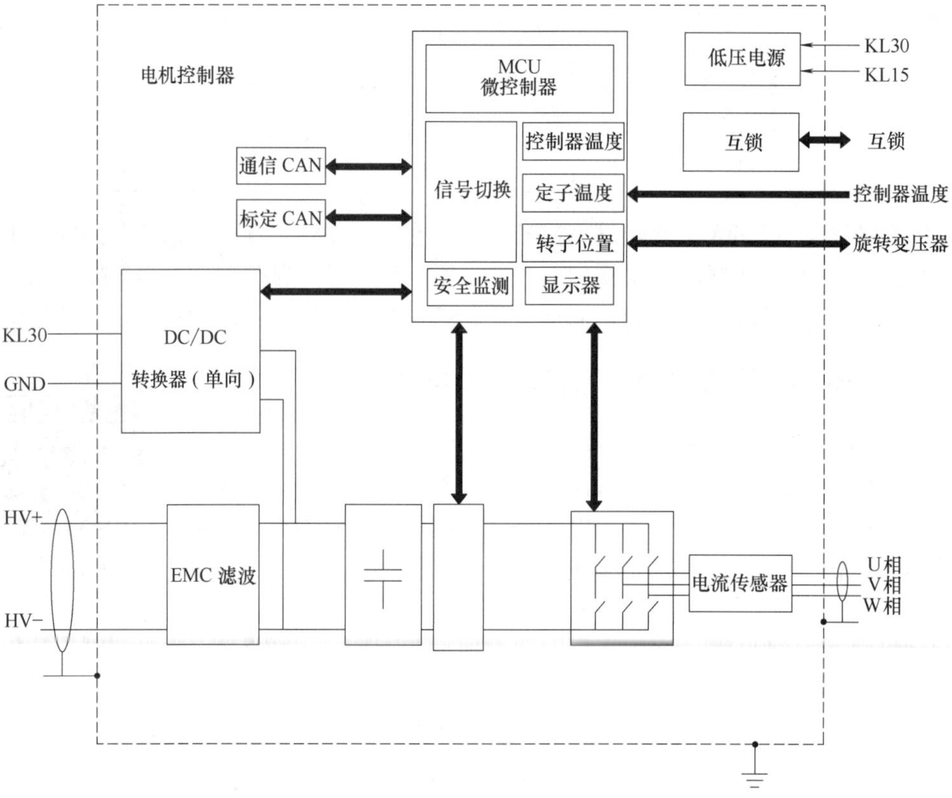

图 5-2　吉利帝豪 EV 电动汽车电机控制器结构原理

吉利帝豪 EV 电动汽车电机控制器安装在前舱内，采用 CAN 通信控制，控制着动力电池组到电机之间能量的传输，同时采集电机位置信号和三相电流检测信号，精确地控制驱动电机运行。

吉利帝豪 EV 电动汽车电机控制器是一个既能将动力电池中的直流电转换为交流电以驱动电机，同时具备将车轮旋转的动能转换为电能（交流电转换为直流电）给动力电池充电的设备。其主要原理为：电机接通电源，产生电流，构建了磁场。交变的电流产生了交变的磁场，当绕组在物理空间上呈一定角度布置时，将产生圆形旋转磁场。运动是相对的，等于该磁场被其空间作用范围内的导体进行了切割，于是导体两端建立了感应电动势，通过导体本身和连接部件，构成了回路，产生了电流，形成了一个载流导体。该载流导体在旋转磁场中将受到力的作用，这个力最终成为电机输出扭矩中的力。当电动汽车减速和制动时，即切除电源时，电动汽车电机惯性转动，此时通过电路切换，往转子中提供相比而言功率较小的励磁电源，产生磁场，该磁场通过转子的物理旋转，切割定子的绕组，于是定子感应出电动势，也成逆电动势，此时电机反转，功能与发电机相同，是一个将机械能转化为电能的装置，所产生的电流通过功率变化率接入蓄电池，即为能量回馈，至此制动能量回收过程完成。

车辆制动或滑行阶段，电机作为发电机应用。它可以完成由车轮旋转的动能到电能的转换，给电池充电。

DC/DC 转换器集成在电机控制器内部，其功能是将电池的高压电转换成低压电，提供整车低压系统供电，如图 5-3 所示。

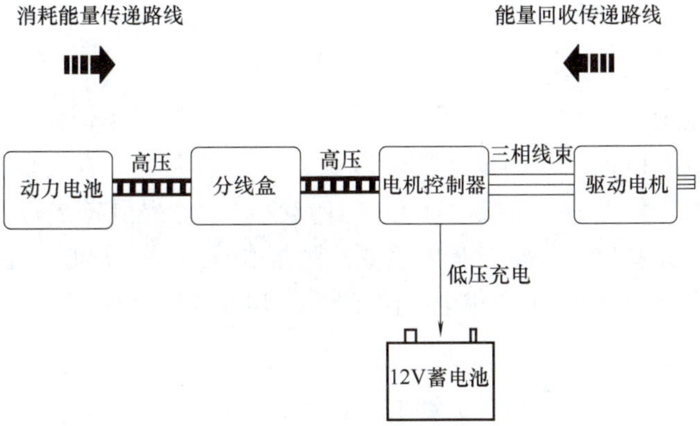

图 5-3　吉利帝豪 EV 电动汽车驱动电机控制器功能图

（三）变速器工作原理

电机的速度-转矩特性非常适合汽车驱动的需求，纯电动模式下，汽车的驱动系统不再需要多挡位的变速器，驱动系统结构得以大幅简化。吉利 EV450 纯电动汽车采用固定齿比变速器，其内部包含减速器和差速器总成、中间轴、输入轴、车速传感器等组成。

驻车挡（P 挡）：驾驶员操作电子换挡器进入 P 挡，电子换挡器将驻车请求信号发送到整车控制器（VCU），VCU 结合当前驱动电机转速及轮速情况判断是否符合驻车条件。当符合条件时，VCU 发送驻车指令到减速器控制器 TCU，TCU 根据驻车条件判断是否进行驻车，TCU 控制驻车电机进入 P 挡，锁止减速器。

前进挡（D 挡）或倒车挡（R 挡）：驻车完成后 TCU 将收到减速器发出的 P 挡位置

信号，并将此信号反馈给 VCU，完成换挡过程。驾驶员操作电子换挡器退出 P 挡进入 D 挡或 R 挡，电子换挡器将解除驻车请求信号发送给 VCU，VCU 结合当前驱动电机转速及转速情况判断是否满足解除驻车条件，当符合条件时，VCU 发送解除驻车指令到 TCU，TCU 根据解锁条件判断是否进行解锁，TCU 控制电机解除 P 挡锁止减速器。解除驻车完成后 TCU 将收到减速器发出的挡位位置信号，并将此信号反馈给 VCU 完成换挡过程，如图 5-4 所示。

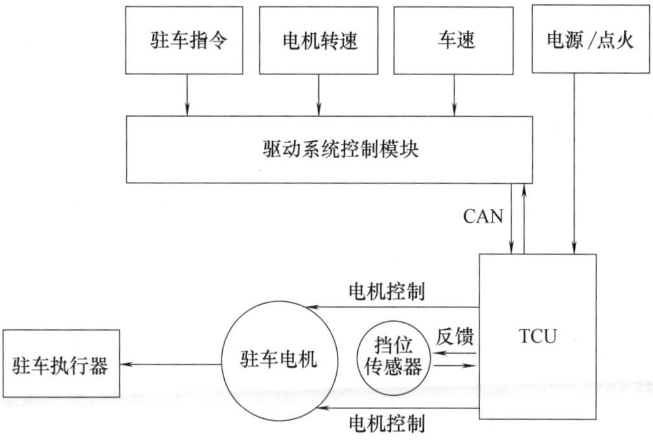

图 5-4　变速器电气原理图

二、故障案例

一辆吉利帝豪 EV300 纯电动汽车，用户反映启动车辆，车辆无法行驶，仪表上出现了红色故障指示灯，根据用户的描述故障现象，经技师上电查看发现 READY 灯没有点亮，蓄电池充电警告灯点亮，系统故障警告灯点亮，故障提醒警告灯点亮，EPB 故障警告灯点亮，ESC 系统故障警告灯点亮，主要故障灯和显示异常，如表 5-1 所示。经过技师诊断排除，确认电机控制器 PEU 供电保险 EF31 熔断故障，更换 EF31 保险故障消失，车辆可以正常行驶。

表 5-1　故障灯及显示异常情况

序号	仪表盘显示的故障灯	颜色	特点	其他异常
1		红色	常亮	READY 灯无显示
2		红色	常亮	
3		黄色	常亮	
4		黄色	常亮	
5		黄色	常亮	

三、故障原因

仪表上 READY 灯没有点亮，蓄电池充电警告灯点亮，系统故障警告灯点亮，故障提醒警告灯点亮，驻车制动系统 EPB 故障警告灯点亮，稳定控制系统 ESC 系统故障警告灯点亮，电机控制器 PEU 系统发生故障一般会出现几个故障指示灯点亮。根据故障指示灯初步可以判断为电机控制器 PEU 及其保险、继电器、线路出现故障，PEU 系统出现故障，如果是电源或 P-CAN 线故障，电机控制器无法与其他系统进行通信，电机控制器无

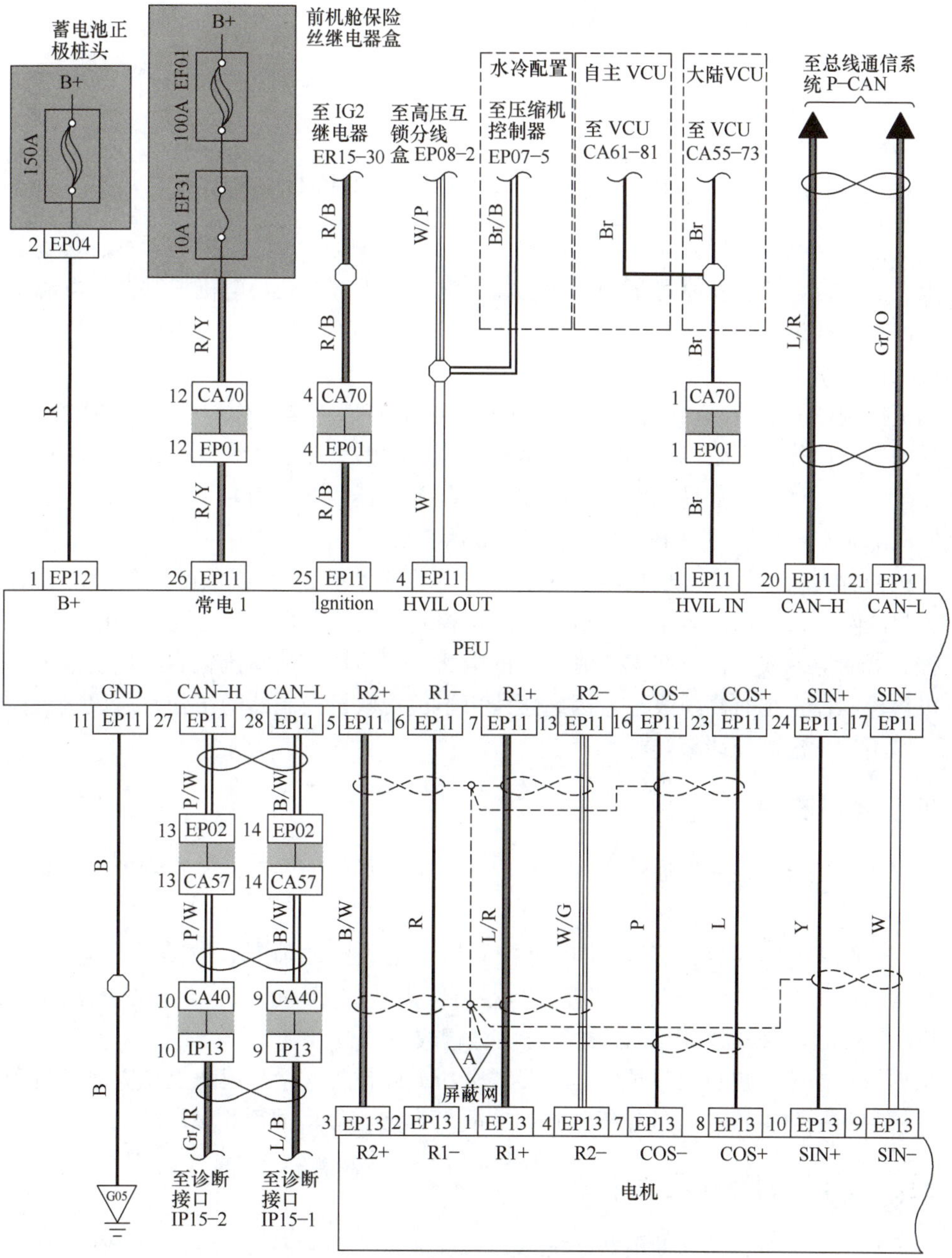

图 5-5　吉利帝豪 EV300 电机控制器电路图

法进入读取故障码和数据流，如果不是电源或 P-CAN 线故障，那么电机控制器就可以进去读取故障码和数据流。吉利帝豪 EV300 电机控制器电路图，如图 5-5 所示。

电机控制器通信失败的主要故障部位有电机控制器 PEU、整车控制器 VCU 等，如图 5-6 所示。

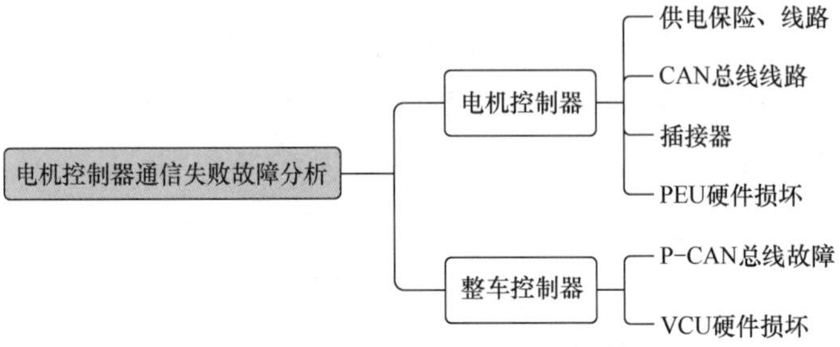

图 5-6　电机控制器通信失败故障分析

电机控制器电源出现故障，电机控制系统无法正常工作，电机控制器本身负责车辆的任务也无法进行，这样就使得车辆无法上高压电以及正常行驶，电机控制器的电源是由蓄电池提供的，经过 EF31 熔丝、CA70/12 插接器、EP01/12 插接器、EP11/26 插接器最终到达电机控制系统。

电机控制器 P-CAN 总线出现故障，电机控制器可以正常工作，但是电机控制系统向外传递的所有信号都无法传递到整车控制系统，这时整车控制系统就会认为电机控制系统出现故障，不允许全车上高压电，同时整车控制系统还要向车身控制系统 BCM 发送电机控制器故障，车身控制系统 BCM 会将故障显示在仪表上。

电机控制器其他线束出现故障或多或少与电源和 P-CAN 总线故障的故障现象有所区别，排除故障一定要由简入难。分析出是电机控制器故障，那么首先要检测的故障应该是电机控制器的电源线，汽车在工作时，它的电路不易损坏，熔丝比较容易出现故障。

电机控制器上也有高压线束，因高压线束不负责电机控制器的工作，所以电机控制器出现故障不用考虑高压线束。

四、诊断流程

当车辆发生电机控制器通信失败故障时，一般遵循如图 5-7 所示的故障诊断流程进行排除。

吉利帝豪 EV300 电动汽车发生电机控制器通信失败故障时，故障是上电后出现的，与用户沟通后，进行故障确认，电机控制器通信失败故障诊断流程应该从电机控制器电源、P-CAN 总线、搭铁、PEU 本身等方面进行故障分析。

根据用户的描述进行故障再现，初步要分析故障位置，使用解码器检查故障码和数据流，分析判断故障位置，通过分析判断制定故障维修流程，进行故障检测。

五、故障检测与修复

下面根据前面分析的诊断流程，完成故障案例——电机控制器通信失败故障的检测、诊断与修复。

第一步，确认故障现象。根据用户描述的故障现象，检查组合仪表的故障提示，发现READY灯没有点亮，车辆无法行驶，蓄电池充电警告灯点亮，系统故障警告灯点亮，故障提醒警告灯点亮，驻车制动系统EPB故障警告灯点亮，电子稳定系统ESC故障警告灯点亮。

第二步，连接故障诊断仪。关闭点火开关，将故障诊断仪与车辆诊断口连接。

第三步，启动车辆，使用故障诊断仪进入相关系统模块读取故障码和相关数据流，发现故障诊断仪不能进入电机控制器PEU模块。切换VCU系统模块能进入，读取故障码和相关数据流，读取到的故障码为U34AA82，电机控制器报文循环计数错误。读取剩余电量为0，动力电池总电压为0V等相关数据流。故障诊断仪读取的相关故障码和数据流如表5-2所示，通过仪表显示的信息和故障诊断仪所读取的信息，初步判断为电机控制系统可能出现故障，故障部位可能是电机控制系统的供电和通信，由简易难的故障诊断思路，可以先对电机控制系统供电进行检查。

第四步，确定故障范围。根据故障诊断仪的相关故障码和数据流，结合吉利帝豪EV300的电机控制器PEU电路图，确定故障范围电机控制系统(PEU)自身及其相关线路、保险、继电器、插接器等，根据故障范围找到PEU模块供电保险为EF31，供电线路为B+至EP11/26针脚。

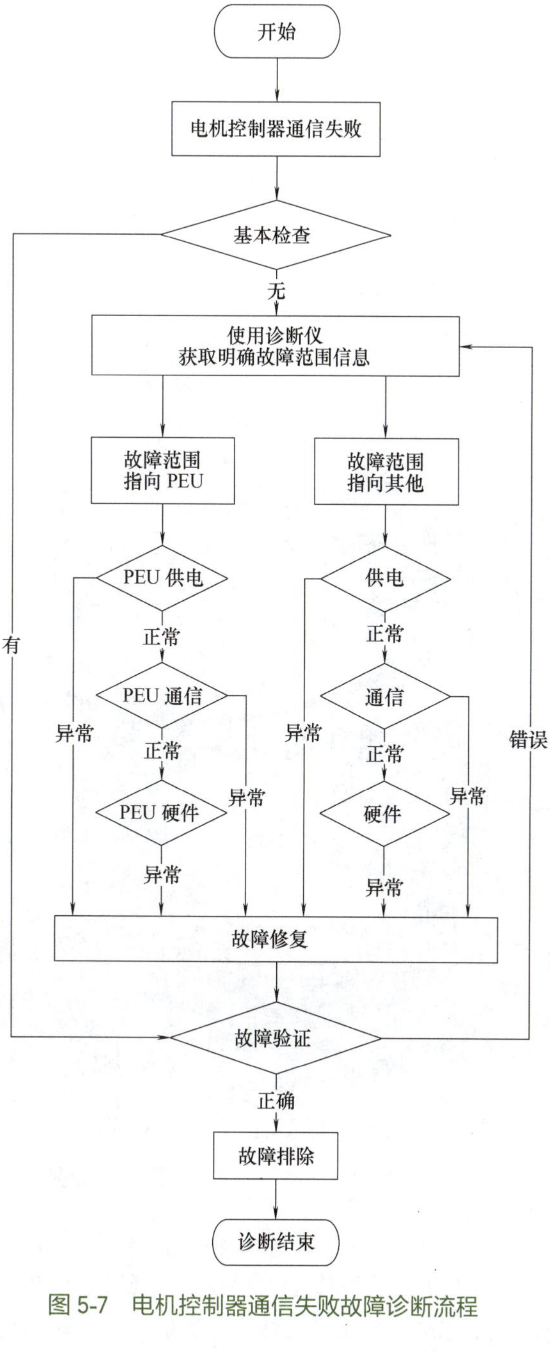

图5-7　电机控制器通信失败故障诊断流程

表5-2　故障码及数据流情况

序号	系统模块	能否进入	故障码	主要数据流
1	PEU	不能		
2	VCU	能	U34AA82，电机控制器报文循环计数错误	剩余电量为0 动力电池总电压为0V

第五步，故障范围检测与测量。断开蓄电池负极，等待 5min，进行基本检查，EP11 插接器外观及连接情况检查，检查插接器外观及连接是否正常。检测步骤及测量如图 5-8 所示。

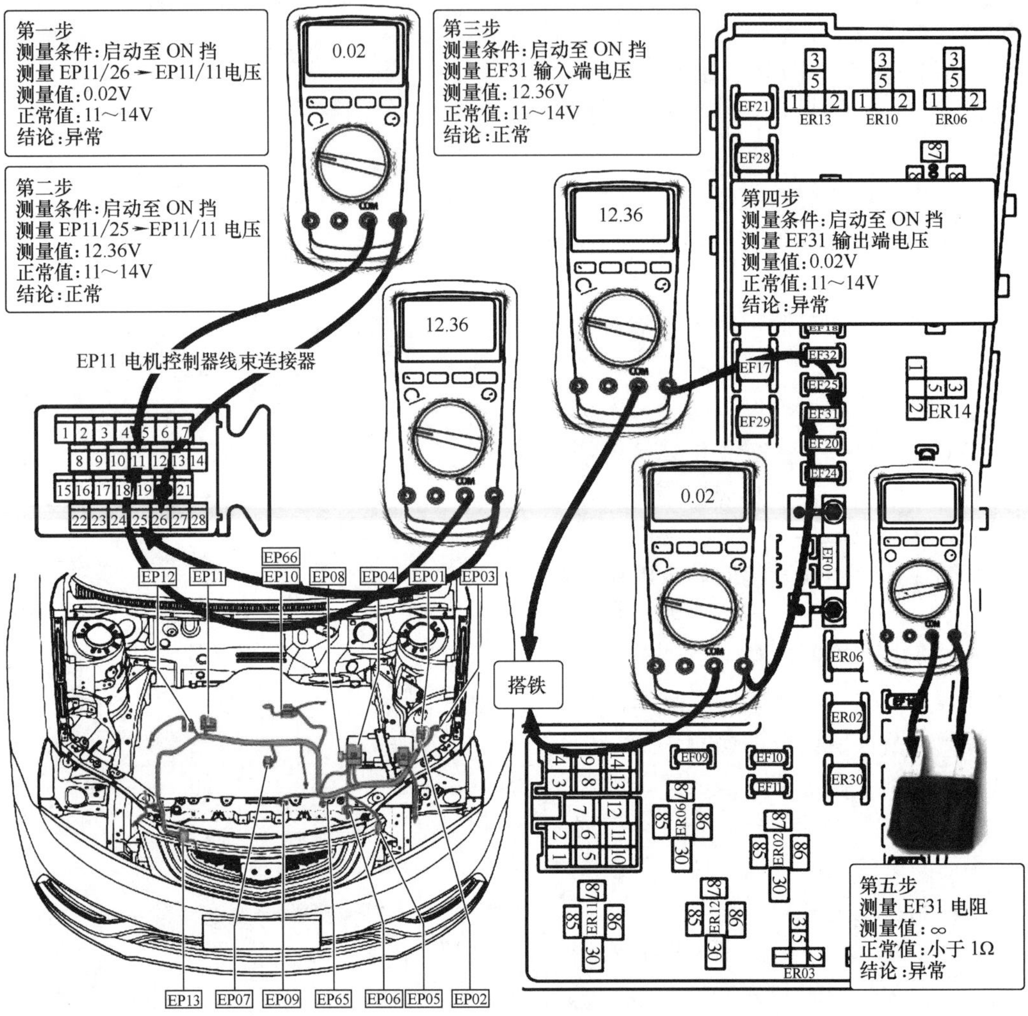

图 5-8 检测步骤及测量情况

第六步，故障点确认。经检查发现 EF31 保险熔断。

第七步，故障排除及验证。更换 EF31 保险，故障点验证测量如图 5-9 所示，车辆上电，使用故障诊断仪对帝豪 EV300 进行故障码和数据流的读取，电机控制器模块显示无故障码，确认故障已排除。

六、故障机理

由吉利帝豪 EV300 纯电动汽车电机控制器 PEU 电路图可以分析出，PEU 的供电是由 B+完成的，EF31 保险熔断时，电机控制器 PEU 没有供电，因此电机控制器未能正常工作，电机控制系统所有的信息电机控制器未能收集到，信息不能够通过 P-CAN 总线传

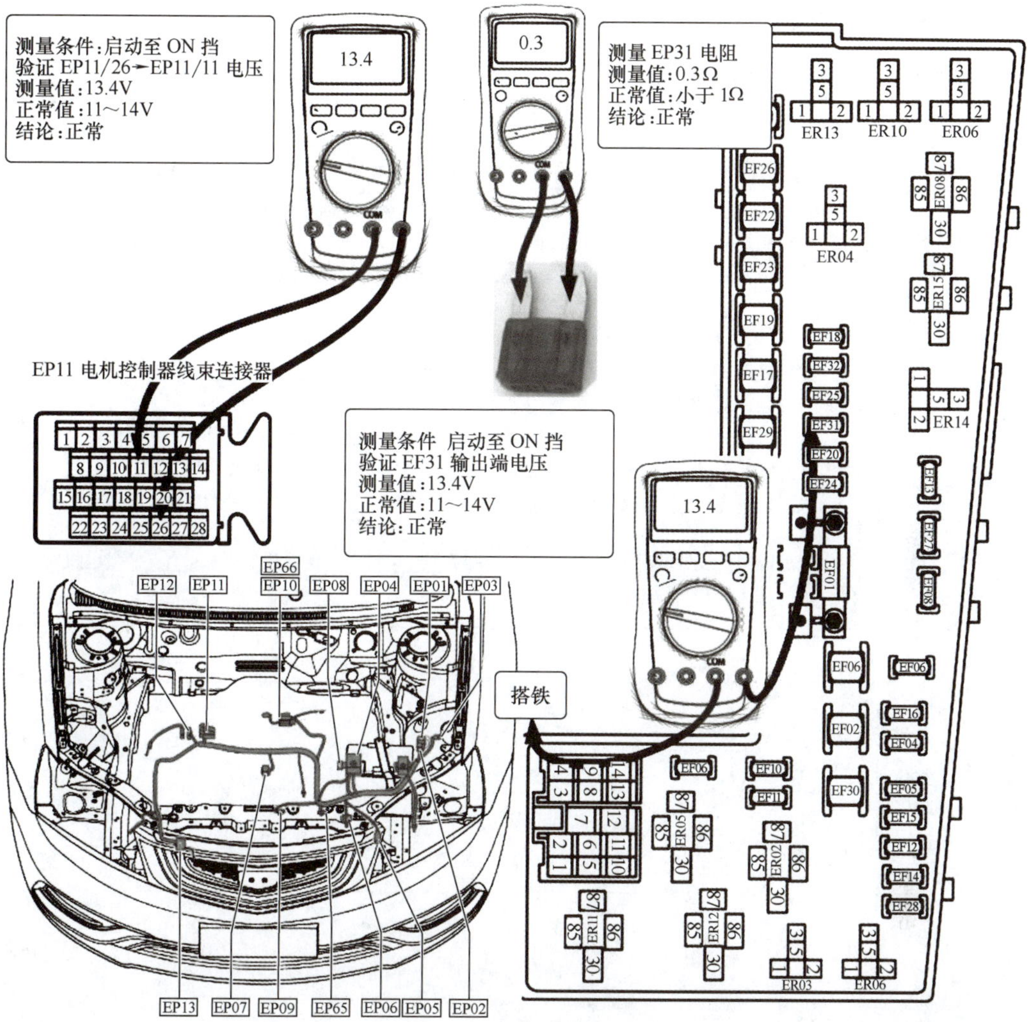

图 5-9　故障点验证测量情况

送给 VCU，因此仪表不能正确的获取电机控制系统信息，高压不能上电，高压供电不正常。

七、案例小结

（1）电机控制系统无法通信故障时，仪表上会显示蓄电池充电警告灯，系统故障警告灯，故障提醒警告灯，EPB 故障警告灯，ESC 系统故障警告灯，一般这类故障是由于电机控制系统故障、VCU 故障等导致。

（2）电机控制系统收集驱动电机、IGBT、制动能量回收等信息，然后通过 PEU 的 P-CAN 总线传送给 VCU，再由 VCU 通过 B-CAN 总线传递给 BCM，由 BCM 将信息传递给仪表盘进行显示。

（3）电机控制系统的故障主要包含电机控制系统供电异常、电机控制系统自身损坏、电机控制系统通信故障、电机控制系统插接器故障等。

八、实训任务

实训任务 10　　电机控制器引起高压供电不正常故障诊断与排除

<table>
<tr><td>姓名</td><td></td><td>班级</td><td></td><td>学号</td><td></td><td>日期</td><td></td></tr>
<tr><td>任务名称</td><td colspan="5">电机控制器引起高压供电不正常故障诊断与排除</td><td>成绩</td><td></td></tr>
<tr><td>任务描述</td><td colspan="7">一辆吉利帝豪 EV300 纯电动汽车，用户反映启动车辆，车辆无法行驶，仪表上出现了红色故障指示灯，根据用户的描述故障现象，经技师上电查看发现 READY 灯没有点亮，蓄电池充电警告灯点亮，系统故障警告灯点亮，故障提醒警告灯点亮，EPB 故障警告灯点亮，ESC 系统故障警告灯点亮</td></tr>
<tr><td colspan="8">一、信息收集</td></tr>
<tr><td>1. 诊断基础</td><td colspan="7">① 吉利帝豪 EV 电动汽车电机控制器是一个既能将动力电池中的________以驱动电机，同时具备将车轮旋转的动能转换为电能________给动力电池充电的设备
② DC/DC 集成在________内部，其功能是将电池的________，提供整车低压系统供电
③ 电机控制系统收集________、________、________等信息，然后通过 PEU 的________总线传送给________，再由________通过________总线传递给________，由 BCM 将信息传递给仪表盘进行显示
④ 电机控制系统的故障主要包含电机控制系统________、电机控制系统________、电机控制系统________、电机控制系统________等</td></tr>
<tr><td>2. 绘制驱动电机控制简图、标注插接器位置图和针脚图</td><td colspan="7"></td></tr>
<tr><td>3. 综合分析故障原因</td><td colspan="7"></td></tr>
<tr><td>4. 制定诊断流程图</td><td colspan="7"></td></tr>
<tr><td colspan="8">二、任务准备</td></tr>
<tr><td rowspan="3">1. 车辆预检</td><td>车辆 VIN 码</td><td colspan="2"></td><td>车辆型号</td><td colspan="3"></td></tr>
<tr><td>车辆外观</td><td colspan="2">□正常 □划痕 □破损</td><td>损伤情况</td><td colspan="3"></td></tr>
<tr><td>车辆内饰</td><td colspan="2">□正常 □划痕 □破损</td><td>损伤情况</td><td colspan="3"></td></tr>
</table>

续表

2. 安全防护	场地警戒与检查	□隔离栏　□警示牌　□灭火器		
	检查项目	状态记录		处理方案
	安全帽	□正常	□破损 □脏污 □过期	□更换 □维修 □清洁
	护目镜	□正常	□破损 □脏污 □过期	□更换 □维修 □清洁
	绝缘手套	□正常	□破损 □脏污 □过期	□更换 □维修 □清洁
	绝缘鞋	□正常	□破损 □脏污 □过期	□更换 □维修 □清洁
	绝缘工具套装	□正常	□破损 □脏污 □过期	□更换 □维修 □清洁
	绝缘垫外观	□正常	□破损 □脏污 □过期	□更换 □维修 □清洁
	绝缘垫检测	绝缘阻值		□更换 □维修

三、故障诊断

1. 故障现象	故障描述		
	仪表故障灯	□无 □有：	
	故障码	□无 □有：	
	故障相关数据流	1	
		2	
2. 故障分析	故障原因分析		
	故障可能的部位		

3. 检测流程	小组分工	主操作员		记录员		
		安全员		汇报员		
	步骤	检测项目	测量条件及方法	测量值	正常值	结果
	1					□正常 □异常
	2					□正常 □异常
	3					□正常 □异常
	4					□正常 □异常
	5					□正常 □异常
	6					□正常 □异常

四、故障点确认及排除方案

故障确认		维修方案	□更换 □维修 □调整
教师确认			教师签字：

续表

五、故障验证			
故障修复验证	故障现象		
	仪表故障灯	□无 □有：	
	故障码	□无 □有：	
	相关数据流	1	
		2	

六、任务评价			
自我评价	基本技能和关键技能是否掌握？	任务目标是否实现？效果如何？	给自己打分
小组评价	基本技能和关键技能是否掌握？	任务目标是否实现？效果如何？	给他（她）打分
	小组评价人员：		
工单评价	教师签名：		
整体评价	整体评价＝（10％自评＋10％小组评＋80％教师评价）		
教师签名：			

教学课件

电机转速异常引起车辆无法行驶故障

任务二　电机转速异常引起车辆无法行驶故障

学习目标	
素质目标	1. 养成遵守个人和车间安全作业要求、注重个人安全防护，形成安全作业意识。 2. 养成严格执行汽车的检修规范，养成严谨科学的工作态度。 3. 逐步养成“整理、整顿、清扫、清洁、素养、安全”的6S习惯。 4. 养成爱岗敬业的工作作风，领悟工匠精神的本质。
知识目标	1. 理解新能源汽车电机转速传感器的结构与工作原理。 2. 掌握新能源汽车电机转速异常故障的诊断方法。
能力目标	1. 能根据仪表显示的现象、故障码、数据流及电路图分析故障原因。 2. 能制定电机转速传感器故障的诊断流程。 3. 能根据制定的诊断流程对电机转速传感器故障进行诊断与排除。 4. 能根据诊断结果判定故障点，并对故障点进行维修或更换故障元器件。

【任务寄语】 随着现代社会的发展，专业分工和精细化水平越来越高，社会要求人们更要以专注的精神做好每件事。专心致志，即是把精力和思想集中于现在时刻，集中在现

在正在进行的事情上。人只有专心致志做事，才能提高效率，节省时间，才能在最短的时间里把事情做得最好。专注的职业精神来源于何处呢？归根结底，一个人如果想专注于自己的事业，首先必须敬业，人只有敬业才能乐业，只有乐业才能对事业投入全部的专注和耐心。这是工匠精神的本质——爱岗敬业。

教学视频

电机转速异常引起车辆无法行驶故障

一、旋转变压器的作用

旋转变压器的作用是反映驱动电机转子当前的旋转相位，电机控制器在通过旋变信号计算当前的驱动电机转速。目前，大部分新能源汽车旋转变压器采用磁阻式旋转变压器。吉利帝豪 EV 电动汽车的旋转变压器结构如图 5-10 所示，旋变转子与驱动电机转子同轴连接，随电机转轴旋转。旋变转子内侧有感应线圈，安装在驱动电机定子上。驱动电机旋转时，带动旋变转子旋转。旋变器与电机控制器之间通过 6 根低压线束连接，吉利帝豪 EV 电动汽车的旋转变压器电路图如图 5-11 所示。其中 2 根（REF+、REF−）是从电机控制器产生的激励信号，另外 4 根（SIN+、SIN−、COS+、COS−）分别是旋变器输出的正弦信号和余弦信号。6 根线当中任何一根线路出现故障都会导致驱动电机无法正常工作。

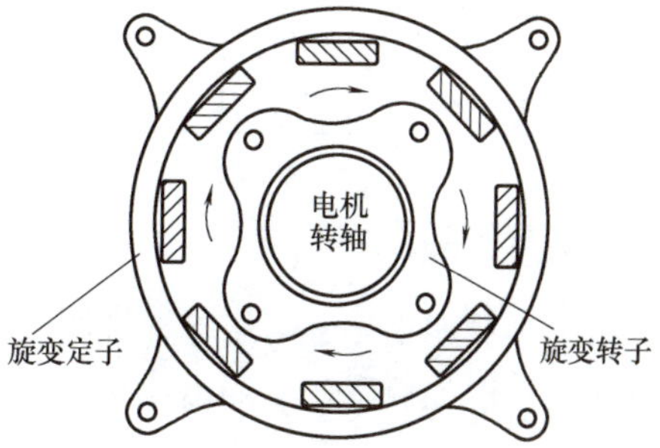

图 5-10 吉利帝豪 EV 电动汽车的旋转变压器结构

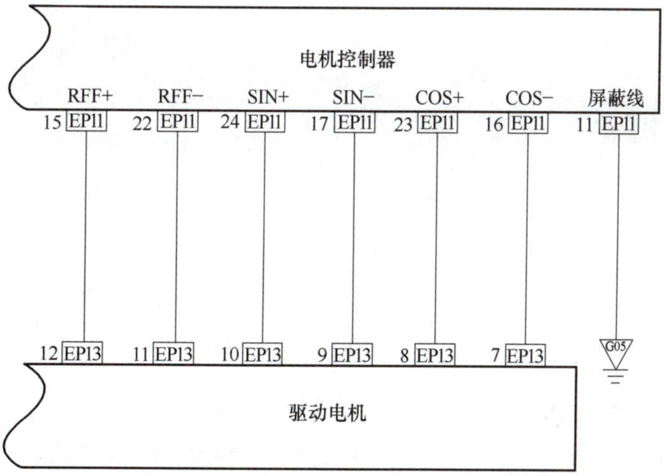

图 5-11 吉利帝豪 EV 电动汽车的旋转变压器电路原理图

二、故障案例

一辆吉利帝豪 EV300 纯电动汽车，用户反映车辆能正常启动，挂挡踩油门踏板汽车无法行驶。根据用户的描述故障现象，经技师将点火开关从 ACC→ON→ST 挡，高压启动正常，READY 灯点亮；但挂挡后车辆无法行驶，且系统故障指示灯点亮，踩下油门踏板仪表会显示故障提醒警告灯，电机有转动的声音，但是与正常转动声音有所区别，主要故障灯和显示异常如表 5-3 所示。经过技师诊断排除，确认旋变传感器余弦信号线断路，维修余弦信号线后故障消失，车辆可以正常行驶。

表 5-3　　故障灯及显示异常情况

序号	仪表盘显示的故障灯	颜色	特点	其他异常
1		红色	常亮	电机转速异常，声音异常
2		黄色	常亮	

三、故障分析

由于车辆能正常上高压电，说明动力电池、电机控制器、VCU 等主要模块自检都能完成通过；但挂挡后，车辆出现系统故障灯，且无法行驶。说明车辆在挂挡准备行驶时检测到异常，于是控制车辆驱动电机无法行驶。由于引起车辆无法行驶原因范围较广，单就电机转速异常的因素就涉及电机本身、电机控制器以及转速传感器，如图 5-12 所示，因此无法凭人工经验锁定故障点，需借助诊断仪来进一步明确故障范围，为排除故障指明方向。

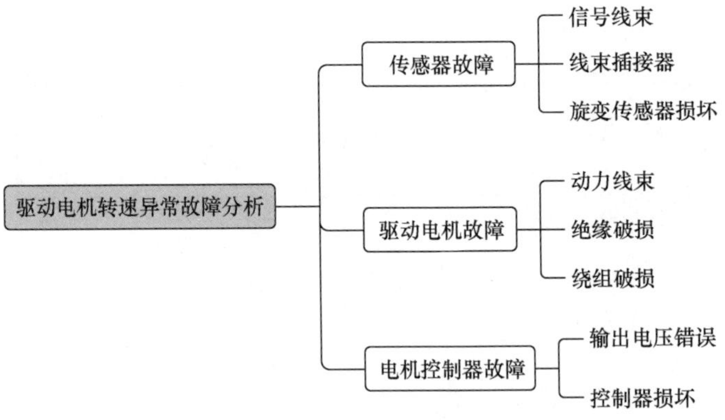

图 5-12　驱动电机转速异常故障分析

通过诊断仪获取故障指向为旋变传感器。吉利帝豪 EV300 电动汽车的电机旋变传感器共有 6 根线束，其中两根正弦信号线、两根余弦信号线、两根励磁信号线，当旋变传感器中的正弦信号线、余弦信号线、励磁信号线其中的某一根信号线发生故障时，车辆可以正常上高压电，但是挂挡踩下加速踏板时旋变传感器会发送给 PEU 电机控制器一个错误的信号，这时 PEU 电机控制器无法准确地接收到驱动电机的相关信息，PEU 电机控制器无法准确地控制驱动电机旋转，PEU 电机控制器会将他遇到的问题发送给 VCU 整车控制器，VCU 整车控制器会将故障提示发送到仪表，仪表会显示故障提醒警告灯。

旋变传感器上的正弦信号线、余弦信号线、励磁信号线的故障现象是相似的，发生这类故障后正弦信号线、余弦信号线、励磁信号线进行全部的检测，检测过程中出来常规的检测外，还要使用示波器对正弦信号线、余弦信号线、励磁信号线的波形进行检查。

四、诊断流程

当吉利帝豪 EV300 电动汽车发生驱动电机转速异常故障时，故障是通过上电挂挡踩下加速踏板出现的，加速踏板出现故障时驱动电机是不转动的，所以驱动电机转速异常故障分析分里没有加速踏板的故障分析，驱动电机转速异常故障诊断流程应该从旋变传感器、电机本身、PEU 电机控制器三方面进行故障分析，一般遵循图 5-13 所示诊断流程。

根据用户的描述现场的故障再现，初步要分析故障位置，使用解码器检查故障码和数据流，分析判断故障位置，通过分析判断制定故障维修流程，进行故障检测。

五、故障检测与修复

下面根据前面分析的诊断流程，完成故障案例——电机转速异常故障的检测、诊断与修复。

第一步，确认故障现象。根据用户描述的故障现象，检查组合仪表的故障提示，READY 灯正常点亮，上电挂挡踩下加速踏板，驱动电机转动异常，故障提醒警告灯点亮。

第二步，连接故障诊断仪。关闭点火开关，将故障诊断仪与车辆诊断口连接。

第三步，启动车辆，使用故障诊断仪进入相关系统模块读取故障码和相关数据流，选择电机控制器 PEU 模块，读取故障码和相关数据流，故障码 P0C5200，Sine/cosine 输入信号低于电压阈值。切换 VCU 系统模块能进入，读取故障码和相关数据流，读取到的故障码为 P102A04，电机控制器故障等级 2（关闭输出）。故障诊断仪读取的相关故障码和数据流如表 5-4 所示，通过仪表显示的信息和故

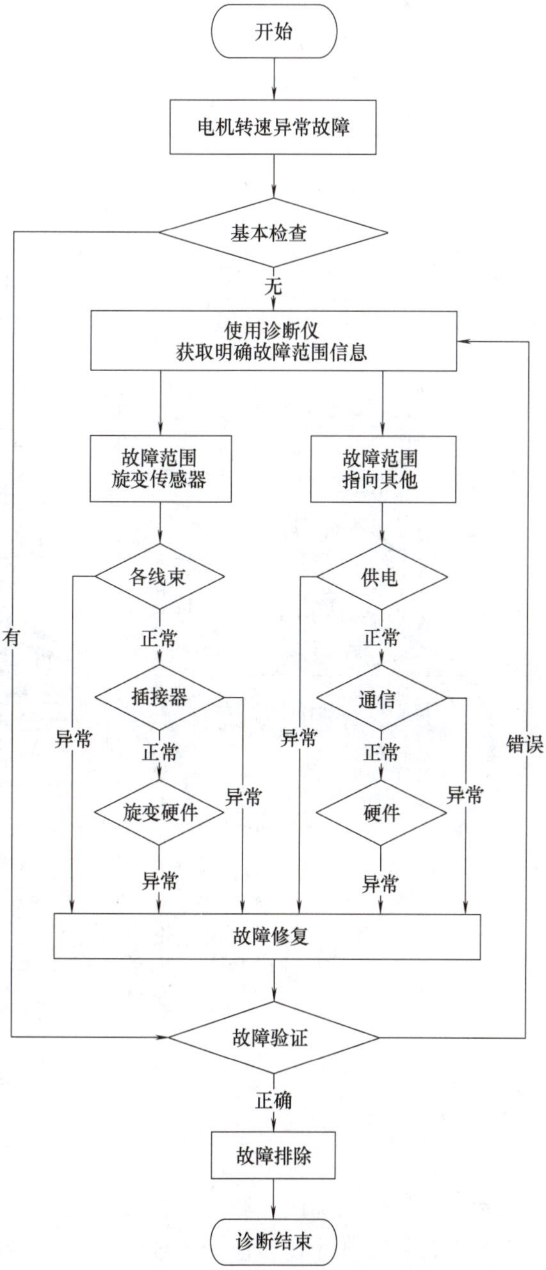

图 5-13 驱动电机转速异常故障诊断流程

障诊断仪所读取的信息，初步判断范围是旋变传感器本身及其相关线路、PEU 等。

表 5-4　故障码及数据流情况

序号	系统模块	能否进入	故障码	主要数据流
1	PEU	能	P0C5200，Sine/cosine 输入信号低于电压阈值	
2	VCU	能	P102A04，电机控制器故障等级 2（关闭输出）	

第四步，确定故障范围。根据故障诊断仪的相关故障码和数据流，结合吉利帝豪 EV300 的旋变电路原理图，确定故障范围为旋变传感器本身及其相关线路、PEU 等，故障代码显示正弦与余弦信号异常，重点围绕正/余弦信号进行检测。

第五步，故障范围检测与测量。断开蓄电池负极，等待 5min，进行基本检查，EP11、EP13 插接器外观及连接情况检查，检查插接器外观及连接是否正常。检测步骤及测量如图 5-14 所示。

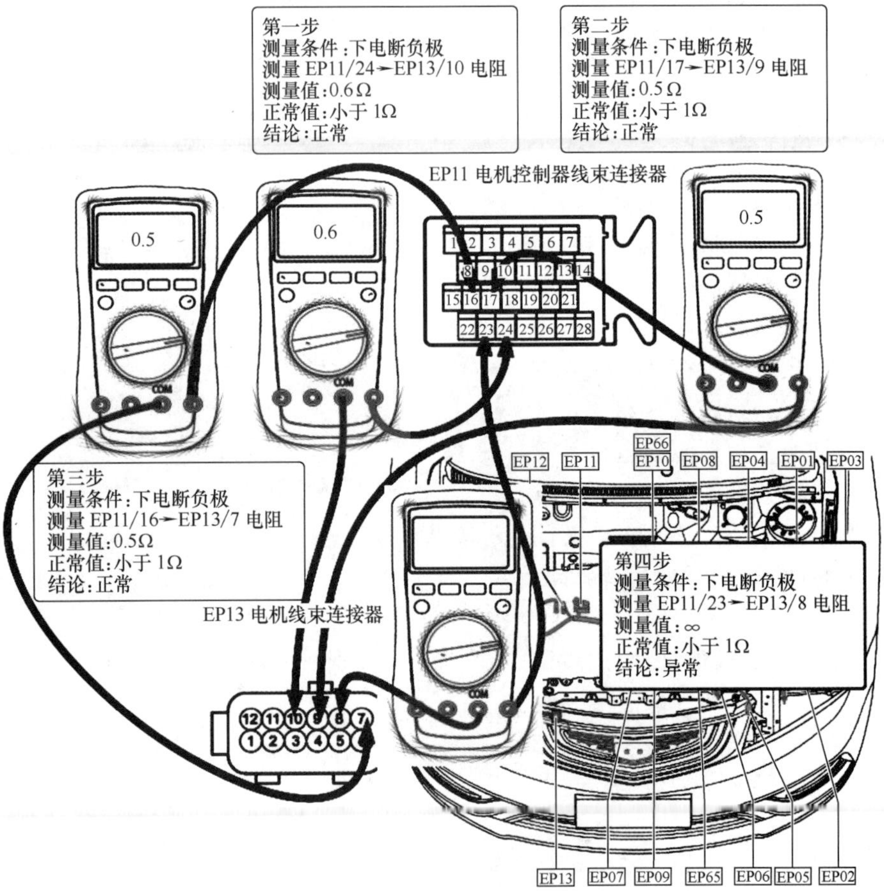

图 5-14　检测步骤及测量情况

第六步，故障点确认。经检查 COS+信号线束 EP11/23—EP13/8 断路。

第七步，故障排除及验证。按维修手册的要求修复 EP11/23—EP13/8 线束，修复验证测量如图 5-15 所示。车辆上电，使用故障诊断仪对帝豪 EV300 进行故障码和数据流的读取，PEU 和 VCU 模块显示无故障码，踩下加速踏板检查仪表无故障指示灯点亮，车辆可以正常行驶，确认故障已排除。

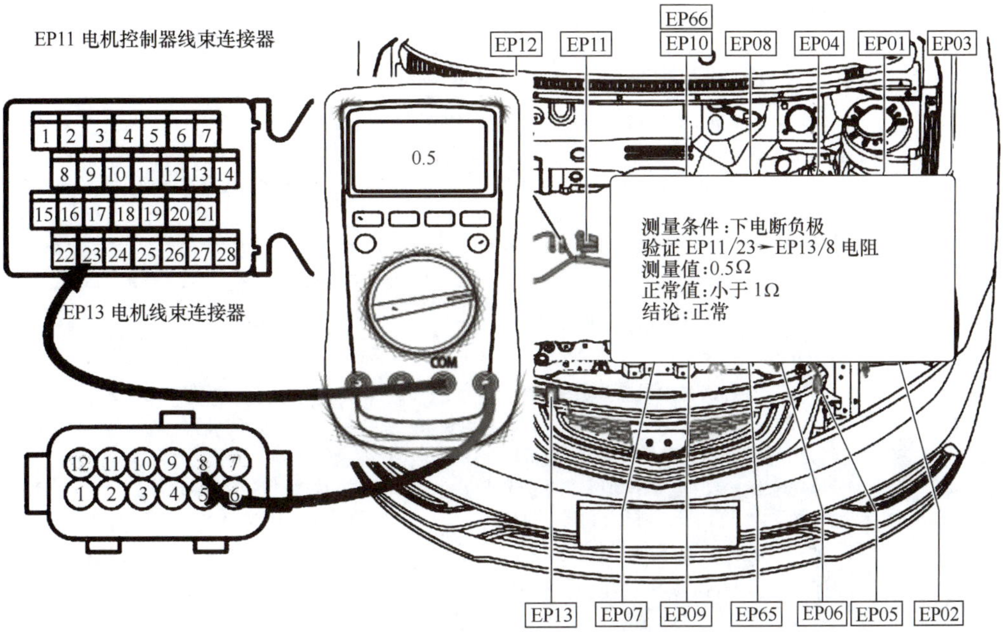

图 5-15　故障点修复验证测量情况

六、故障机理

本故障案例的故障机理是，由吉利帝豪 EV300 电动汽车电机控制器电路图可以分析出，旋变传感器的余弦+信号线断路，在挂挡踩下加速踏板时旋变传感器发送给电机控制器 PEU 的信号是错误的，这时电机控制器 PEU 无法准确地接收到驱动电机的相关信息，电机控制器 PEU 无法准确地控制驱动电机旋转，电机控制器 PEU 会将他遇到的问题发送给 VCU 整车控制器，VCU 整车控制器会将故障提示发送到仪表，仪表会显示故障提醒警告灯。

七、案例小结

（1）旋变传感器有六根线分别是：两根正弦信号线、两根余弦信号线、两根励磁信号线，其中任何一根信号线发生故障，都会影响驱动电机的正常运转。

（2）旋变传感器将信号传递给电机控制器，电机控制器将信号处理使用，同时也要把信号传递给 VCU 整车控制系统。

（3）排除故障时一定要确定到最小范围，否则故障点是无法获取到的，故障点确定不了就无法对故障进行有效的维修或更换。

（4）导致驱动电机转动异常的故障主要有电机控制器、电机本身、旋变传感器，当旋变传感器发生故障，故障现象与加速踏板故障现象很像，但是踩下加速踏板后，旋变传感器故障会听到电机转动的声音，而加速踏板故障踩下后驱动电机没有任何反应。

八、实训任务

实训任务 11　　电机转速异常引起车辆无法行驶故障诊断与排除

<table>
<tr><td>姓名</td><td></td><td>班级</td><td></td><td>学号</td><td></td><td>日期</td><td></td></tr>
<tr><td>任务名称</td><td colspan="5">电机转速异常引起车辆无法行驶故障诊断与排除</td><td>成绩</td><td></td></tr>
<tr><td>任务描述</td><td colspan="7">一辆吉利帝豪 EV300 纯电动汽车，用户反映车辆能正常启动，挂挡踩油门踏板汽车无法行驶。根据用户的描述故障现象，经技师将点火开关从 ACC→ON→ST 挡，高压启动正常，READY 灯点亮；但挂挡后车辆无法行驶，且系统故障指示灯点亮，踩下油门踏板仪表会显示故障提醒警告灯，电机有转动的声音，但是与正常转动声音有所区别</td></tr>
<tr><td colspan="8">一、信息收集</td></tr>
<tr><td>1. 诊断基础</td><td colspan="7">① 旋转变压器的作用是反映________当前的________，电机控制器在通过________计算当前的驱动电机转速
② 旋变传感器有六根线分别是：两根________信号线、两根________信号线、两根________信号线，其中________发生故障，都会影响驱动电机的正常运转
③ 导致驱动电机转动异常的故障主要有________、________、________，当________发生故障，故障现象与________故障现象很像，但是________故障踩下________后，会听到________的声音，而________下后驱动电机没有任何反应</td></tr>
<tr><td>2. 绘制旋变传感器电路简图、标注插接器位置图和针脚图</td><td colspan="7"></td></tr>
<tr><td>3. 综合分析故障原因</td><td colspan="7"></td></tr>
<tr><td>4. 制定诊断流程图</td><td colspan="7"></td></tr>
<tr><td colspan="8">二、任务准备</td></tr>
<tr><td rowspan="3">1. 车辆预检</td><td>车辆 VIN 码</td><td colspan="2"></td><td colspan="2">车辆型号</td><td colspan="2"></td></tr>
<tr><td>车辆外观</td><td colspan="2">□正常 □划痕 □破损</td><td colspan="2">损伤情况</td><td colspan="2"></td></tr>
<tr><td>车辆内饰</td><td colspan="2">□正常 □划痕 □破损</td><td colspan="2">损伤情况</td><td colspan="2"></td></tr>
</table>

续表

2. 安全防护	场地警戒与检查	□隔离栏 □警示牌 □灭火器		
	检查项目	状态记录		处理方案
	安全帽	□正常	□破损 □脏污 □过期	□更换 □维修 □清洁
	护目镜	□正常	□破损 □脏污 □过期	□更换 □维修 □清洁
	绝缘手套	□正常	□破损 □脏污 □过期	□更换 □维修 □清洁
	绝缘鞋	□正常	□破损 □脏污 □过期	□更换 □维修 □清洁
	绝缘工具套装	□正常	□破损 □脏污 □过期	□更换 □维修 □清洁
	绝缘垫外观	□正常	□破损 □脏污 □过期	□更换 □维修 □清洁
	绝缘垫检测	绝缘阻值		□更换 □维修

三、故障诊断			
1. 故障现象	故障描述		
	仪表故障灯	□无 □有：	
	故障码	□无 □有：	
	故障相关数据流	1	
		2	
2. 故障分析	故障原因分析		
	故障可能的部位		

3. 检测流程	小组分工	主操作员		记录员		
		安全员		汇报员		
	步骤	检测项目	测量条件及方法	测量值	正常值	结果
	1					□正常 □异常
	2					□正常 □异常
	3					□正常 □异常
	4					□正常 □异常
	5					□正常 □异常
	6					□正常 □异常

四、故障点确认及排除方案			
故障确认		维修方案	□更换 □维修 □调整
教师确认			教师签字：

续表

<table>
<tr><td colspan="4">五、故障验证</td></tr>
<tr><td rowspan="5">故障
修复验证</td><td>故障现象</td><td colspan="2"></td></tr>
<tr><td>仪表故障灯</td><td colspan="2">□无 □有：</td></tr>
<tr><td>故障码</td><td colspan="2">□无 □有：</td></tr>
<tr><td rowspan="2">相关数据流</td><td>1</td><td></td></tr>
<tr><td>2</td><td></td></tr>
<tr><td colspan="4">六、任务评价</td></tr>
<tr><td rowspan="2">自我评价</td><td>基本技能和关键技能是否掌握？</td><td>任务目标是否实现？效果如何？</td><td>给自己打分</td></tr>
<tr><td></td><td></td><td></td></tr>
<tr><td rowspan="3">小组评价</td><td>基本技能和关键技能是否掌握？</td><td>任务目标是否实现？效果如何？</td><td>给他（她）打分</td></tr>
<tr><td></td><td></td><td></td></tr>
<tr><td colspan="3">小组评价人员：</td></tr>
<tr><td>工单评价</td><td colspan="3">教师签名：</td></tr>
<tr><td>整体评价</td><td colspan="3">整体评价（10%自评+10%小组评+80%教师评价）</td></tr>
<tr><td colspan="4">教师签名：</td></tr>
</table>

项目六

充电系统故障诊断与排除

教学课件

充电连接信号异常引起车辆无法充电故障

任务一　充电连接信号异常引起车辆无法充电故障

学习目标	
素质目标	1. 遵守个人和车间安全作业要求、注重个人安全防护，养成安全作业意识。 2. 严格执行汽车的检修规范，养成严谨科学的工作态度。 3. 逐步养成“整理、整顿、清扫、清洁、素养、安全”的6S习惯。 4. 养成积极进取的上进心，领悟工匠精神的基石。
知识目标	1. 理解新能源汽车充电系统的结构与工作原理。 2. 掌握新能源汽车交流充电故障的诊断方法。
能力目标	1. 能根据仪表显示的现象、故障码、数据流及电路图分析故障原因。 2. 能制定交流充电系统故障的诊断流程。 3. 能根据制定的诊断流程对无法充电故障进行诊断与排除。 4. 能根据诊断结果判定故障点，并对故障点进行维修或更换故障元器件。

【任务寄语】 学习是我们发展的基础，因为只有不断地学习，掌握新知识、新技能，我们的视野才会更开阔，思路才会更清晰，才能紧跟时代发展的脚步，成为企业的发展动力，而不是被企业淘汰。时常给自己充充电，不断进取，积极进取是工匠精神的基石。

教学视频

充电连接信号异常引起车辆无法充电故障

一、充电系统故障诊断基础

新能源汽车充电系统是可以为车载储能装置补充电能，它是实现高压供电系统中提供持续且平衡电能的关键系统。充电系统包括交流充电系统和直流充电系统。

（一）交流充电系统

交流充电俗称慢充系统，慢充系统使用交流220V单相民用电，通过整流变换，将交流电变换为高压直流电给动力蓄电池进行供电。交流充电的优点在于，充电器和安装成本较低，便于实现车载；可充分利用电力低谷时段进行充电，降低充电成本，保证充电时段电压相对稳定；充电设施体积小可携带，便于车辆在停车场以外的地方充电。

交流充电系统主要部件有供电设备、连接电缆、接口、车内的车载充电机以及高压线束、动力蓄电池等，如图6-1所示。也可使用厂家随车配送的充电宝直接插在家用电源上进行充电，但要注意插座使用16A以上。

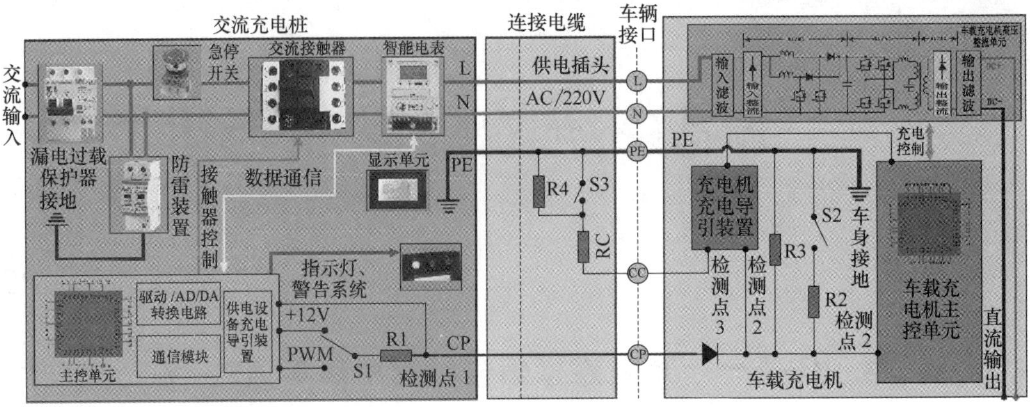

图 6-1 交流充电系统构成

交流充电口为 7 孔充电口，各个针脚含义分别为：控制连接确认（CP）、充电连接确认（CC）、交流电源（零线）（N）、交流电源（火线）（L）、备用连接 1（NC1）、备用连接 2（NC2），车身地（PE），如图 6-2 所示。

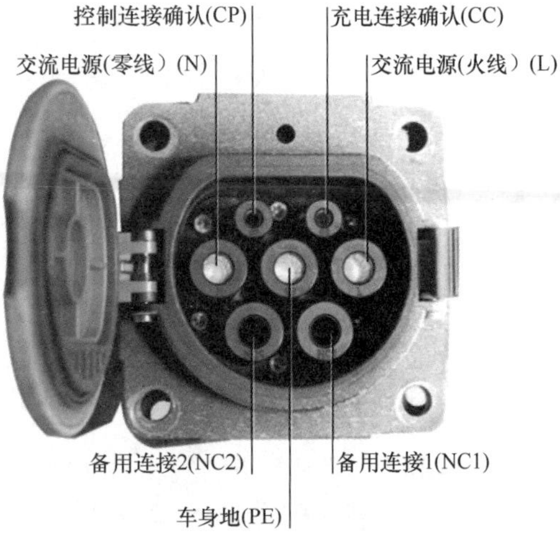

图 6-2 交流充电口针脚定义

充电连接确认（CC）信号是车辆通过 RC 电阻值来判断充电枪是否正确连接和区分不同供电线束的充电限制功率。车辆 CC 端的 12V 电压是车载充电设备用来检测是否连接充电枪的，在充电枪未连接的情况下，检测到电压为 12V，当按下 S3 开关，连接电枪后，车辆 CC 端的电压通过 RC-R4 接入 PE 接地。当充电枪完全连接后，S3 闭合，车辆 CC 端电压通过 RC 接入 PE。车辆控制装置可以通过计算车辆 CC 端与 PE 之间的电阻值来判断充电枪的连接状态，并且可以通过测量 RC 电阻值的大小来确定供电线束的最大限制电流，如表 6-1 所示。

表 6-1　RC 电阻与充电限制电流

RC 阻值	对应的充电电缆允许充电电流	备注
1.4～1.6kΩ	10A	随车充电盒
580～780Ω	16A	3.3kW 充电桩
180～260Ω	32A	7kW 充电桩
60～140Ω	63A	三相交流充电桩
2kΩ	放电功能	放电功率 3.3kW

而控制引导（CP）信号则是供电设备用来判断充电枪是否与车辆完成连接并向车辆发送代表供电设备能够提供的最大工作电流的 PWM（脉冲宽度调制）信号。而车辆通过对比 CC 线路的 RC 电阻值设定的线束最大工作电流和 CP 线路提供的供电设备最大供电

电流，如表 6-2 所示，来确定其中比较小的那个作为实际的充电电流。

表 6-2　CP 的 PWM 信号与最大充电电流

PWM 信号	占空比 D 最大充电电流 I_{max}/A
$D<3\%$	不允许充电
$3\%\leqslant D\leqslant 7\%$	5%的占空比表示需要数字通信，且需在充电
$7\%<D<8\%$	不允许充电
$8\%\leqslant D<10\%$	$I_{max}=6$
$10\%\leqslant D\leqslant 85\%$	$I_{max}=(D\times100)\times0.6$
$85\%<D\leqslant 90\%$	$I_{max}=(D\times100-64)\times2.5$ 且 $I_{max}\leqslant 63$

在整个充电的过程中，车辆一直保持对 RC 电阻以及 CP 占空比 D 的检测，对实际的充电功率进行实时的调节，而充电设备也持续对 CP 占空比 D 进行检测，一旦任意一方检测到异常就需要停止充电过程以保证安全。

（二）直流充电系统

直流充电系统俗称快充系统，又称为应急充电，是指以较大的电流（150～400A）为新能源汽车进行充电，目的是在较短的时间内，给新能源汽车充满电，充电时间应该与燃油车的加油时间接近。直流充电系统一般使用工业 380V 三相电，通过功率变换后，将高压大电流通过母线直接给动力蓄电池进行充电，直流充电系统的构成，如图 6-3 所示。

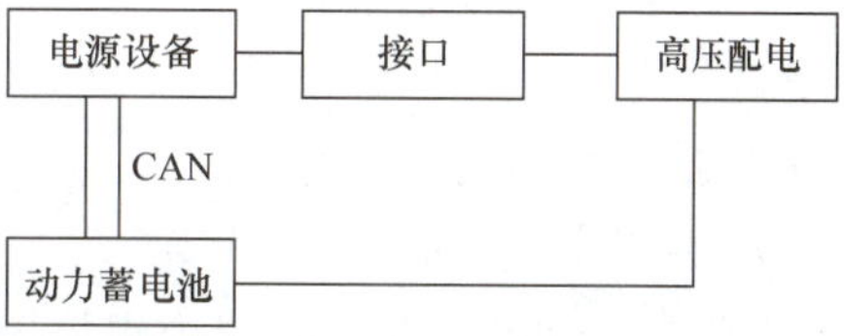

图 6-3　直流充电系统构成示意图

直流充电系统的主要部件有电源设备（快充桩）、快充接口、车内高压线束、高压配电盒和动力蓄电池等，直流充电接口为 9 孔制，如图 6-4 所示。当直流充电设备接口连接到整车直流充电口，直流充电设备发送充电唤醒信号给 BMS（电池管理模块），BMS 根据动力电池的可充电功率，向直流充电设备发送充电电流指令。同时，BMS 吸合系统高压正极继电器和高压负极继电器，动力电池开始充电，直流充电时间 1h 一般可以使动力电池电量达到 80%。

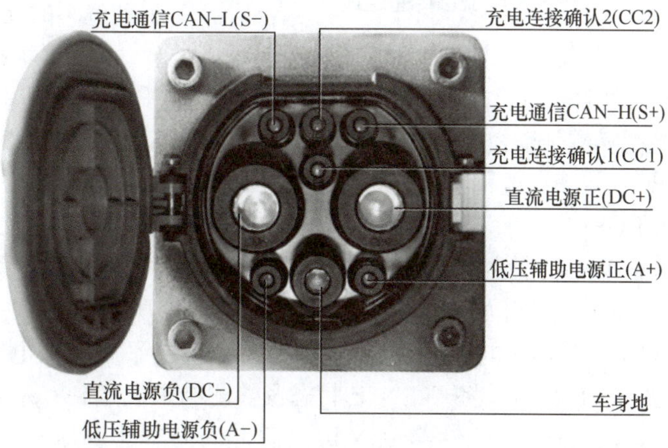

图 6-4　直流充电口针脚定义

（三）吉利帝豪 EV300 充电系统

（1）快充（直流高压充电），直流充电流量传递路线，如图 6-5 所示。当直流充电设备接口连接到整车直流充电口，直流充电设备发送充电唤醒信号给 BMS（电池管理模块），BMS 根据动力电池的可充电功率，向直流充电设备发送充电电流指令。同时，BMS 吸合系统高压正极继电器和高压负极继电器，动力电池开始充电。充电时间一般是 48min 可充电 80%。

图 6-5　直流充电流量传递路线

（2）慢充（交流高压充电），交流充电流量传递路线，如图 6-6 所示。当车辆处于交流充电模式下，ACM（辅助控制模块）检测交流充电接口的 CC、CP 信号（充电枪插入、导通信号）并唤醒 BMS，BMS 唤醒车载充电机并发送指令充电，同时闭合主继电器，动力电池开始充电。充电时间一般需要 13～14h。

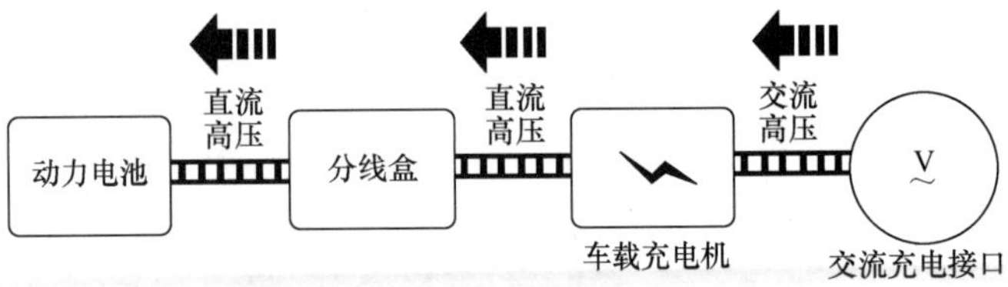

图 6-6　交流充电流量传递路线

（3）低压充电，低压充电流量传递路线，如图 6-7 所示。高压上电前，低压电路系统依赖 12V 铅酸蓄电池供电，当高压上电后，电机控制器将动力电池的高压直流电转换成低压直流电为 12V 铅酸蓄电池充电。

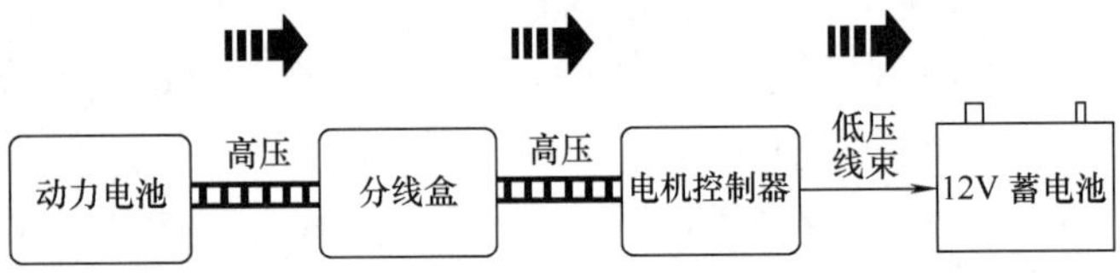

图 6-7　低压充电流量传递路线

（4）吉利帝豪 EV300 充电系统的电气原理框图，如图 6-8 所示，充电系统部件位置，如图 6-9 所示。

（5）吉利帝豪 EV300 电动汽车的充电流程如下：

当车辆处于下电 OFF 挡或 ACC 挡时，充电枪插入后，CC 检测由高电平变为低电平（如果辅助控制模块处于睡眠状态，则 CC 检测唤醒辅助控制模块），ACM 通过硬线唤醒 BMS（持续高电平），BMS 通过硬线唤醒 OBC（持续高电平），确认连接后辅助控制模块进行 CP 检测，待辅助控制模块检测到 CAN-BUS 上有来自 VCU 的报文时，将 CC、CP 状态及检测结果发送到 CAN-BUS 上，待辅助控制模块检测到 VCU 转发的高压系统无故障之后，OBC 输出高压直流，BMS 闭合充电继电器开始充电，充电流程如图 6-10 所示。

当车辆处于 ON 挡时，充电枪插入后，CC 检测由高电平变为低电平，确认 CC 连接后辅助控制模块进行 CP 检测，将 CC、CP 状态及检测结果发送到 CAN-BUS 上，待辅助控制模块检测到 VCU 发送的高压系统无故障之后，OBC 输出高压直流，BMS 闭合充电继电器开始充电，充电流程如图 6-11 所示。

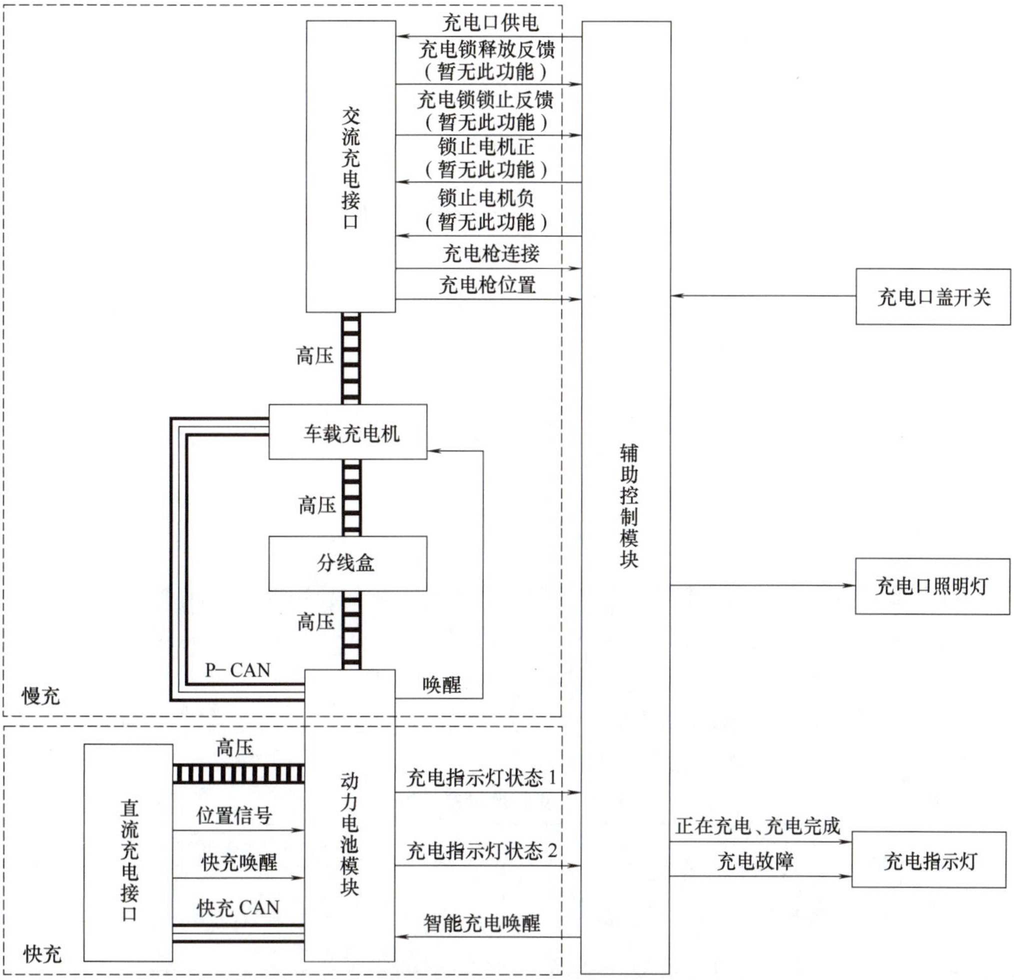

图 6-8　吉利帝豪 EV300 充电系统的电气原理框图

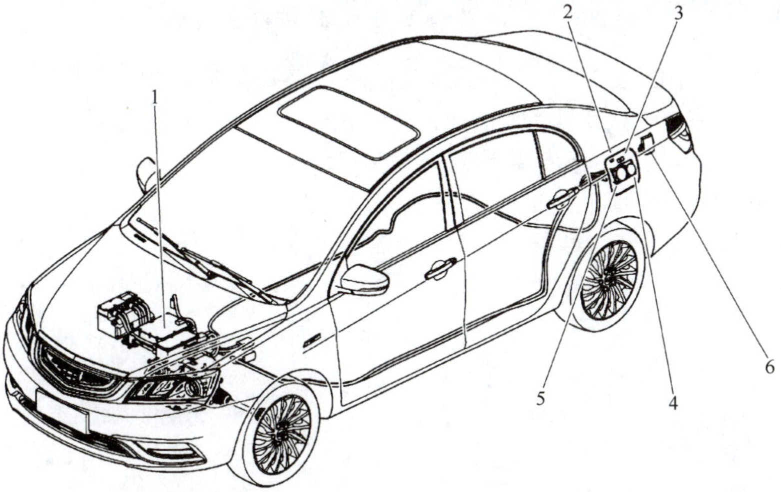

图 6-9　吉利帝豪 EV300 充电系统部件位置图

1—车载充电机　2—充电接口照明灯　3—充电接口指示灯　4—交流充电接口
5—直流充电接口　6—辅助控制模块（ACM）

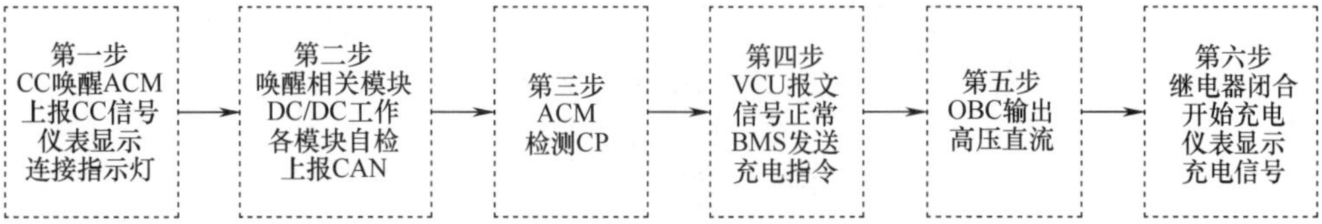

图 6-10　吉利帝豪 EV300 下电状态充电流程图

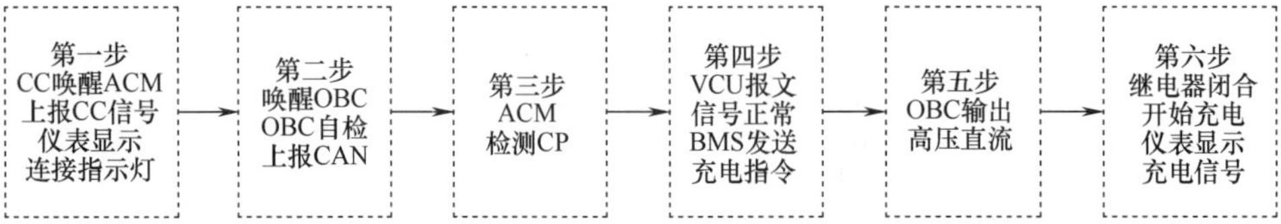

图 6-11　吉利帝豪 EV300 处于 ON 挡状态充电流程图

二、故障案例

一辆吉利帝豪 EV300 纯电动汽车，用户反映车辆插上充电枪，没有任何反应，车辆也不充电。经技师上车检查，发现充电连接指示灯没有点亮，充电口的充电指示灯没点亮，随车充电桩的指示灯没变化。主要故障灯和显示异常如表 6-3 所示。根据故障现象经过技师诊断排除，确认是充电连接信号 CC 信号线路断路，修复后故障现象消失，车辆可以正常充电。

表 6-3　　故障灯及显示异常情况

仪表充电有关指示灯	充电口充电指示灯
 没有点亮	充电指示灯没有点亮

三、故障分析

交流充电系统使用交流 220V 单相交流电，通过整流变换，将交流电变换为高压直流电给动力电池进行供电。交流充电系统主要部件包括：供电设备（电缆保护盒、充电桩及充电线等）、交流充电接口、车内高压线束、高压配电盒、车载充电机、动力电池、整车控制器和低压控制线束等组成。

从图 6-10 吉利帝豪 EV300 下电状态充电流程可以看出，插入充电枪无反应是由于没有检测到充电连接 CC 信号，主要的故障因素有车辆外部的也有车辆内部的，外部因素主要是充电枪的原因。内部因素则包括充电接口、连接线束、辅助控制模块 ACM 以及 CAN 总线故障等原因，故障分

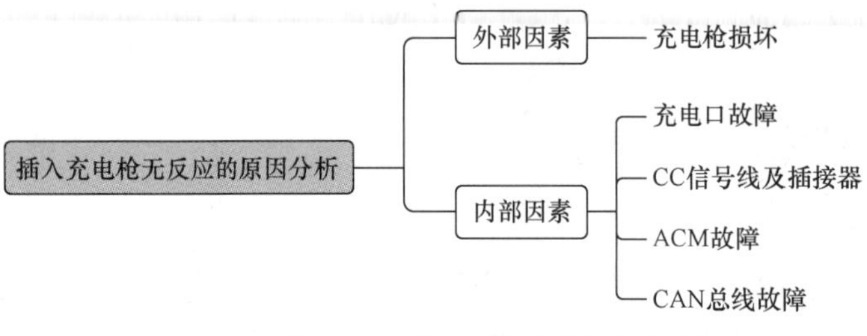

图 6-12　连接充电枪不能充电的原因分析

析如图 6-12 所示。

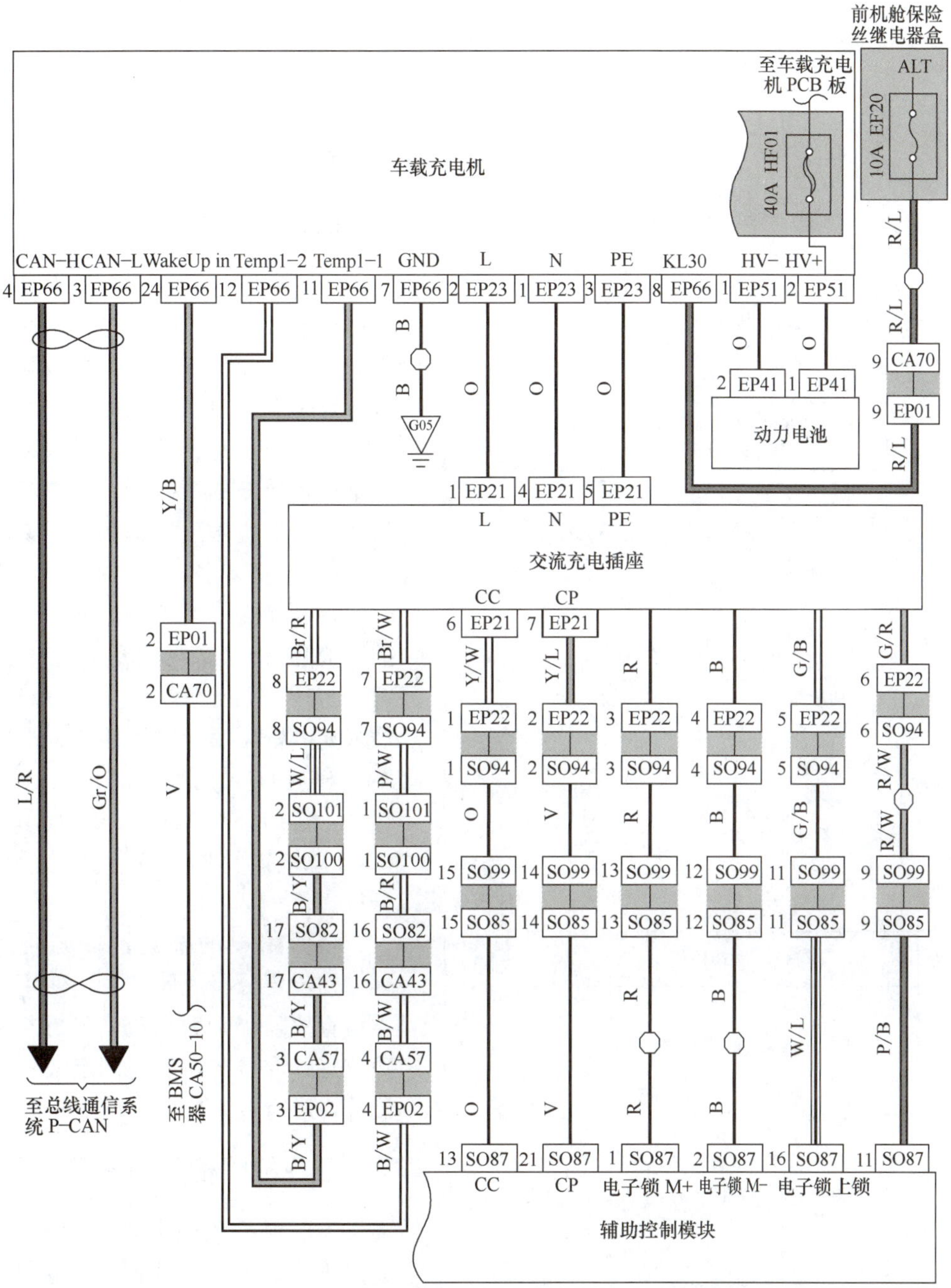

图 6-13　吉利帝豪 EV300 交流充电系统电路图

充电外部因素。车辆充电时需要利用外部设备进行充电，充电的方式有两种：充电桩充电和家用插座充电。采用充电桩充电，充电异常则可能是充电桩及线路故障，具体故障点包括：充电桩本身故障、充电连接线故障、充电枪故障。采用家用 220V 充电，充电异常主要故障点则包括：充电插座故障、充电连接线故障、充电枪故障。而插入充电枪没有反应的因素只有充电枪损坏一种情况。

充电车辆内部因素。根据图 6-12 分析连接充电枪不能充电的原因主要包括：充电接口损坏 CC 接口损坏、CC 信号断路、辅助控制模块 ACM 损坏以及 CAN 总线通信异常以及相关的插接器损坏等。

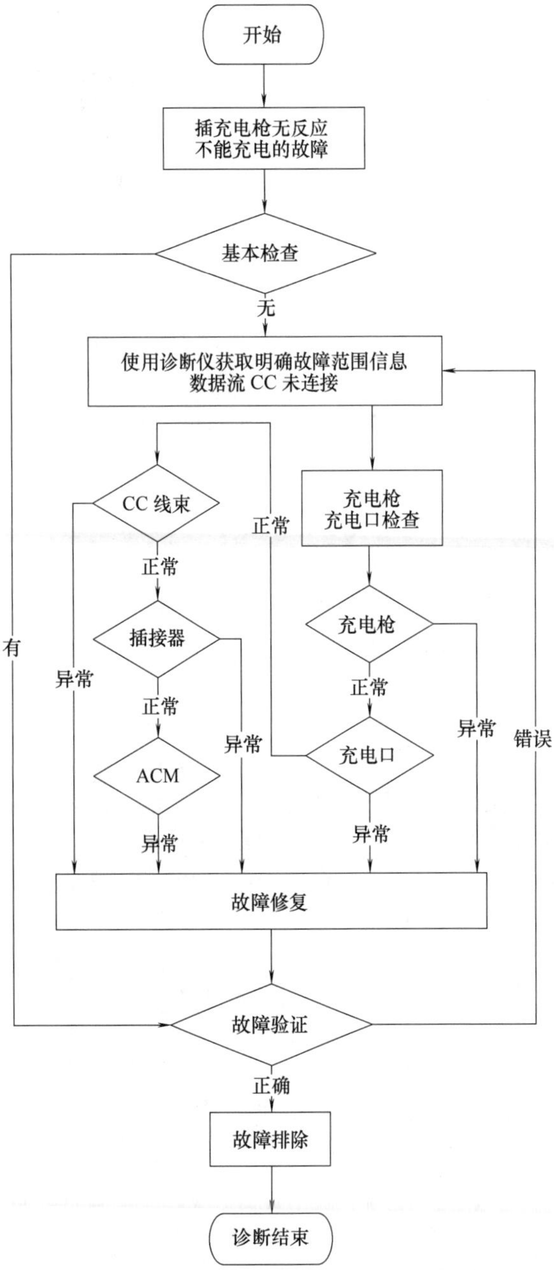

图 6-14　插入充电枪无反应的不能充电故障诊断流程

吉利帝豪 EV300 电动汽车交流充电系统电路图，如图 6-13 所示。

四、诊断流程

当车辆发生插入充电枪无反应的不能充电故障时，一般是按由简单到复杂的诊断流程。先要判断故障是在外部还是车辆自身，因此首先要检查外部充电设备是否正常，只有在排除外部设备故障的情况下进行车辆自身检测。一般遵循图 6-14 所示的诊断流程排除。

吉利帝豪 EV300 电动汽车发生插入充电枪无反应的不能充电故障时，与用户沟通后，进行故障确认，插入充电枪无反应的不能充电故障诊断流程应该从充电枪、充电口、CC 线束、插接器、ACM 外部供电、CAN 总线以及本身等方面进行故障分析。

根据用户的描述，现场故障再现，初步要分析故障位置，使用解码器检查故障码和数据流，分析判断故障位置，通过分析判断制定故障维修流程，进行故障检测。

五、故障检测与修复

下面根据前面分析的诊断流程，完成故障案例——插入充电枪无反应的不能充电故障的检测、诊断与修复。

第一步，确认故障现象。根据用户描述的故障现象，检查组合仪表的故障提示，充电连接指示灯没有点亮，充电口的充电指示灯没点亮，随车充电桩的指示灯没变化。

第二步，连接故障诊断仪。关闭点火开关，将故障诊断仪与车辆诊断口连接。

第三步，启动车辆，使用故障诊断仪进入相关系统模块读取故障码和相关数据流，选择辅助控制模块 ACM，读取相关数据流，CC 连接：未连接；充电状态：未充电。故障诊断仪读取的相关故障码和数据流如表 6-4 所示，通过仪表显示的信息和故障诊断仪所读取的信息，初步判断范围是 CC 相关线路、ACM 等。

表 6-4　　故障码及数据流情况

系统模块	能否进入	故障码	主要数据流
ACM	能	无	充电状态：未充电 CC 连接：未连接

第四步，确定故障范围。根据故障诊断仪的相关故障码和数据流，结合吉利帝豪 EV300 的充电系统的电路图，确定故障范围为充电枪、充电口、CC 线束、插接器、ACM 外部供电、CAN 总线以及本身等方面，异常数据流显示 CC 未连接异常，重点围绕 CC 信号进行检测。

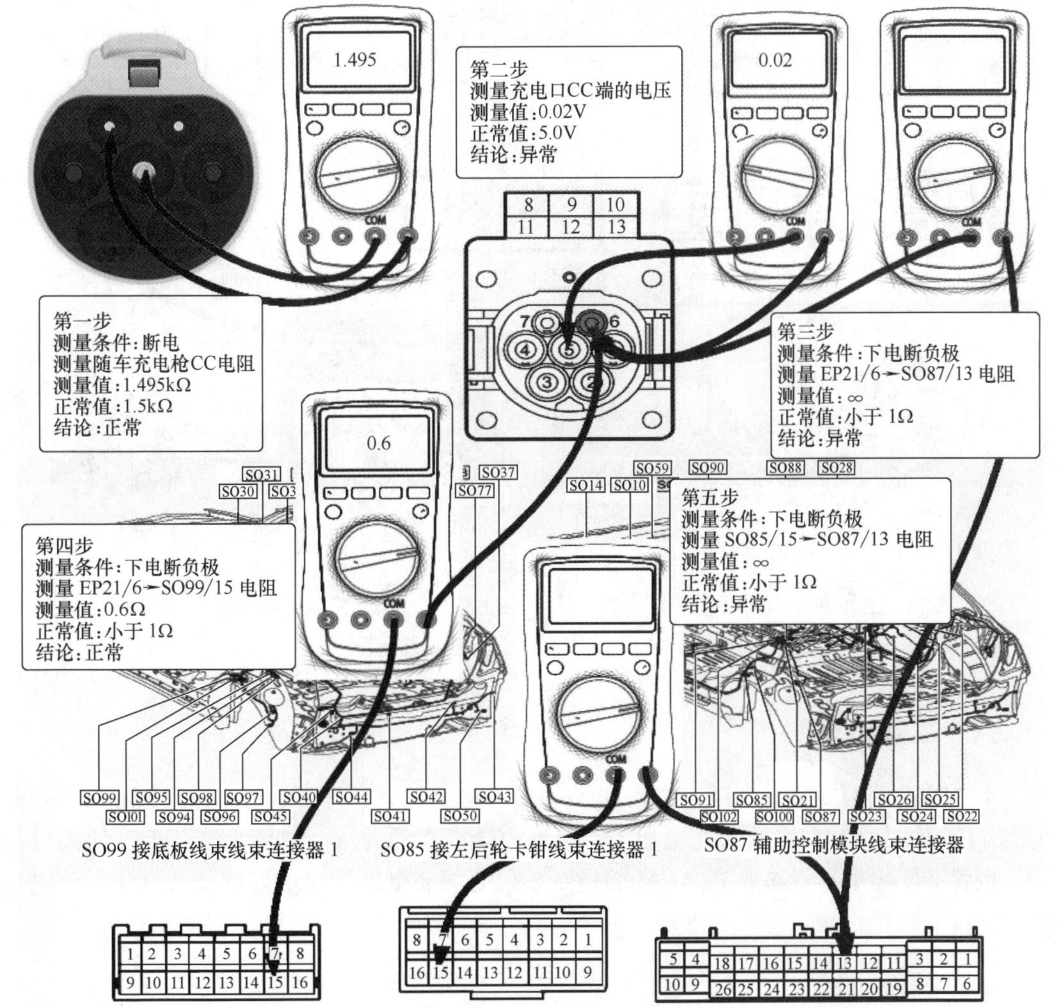

图 6-15　检测步骤及测量情况

第五步，故障范围检测与测量。断开蓄电池负极，等待 5min，进行基本检查，交流充电口至 EP21 插接器外观及连接情况检查，检查插接器外观及连接是否正常重点检查 CC 线束 EP21/6 至 SO87/13。检测步骤及测量如图 6-15 所示。

第六步，故障点确认。经检查 CC 线束 SO85/15→SO87/13 断路。

第七步，故障排除及验证。按维修手册的要求修复 SO85/15→SO87/13 段 CC 线束。修复验证测量如图 6-16 所示。插入充电枪，充电正常，使用故障诊断仪对帝豪 EV300 进行故障码和数据流的读取，ACM 数据流：

充电状态：正在充电；CC 连接：连接，充电口绿色充电指示灯正常，车辆可以正常充电，确认故障已排除。

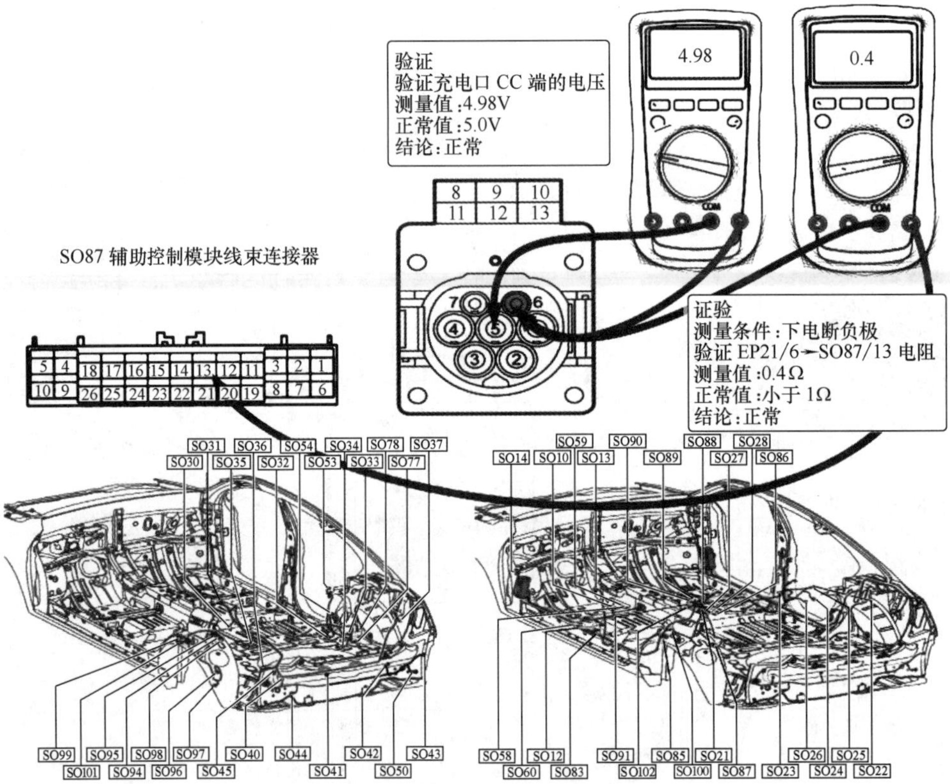

图 6-16　故障点修复验证测量情况

六、故障机理

本故障案例的故障机理是，由吉利帝豪 EV300 电动汽车交流充电系统电路图可以分析出，CC 信号线断路，插入充电枪 CC 电平不能变为低电平，ACM 没有接收到插枪信号，也就不被唤醒，没有收到 ACM 的指令，仪表的充电连接指示灯就没被点亮，充电口的充电指示灯也没被点亮，也就不能充电。

七、案例小结

(1) 当车辆处于 OFF 挡或 ACC 挡时，充电枪插入后，CC 检测由高电平变为低电平

（如果辅助控制模块处于睡眠状态，则 CC 检测唤醒辅助控制模块），通过硬线唤醒 BMS（持续高电平），确认连接后辅助控制模块进行 CP 检测，待辅助控制模块检测到 CAN-BUS 上有来自 VCU 的报文时，将 CC、CP 状态及检测结果发送到 CAN-BUS 上，待辅助控制模块检测到 VCU 转发的高压系统无故障之后，OBC 输出高压直流，BMS 闭合充电继电器开始充电。

（2）当车辆处于 ON 挡时，充电枪插入后，CC 检测由高电平变为低电平，确认 CC 连接后辅助控制模块进行 CP 检测，将 CC、CP 状态及检测结果发送到 CAN-BUS 上，待辅助控制模块检测到 VCU 发送的高压系统无故障之后，OBC 输出高压直流，BMS 闭合充电继电器开始充电。

（3）插入充电枪无反应是由于没有检测到充电连接 CC 信号，其中的故障因素有车辆外部的也有车辆内部的，外部因素主要是充电枪的原因。内部因素则包括充电接口、连接线束、车载充电机 OBC、整车控制器 VCU、电池管理系统 BMS 以及动力电池内部等原因。

八、实训任务

实训任务 12　　　　车辆无法充电故障诊断与排除

<table>
<tr><td>姓名</td><td></td><td>班级</td><td></td><td>学号</td><td></td><td>日期</td><td></td></tr>
<tr><td>任务名称</td><td colspan="5">车辆无法充电故障诊断与排除</td><td>成绩</td><td></td></tr>
<tr><td>任务描述</td><td colspan="7">一辆吉利帝豪 EV300 纯电动汽车，用户反映车辆插上充电枪，没有任何反应，车辆也不充电。经技师上车检查，发现充电连接指示灯没有点亮，充电口的充电指示灯没点亮，随车充电桩的指示灯没变化</td></tr>
<tr><td colspan="8">一、信息收集</td></tr>
<tr><td>1. 诊断基础</td><td colspan="7">① 交流充电系统主要部件包括：________（电缆保护盒、充电桩及充电线等）、________、________、________、________、动力电池、整车控制器和________等组成
② 吉利帝豪 EV300 电动汽车，当车辆处于________时，充电枪插入后，CC 检测由________变为________（如果辅助控制模块处于睡眠状态，则 CC 检测唤醒________），通过________唤醒________（持续高电平），确认连接后________进行 CP 检测，待辅助控制模块检测到________上有来自________的报文时，将 CC、CP 状态及检测结果发送到________上，待辅助控制模块检测到 VCU 转发的________之后，________输出高压直流，________闭合充电继电器开始充电
③ 插入充电枪无反应是由于没有检测到________信号，其中的故障因素有车辆外部的也有车辆内部的，外部因素主要是________的原因。内部因素则包括________、连接线束、________、________、________以及动力电池内部等原因</td></tr>
<tr><td>2. 绘制交流充电系统简图、标注插接器位置图和针脚图</td><td colspan="7"></td></tr>
</table>

续表

<table>
<tr><td>3. 综合分析故障原因</td><td colspan="4"></td></tr>
<tr><td>4. 制定诊断流程图</td><td colspan="4"></td></tr>
<tr><td colspan="5">二、任务准备</td></tr>
<tr><td rowspan="3">1. 车辆预检</td><td>车辆 VIN 码</td><td></td><td>车辆型号</td><td></td></tr>
<tr><td>车辆外观</td><td>□正常 □划痕 □破损</td><td>损伤情况</td><td></td></tr>
<tr><td>车辆内饰</td><td>□正常 □划痕 □破损</td><td>损伤情况</td><td></td></tr>
<tr><td rowspan="9">2. 安全防护</td><td>场地警戒与检查</td><td colspan="3">□隔离栏 □警示牌 □灭火器</td></tr>
<tr><td>检查项目</td><td colspan="2">状态记录</td><td>处理方案</td></tr>
<tr><td>安全帽</td><td>□正常</td><td>□破损 □脏污 □过期</td><td>□更换 □维修 □清洁</td></tr>
<tr><td>护目镜</td><td>□正常</td><td>□破损 □脏污 □过期</td><td>□更换 □维修 □清洁</td></tr>
<tr><td>绝缘手套</td><td>□正常</td><td>□破损 □脏污 □过期</td><td>□更换 □维修 □清洁</td></tr>
<tr><td>绝缘鞋</td><td>□正常</td><td>□破损 □脏污 □过期</td><td>□更换 □维修 □清洁</td></tr>
<tr><td>绝缘工具套装</td><td>□正常</td><td>□破损 □脏污 □过期</td><td>□更换 □维修 □清洁</td></tr>
<tr><td>绝缘垫外观</td><td>□正常</td><td>□破损 □脏污 □过期</td><td>□更换 □维修 □清洁</td></tr>
<tr><td>绝缘垫检测</td><td colspan="2">绝缘阻值</td><td>□更换 □维修</td></tr>
<tr><td colspan="5">三、故障诊断</td></tr>
<tr><td rowspan="5">1. 故障现象</td><td>故障描述</td><td colspan="3"></td></tr>
<tr><td>仪表故障灯</td><td colspan="3">□无 □有：</td></tr>
<tr><td>故障码</td><td colspan="3">□无 □有：</td></tr>
<tr><td rowspan="2">故障相关数据流</td><td>1</td><td colspan="2"></td></tr>
<tr><td>2</td><td colspan="2"></td></tr>
<tr><td rowspan="2">2. 故障分析</td><td>故障原因分析</td><td colspan="3"></td></tr>
<tr><td>故障可能的部位</td><td colspan="3"></td></tr>
</table>

续表

<table>
<tr><td rowspan="8">3. 检测流程</td><td colspan="2" rowspan="2">小组分工</td><td>主操作员</td><td></td><td>记录员</td><td></td></tr>
<tr><td>安全员</td><td></td><td>汇报员</td><td></td></tr>
<tr><td>步骤</td><td>检测项目</td><td>测量条件及方法</td><td>测量值</td><td>正常值</td><td>结果</td></tr>
<tr><td>1</td><td></td><td></td><td></td><td></td><td>□正常
□异常</td></tr>
<tr><td>2</td><td></td><td></td><td></td><td></td><td>□正常
□异常</td></tr>
<tr><td>3</td><td></td><td></td><td></td><td></td><td>□正常
□异常</td></tr>
<tr><td>4</td><td></td><td></td><td></td><td></td><td>□正常
□异常</td></tr>
<tr><td>5</td><td></td><td></td><td></td><td></td><td>□正常
□异常</td></tr>
<tr><td></td><td>6</td><td></td><td></td><td></td><td></td><td>□正常
□异常</td></tr>
<tr><td colspan="7">四、故障点确认及排除方案</td></tr>
<tr><td>故障确认</td><td colspan="2"></td><td>维修方案</td><td colspan="3">□更换 □维修 □调整</td></tr>
<tr><td>教师确认</td><td colspan="6">教师签字：</td></tr>
<tr><td colspan="7">五、故障验证</td></tr>
<tr><td rowspan="5">故障
修复验证</td><td>故障现象</td><td colspan="5"></td></tr>
<tr><td>仪表故障灯</td><td colspan="5">□无 □有：</td></tr>
<tr><td>故障码</td><td colspan="5">□无 □有：</td></tr>
<tr><td rowspan="2">相关数据流</td><td>1</td><td colspan="4"></td></tr>
<tr><td>2</td><td colspan="4"></td></tr>
<tr><td colspan="7">六、任务评价</td></tr>
<tr><td rowspan="2">自我评价</td><td colspan="2">基本技能和关键技能是否掌握？</td><td colspan="2">任务目标是否实现？效果如何？</td><td colspan="2">给自己打分</td></tr>
<tr><td colspan="2"></td><td colspan="2"></td><td colspan="2"></td></tr>
<tr><td rowspan="3">小组评价</td><td colspan="2">基本技能和关键技能是否掌握？</td><td colspan="2">任务目标是否实现？效果如何？</td><td colspan="2">给他(她)打分</td></tr>
<tr><td colspan="2"></td><td colspan="2"></td><td colspan="2"></td></tr>
<tr><td colspan="6">小组评价人员：</td></tr>
<tr><td>工单评价</td><td colspan="6">教师签名：</td></tr>
<tr><td>整体评价</td><td colspan="6">整体评价＝(10％自评＋10％小组评＋80％教师评价)</td></tr>
<tr><td colspan="7">教师签名：</td></tr>
</table>

教学课件

车辆无法充电并发高压供电不正常故障

任务二　车辆无法充电并发高压供电不正常故障

学习目标	
素质目标	1. 养成遵守个人和车间安全作业要求、注重个人安全防护，形成安全作业意识。 2. 养成严格执行汽车的检修规范，养成严谨科学的工作态度。 3. 逐步养成"整理、整顿、清扫、清洁、素养、安全"的6S习惯。 4. 养成迎难而上、矢志不渝的作风，领悟工匠精神的灵魂。
知识目标	1. 理解新能源汽车交流充电系统与高压供电系统的关系及相互影响。 2. 掌握新能源汽车无法充电并发高压供电不正常的故障诊断方法。
能力目标	1. 能根据仪表显示的现象、故障码、数据流及电路图分析故障原因。 2. 能制定交流充电系统故障的诊断流程。 3. 能根据制定的诊断流程对无法充电并发高压供电不正常故障进行诊断与排除。 4. 能根据诊断结果判定故障点，并对故障点进行维修或更换故障元器件。

【任务寄语】 无论在工作中遇到多大的困难，都不应该放弃希望，迎难而上，矢志不渝，才能取得成功。其实，在生活和工作中，每个人都可能会遭遇环境不好、条件不利的状况，可能会遭遇或大或小的坎坷，可能会在工作辛苦的时候心灰意冷，可能会在出现问题时采取逃避的态度。但是，迎难而上的人不会因暂时的困境和坎坷止步不前，反而会把它们当成是一种考验，越挫越勇，无畏无惧，执着坚韧是工匠精神的灵魂。

教学视频

车辆无法充电并发高压供电不正常故障

一、故障案例

一辆吉利帝豪EV300纯电动汽车，用户反映，车辆有较长一段时间没使用，进行慢充充电，仪表显示充电线连接指示灯、充电指示灯没有点亮，车辆无法充电。根据用户的描述故障现象，经技师检查，发现除了用户说的不能充电的故障现象以外，启动车辆，READY灯没点亮，但系统故障灯点亮，蓄电池充电故障灯也点亮。主要故障灯和显示异常如表6-5所示。经过维修技师诊断排除，确认车载充电机OBC的唤醒信号异常，维修唤醒线路故障后故障排除，车辆可以正常充电和行驶。

表6-5　故障灯及显示异常情况

序号	充电有关指示灯情况	启动有关指示灯情况
1	 灯点亮	READY 灯熄灭
2	充电口　绿色充电指示灯未点亮	 开始不亮几秒后点亮
3	 充电指示灯没点亮	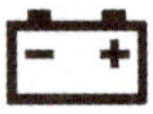 开始不亮几秒后点亮

二、故障分析

从图 6-10 吉利帝豪 EV300 下电状态充电流程图可以看出，正常充电步骤是：

第一步，插枪唤醒 ACM，ACM 自检并上报至 B-CAN 网络，ACM 发送 CC 连接信息至 B-CAN 网络上，仪表通过 B-CAN 获取 CC 连接信号显示充电连接指示灯；

第二步，ACM 通过唤醒线输出持续高电平唤醒 BMS，BMS 通过唤醒线输出持续高电平唤醒 VCU 和 OBC，VCU 唤醒 PEU，DC/DC 工作，提供 12V 低压工作电源，各模块自检并上报 CAN 总线；

第三步，ACM 检测 CP 信号，并上报 B-CAN 总线；

第四步，VCU 将 CC、CP、高压系统正常信息报文至 B-CAN 总线与 P-CAN 总线，BMS 发送充电指令；

第五步，OBC 输出高压直流电；

第六步，BMS 闭合充电相关继电器，开始充电，仪表通过 B-CAN 获取充电信息并显示充电指示灯。

吉利帝豪 EV300 交流充电系统原理框图如图 6-17 所示。

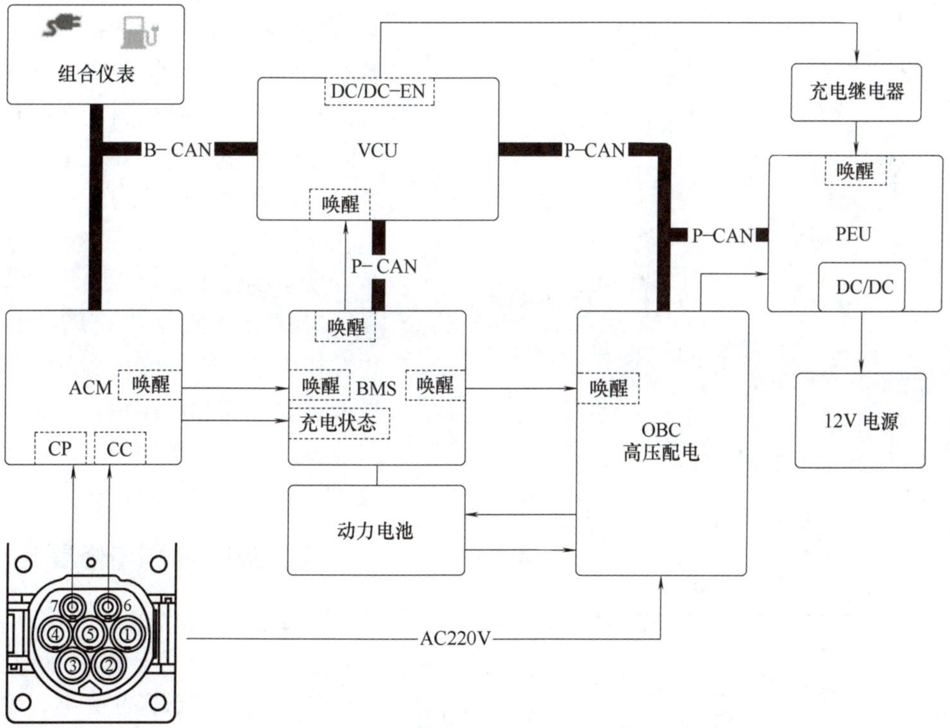

图 6-17　吉利帝豪 EV300 交流充电系统原理框图

充电时插入充电枪，仪表有充电连接指示灯，说明充电连接信号 CC 正常、ACM 模块工作正常，充电的第一步完成，后面的五个步骤中的因素出现问题都会导致充电指示灯没点亮，其中第三步的 CP 信号检测是最常见的充电故障，但该故障一般不会引起高压供电不正常，因此出现车辆无法充电并发高压供电不正常涉及的模块有 BMS、VCU、OBC、

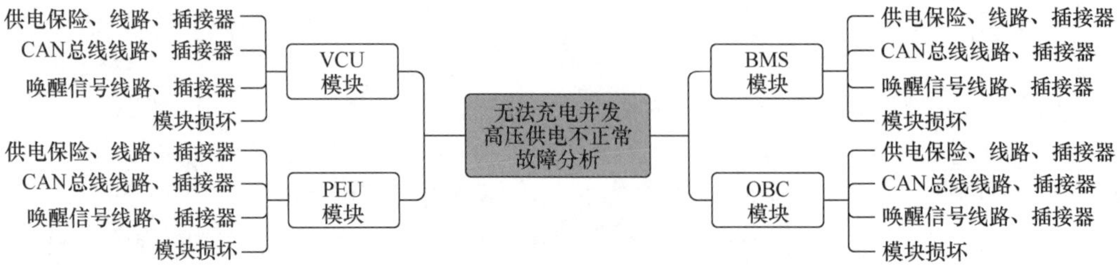

图 6-18　无法充电并发高压供电不正常故障分析

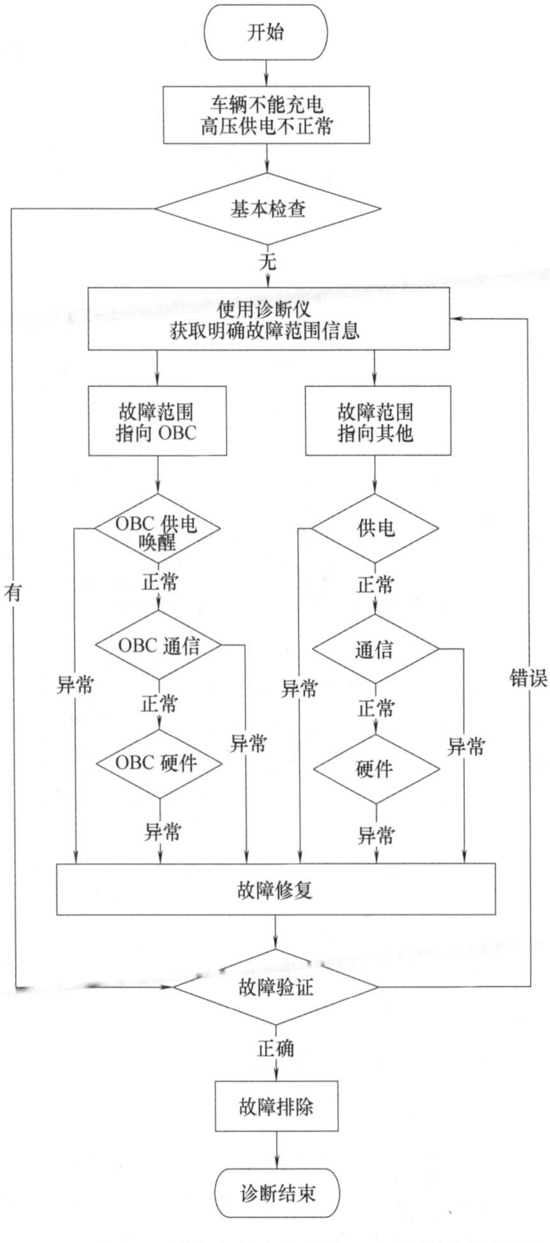

图 6-19　车辆不能充电并高压供电不正常故障诊断流程

PEU 等，涉及的故障类型有模块供电故障、通信故障、唤醒信号故障以及模块本身故障，主要的故障表现形式有保险熔断、线路断路、线路短路、模块损坏等，如图 6-18 所示。

三、诊断流程

当车辆发生插入充电枪有显示充电连接指示灯，而没有充电指示灯的不能充电同时高压供电不正常的故障时，一般是按由简单到复杂的诊断流程。先要根据诊断结果确定故障模块，再针对故障模块判断故障是在供电、唤醒以及通信。一般遵循如图 6-19 所示的诊断流程排除。

根据用户的描述现场的故障再现，初步要分析故障位置，使用解码器检查故障码和数据流，分析判断故障位置，通过分析判断制定故障维修流程，进行故障检测。

四、故障检测与修复

下面根据前面分析的诊断流程，完成故障案例——车辆不能充电并高压供电不正常故障的检测、诊断与修复。

第一步，确认故障现象。根据用户描述的故障现象，结合组合仪表的故障提示，确认为故障现象是，车辆不能交流充电，READY 灯没有点亮，蓄电池充电警告灯点亮，系统故障警告灯点亮。

第二步，连接故障诊断仪。关闭点火开关，将故障诊断仪与车辆诊断口连接。

第三步，启动车辆，使用故障诊断仪进入相关系统模块读取故障码和相关数据流，发现故障诊断仪不能进入车载充电机 OBC 模块，切换 VCU 系统模块能进入，读取故障码和相关数据流，读取到的故障码为 U34EE82，车载充电机报文循环计数错误。读取到 BMS 充电状态请求——禁止充电，车载充电机输出充电电压 0.0V，车载充电机输出充电电流 0.0A 等相关数据流。故障诊断仪读取的相关故障码和数据流如表 6-6 所示，通过仪表显示的信息和故障诊断仪所读取的信息，初步判断为车载充电机 OBC 可能出现故障。

表 6-6　　故障码及数据流情况

序号	系统模块	能否进入	故障码	主要数据流
1	OBC	不能		
2	VCU	能	U34EE82， 车载充电机报文循环计数错误	BMS 充电状态请求-禁止充电 车载充电机输出充电电压 0.0V 车载充电机输出充电电流 0.0A

第四步，确定故障范围。根据故障诊断仪的相关故障码和数据流，结合吉利帝豪

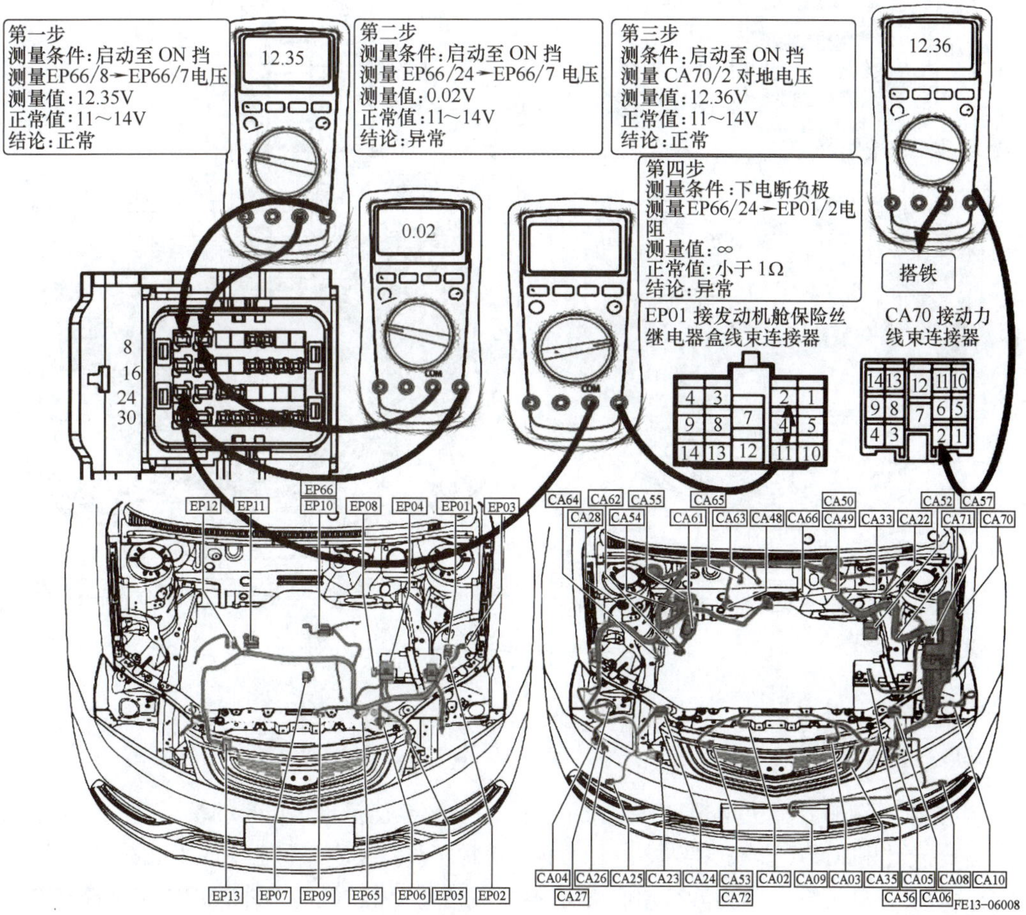

图 6-20　排故流程及测量情况

EV300 的交流充电系统电路图，初步判断为 OBC 可能出现故障，故障部位可能是 OBC 的供电、唤醒、通信等部位，由简易难的故障诊断思路，可以先对 OBC 的供电进行检查。

第五步，故障范围检测与测量。断开蓄电池负极，等待 5min，进行基本检查，EP66、CA50 等插接器外观及连接情况检查，检查插接器外观及连接是否正常。检测步骤及测量如图 6-20 所示。

第六步，故障点确认。经检查发现连接器 EP01 的端子 2 至连接器 EP66 的端子 24 之间线路断路。

第七步，故障排除及验证。按维修手册的要求修复故障线束，验证测量如图 6-21 所示，车辆上电，使用故障诊断仪对帝豪 EV300 进行故障码和数据流的读取，OBC 能进入，VCU 系统无故障码，确认故障已排除。

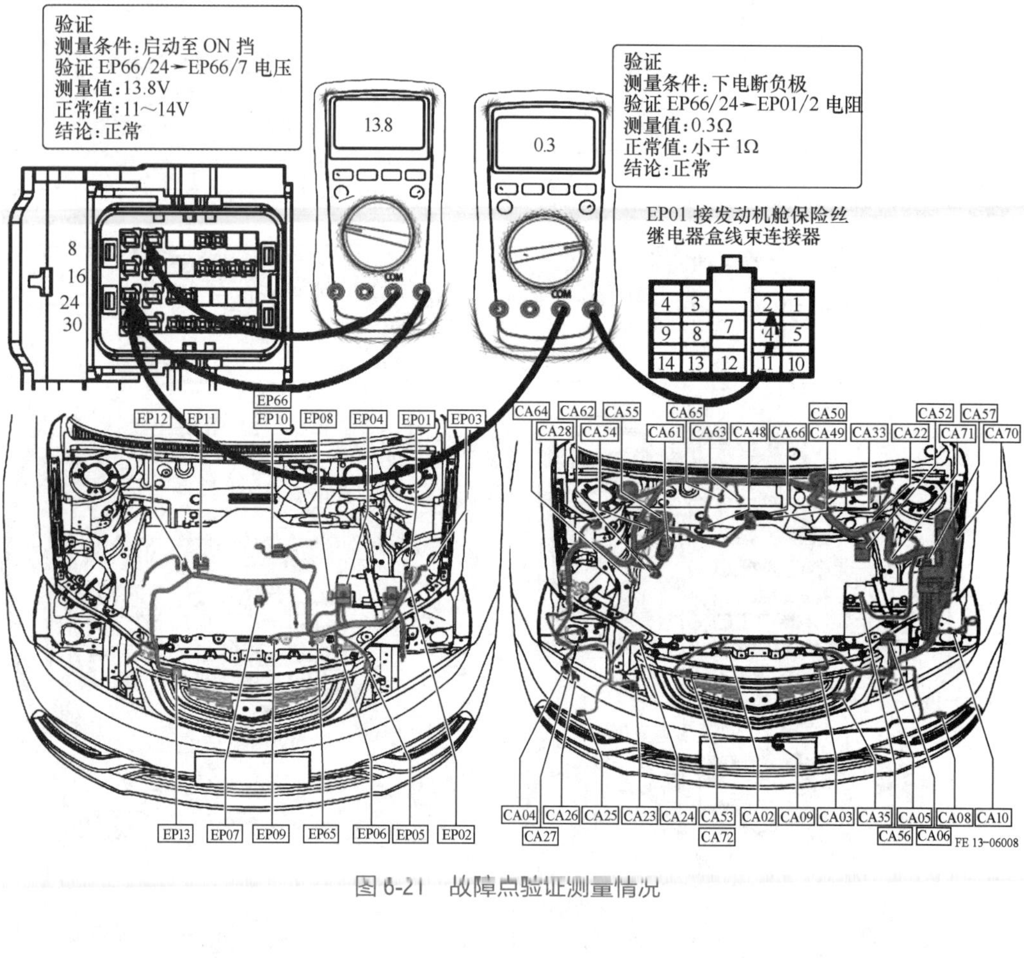

图 6-21　故障点验证测量情况

五、故障机理

本故障案例的故障机理是连接器 EP01 的端子 2 至连接器 EP66 的端子 24 之间线路断路，车载充电机 OBC 因缺少唤醒电压而不能正常工作，VCU 不能获取车载充电机所有的信息，车载充电机没工作交流充电自然是不能完成，VCU 没有获取 OBC 相关高压信息，高压系统报错，高压供电不正常。

六、案例小结

（1）充电时插入充电枪，仪表有充电连接指示灯，说明充电连接信号 CC 正常、ACM 模块工作正常，充电的第一步完成。

（2）ACM 检测 CP 信号虽然是常见的充电故障，但该故障一般不会引起高压供电不正常，因此出现车辆无法充电并发高压供电不正常涉及的模块有 BMS、VCU、OBC、PEU 等，涉及的故障类型有模块供电故障、通信故障、唤醒信号故障以及模块本身故障，主要的故障表现形式有保险熔断、线路断路、线路短路、模块损坏等。

（3）排除唤醒线束故障时一定要确定到最小范围，否则故障点是无法获取到的，故障点确定不了就无法对故障进行有效的维修或更换。

七、实训任务

实训任务 13　　车辆无法充电并发高压供电不正常故障诊断与排除

<table>
<tr><td>姓名</td><td></td><td>班级</td><td></td><td>学号</td><td></td><td>日期</td><td></td></tr>
<tr><td>任务名称</td><td colspan="5">车辆无法充电并发高压供电不正常故障诊断与排除</td><td>成绩</td><td></td></tr>
<tr><td>任务描述</td><td colspan="7">一辆吉利帝豪 EV300 纯电动汽车，用户反映，车辆有较长一段时间没使用，进行慢充充电，仪表显示充电线连接指示灯、充电指示灯没有点亮，车辆无法充电。根据用户的描述故障现象，经技师检查，发现除了用户说的不能充电的故障现象以外，启动车辆，READY 灯没点亮，但系统故障灯点亮，蓄电池充电故障灯也点亮</td></tr>
<tr><td colspan="8">一、信息收集</td></tr>
<tr><td>1. 诊断基础</td><td colspan="7">① 吉利帝豪 EV300 电动汽车，充电时插入充电枪，仪表有充电连接指示灯，说明充电连接信号________、________工作正常
② 吉利帝豪 EV300 电动汽车出现车辆无法充电并发高压供电不正常涉及的模块有________、________、________、________等，涉及的故障类型有________故障、________故障、________故障以及________故障，主要的故障表现形式有________、________、________、________等</td></tr>
<tr><td>2. 绘制车载充电机电路简图、标注插接器位置图和针脚图</td><td colspan="7"></td></tr>
<tr><td>3. 综合分析故障原因</td><td colspan="7"></td></tr>
<tr><td>4. 制定诊断流程图</td><td colspan="7"></td></tr>
</table>

续表

二、任务准备				
1. 车辆预检	车辆 VIN 码		车辆型号	
	车辆外观	□正常 □划痕 □破损	损伤情况	
	车辆内饰	□正常 □划痕 □破损	损伤情况	

2. 安全防护	场地警戒与检查	□隔离栏 □警示牌 □灭火器		
	检查项目	状态记录		处理方案
	安全帽	□正常	□破损 □脏污 □过期	□更换 □维修 □清洁
	护目镜	□正常	□破损 □脏污 □过期	□更换 □维修 □清洁
	绝缘手套	□正常	□破损 □脏污 □过期	□更换 □维修 □清洁
	绝缘鞋	□正常	□破损 □脏污 □过期	□更换 □维修 □清洁
	绝缘工具套装	□正常	□破损 □脏污 □过期	□更换 □维修 □清洁
	绝缘垫外观	□正常	□破损 □脏污 □过期	□更换 □维修 □清洁
	绝缘垫检测	绝缘阻值		□更换 □维修

三、故障诊断			
1. 故障现象	故障描述		
	仪表故障灯	□无 □有：	
	故障码	□无 □有：	
	故障相关数据流	1	
		2	
2. 故障分析	故障原因分析		
	故障可能的部位		

3. 检测流程	小组分工	主操作员		记录员	
		安全员		汇报员	

3. 检测流程	步骤	检测项目	测量条件及方法	测量值	正常值	结果
	1					□正常 □异常
	2					□正常 □异常
	3					□正常 □异常
	4					□正常 □异常
	5					□正常 □异常
	6					□正常 □异常

续表

<table>
<tr><td colspan="5">四、故障点确认及排除方案</td></tr>
<tr><td>故障确认</td><td colspan="2"></td><td>维修方案</td><td>□更换 □维修 □调整</td></tr>
<tr><td>教师确认</td><td colspan="4">教师签字：</td></tr>
<tr><td colspan="5">五、故障验证</td></tr>
<tr><td rowspan="5">故障
修复验证</td><td>故障现象</td><td colspan="3"></td></tr>
<tr><td>仪表故障灯</td><td colspan="3">□无 □有：</td></tr>
<tr><td>故障码</td><td colspan="3">□无 □有：</td></tr>
<tr><td rowspan="2">相关数据流</td><td>1</td><td colspan="2"></td></tr>
<tr><td>2</td><td colspan="2"></td></tr>
<tr><td colspan="5">六、任务评价</td></tr>
<tr><td rowspan="2">自我评价</td><td colspan="2">基本技能和关键技能是否掌握？</td><td>任务目标是否实现？效果如何？</td><td>给自己打分</td></tr>
<tr><td colspan="2"></td><td></td><td></td></tr>
<tr><td rowspan="3">小组评价</td><td colspan="2">基本技能和关键技能是否掌握？</td><td>任务目标是否实现？效果如何？</td><td>给他(她)打分</td></tr>
<tr><td colspan="2"></td><td></td><td></td></tr>
<tr><td colspan="4">小组评价人员：</td></tr>
<tr><td>工单评价</td><td colspan="4">教师签名：</td></tr>
<tr><td>整体评价</td><td colspan="4">整体评价=(10%自评+10%小组评+80%教师评价)</td></tr>
<tr><td colspan="5">教师签名：</td></tr>
</table>

项目七

辅助系统故障诊断与排除

教学课件

动力冷却系统不能正常工作故障

任务一　动力冷却系统不能正常工作故障

学习目标	
素质目标	1. 养成遵守个人和车间安全作业要求、注重个人安全防护，形成安全作业意识。 2. 养成严格执行汽车的检修规范，养成严谨科学的工作态度。 3. 逐步养成“整理、整顿、清扫、清洁、素养、安全”的6S习惯。 4. 能根据环保要求，正确处理对环境和人体有害的废料和损坏的零部件。
知识目标	1. 理解新能源汽车动力冷却系统的结构与工作原理。 2. 掌握新能源汽车动力冷却系统的故障诊断方法。
能力目标	1. 能根据仪表显示的现象、故障码、数据流及电路图分析故障原因。 2. 能制定动力冷却系统故障的诊断流程。 3. 能根据制定的诊断流程对动力冷却系统故障进行诊断与排除。 4. 能根据诊断结果判定故障点，并对故障点进行维修或更换故障元器件。

【任务寄语】 生态环境保护是功在当代、利在千秋的事业。生态环境没有替代品，用之不觉，失之难存。我们要争做绿化环保的践行者，应像保护眼睛一样保护生态环境，像对待生命一样对待生态环境，让自然生态美景永驻人间。低碳是提倡借助低能量、低消耗、低开支的生活方式，把消耗的能量降到最低，从而减少二氧化碳的排放，保护地球环境，保证人类在地球上长期舒适安逸的生活和发展。

教学视频

动力冷却系统不能正常工作故障

一、动力冷却系统的作用

动力冷却系统的作用是对电池、电机、控制器及充电机等车辆关键部件进行冷却或加热，使其保持在适当工作温度范围内，冷却或加热性能直接影响零部件的性能表现，对于提升动力经济性，有重要意义。

吉利帝豪EV300动力冷却系统电气原理框图，如图7-1所示，动力冷却系统有两个电动水泵，电动水泵由低压电路驱动，为冷却液的循环提供压力。在电动水泵的驱动下冷却液在管路中的流向，如图7-2所示。

二、故障案例

一辆吉利帝豪EV300纯电动汽车，用户反映车辆行驶中，仪表显示电机过热故障，出现限速现象。根据用户的描述故障现象，经技师检查，车辆行驶中电机过热故障指示灯

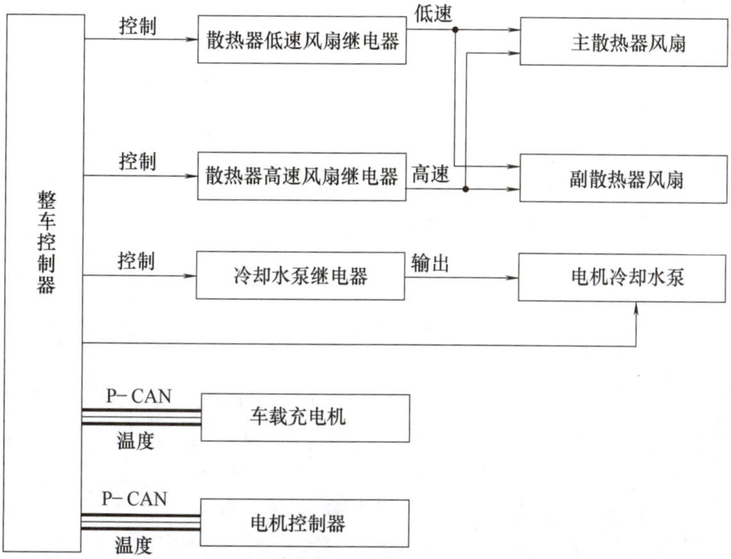

图 7-1 吉利帝豪 EV300 动力冷却系统电气原理框图

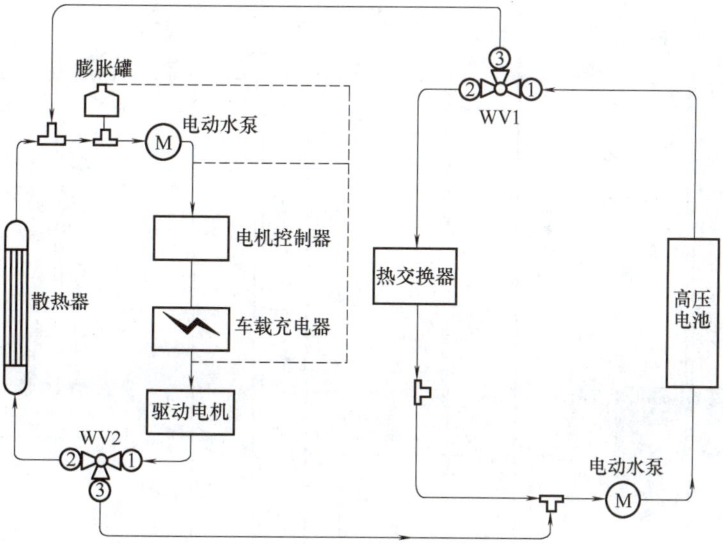

图 7-2 动力冷却液流向图

亮起，限功率故障指示灯亮起，主要故障灯和显示异常，如表 7-1 所示。经过技师诊断排除，确认是 ER08 继电器开关故障，更换 ER08 继电器后故障现象消失，车辆可以正常行驶。

表 7-1 故障灯及显示异常情况

序号	仪表盘显示的故障灯或故障信息	特点	其他异常
1		行驶一段时间后点亮	车辆不能正常加速
2		行驶一段时间后点亮	

三、故障分析

动力冷却系统出现故障，根据故障现象、故障码及数据流判断是整个动力冷却系统故障，还是其中的某个子系统（如电机水泵、散热风扇高速、散热风扇低速等）出现故障，如果是整个动力冷却系统不工作，首先要找出动力冷却系统公共点，比如主继电器如果出现故障，整个动力冷却系统是不能工作的。吉利帝豪 EV300 电动汽车冷却系统电路图，如图 7-3 所示。

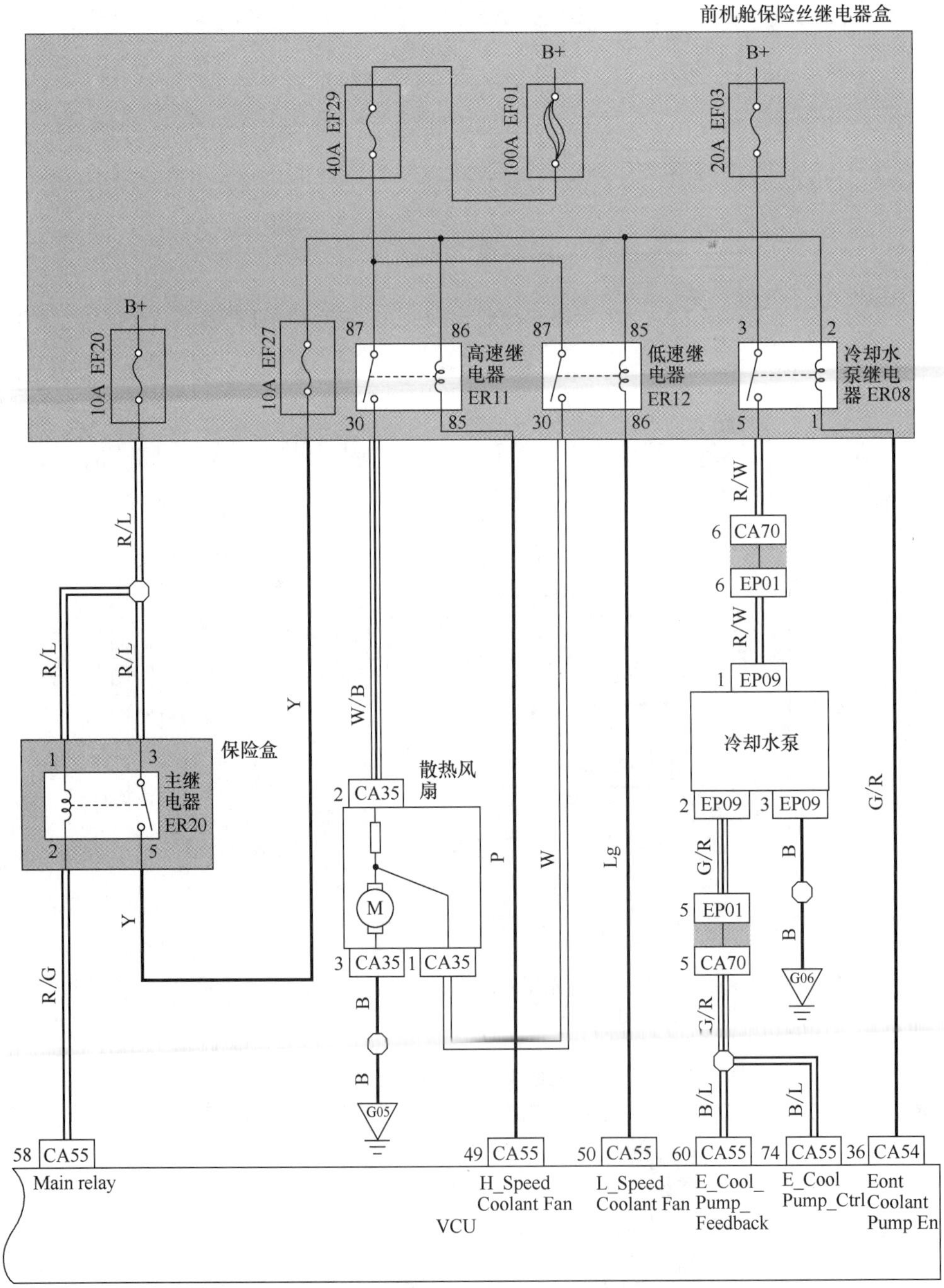

图 7-3　吉利帝豪 EV300 冷却系统电路图

动力冷却系统故障分析，如图 7-4 所示。通过冷却系统电路图可以看出，整车控制器 VCU 控制主继电器工作，如果主继电器出现故障，车辆是无法上高压电，因驱动电机和动力电池等一些冷却高压部件，在工作过程中无法冷却，高压冷却部件运行安全失去保障，这时整车控制器 VCU 不允许上高压电，并将检测到的故障报给车身控制模块 BCM，车身控制模块 BCM 会将故障显示到仪表上。

本故障案例中，车辆可以正常启动，也可以正常行驶，只是在行驶一段时间后，出现电机过热故障指示灯亮起，限功率故障指示灯亮起，车辆限速，说明问题不是出现在公共部分，主要的故障体现在冷却系统工作不正常，引起电机冷却不良，出现过热故障，从而影响车辆正常行驶。

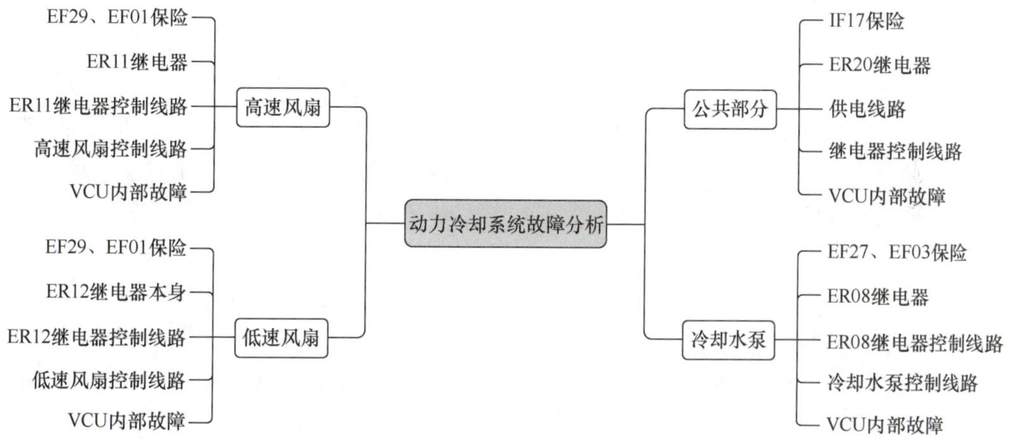

图 7-4　动力冷却系统故障点分析

冷却系统工作不良，一般包括缺少冷却液、散热不畅、冷却水泵故障等情况。冷却液缺少一般会有相应的指示灯，本故障案例中，冷却液指示灯并没点亮，说明问题不在此。

排除了公共部分和冷却液缺少的问题，本故障主要围绕冷却水水泵部分、散热控制系统进行检测。可以借助诊断仪器，通过故障码或者相关数据流查看温度信息、冷却泵状态信息、风扇状态信息等进一步判定，然后进行检测与排除。

四、诊断流程

当动力冷却系统发生故障时，一般遵循如图 7-5 所示的故障诊断流程进行排除。吉利帝豪 EV300 纯电动汽车发生动力冷却系统故障时，在行驶一段时间后，出现电机过热故障指示灯亮起，限功率故障指示灯亮起，车辆限速。经与用户沟通，在进行故障确认，动力冷却系统故障诊断流程应该从冷却泵相关方面进行故障分析。

根据用户的描述现场的故障再现，初步要分析故障位置，使用解码器检查故障码和数据流，分析判断故障位置，通过分析判断制定故障维修流程，进行故障检测。

五、故障检测与修复

下面根据前面分析的诊断流程，完成故障案例——吉利帝豪 EV300 电动汽车动力冷却系统故障的检测、诊断与修复。

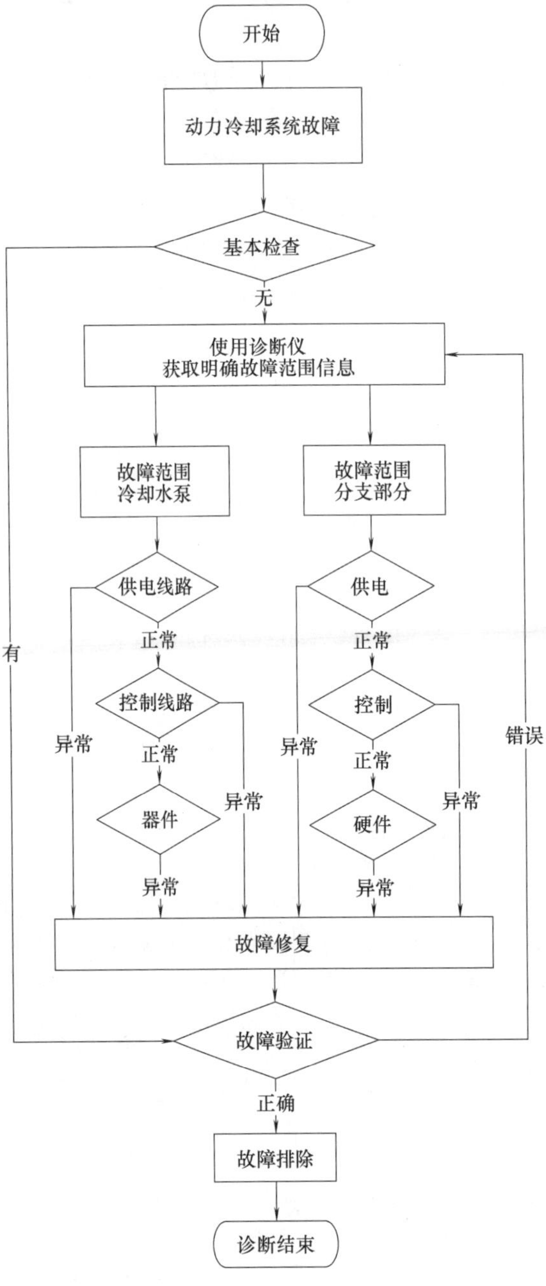

图 7-5 动力冷却系统故障诊断流程

第一步，确认故障现象。根据用户描述的故障现象，车辆可以正常启动行驶，在行驶一段时间后，出现电机过热故障指示灯亮起，限功率故障指示灯亮起，车辆限速。

第二步，连接故障诊断仪。关闭点火开关，将故障诊断仪与车辆诊断口连接。

第三步，启动车辆，使用故障诊断仪进入相关系统模块读取故障码和相关数据流，选择 VCU 模块进入，读取故障码和相关数据流，读取到的故障码为 P0CEC15，电机系统冷却水泵控制信号错误。故障诊断仪读取的相关故障码和数据流，如表 7-2 所示，通过仪表显示的信息和故障诊断仪所读取的信息，初步判断为冷却水泵控制可能出现故障，故障部位可能是相关线路及插接器以及 VCU，由简易难的故障诊断思路，先检测冷却水泵供电线路和控制线路进行检查，然后检查冷却水泵本身。

第四步，确定故障范围。根据故障诊断仪的相关故障码和数据流，结合吉利帝豪 EV300 动力冷却系统电路图，确定范围为冷却水泵相关，从 EF03、继电器 ER08、水泵本体以及相关线路及插接器等。

第五步，故障范围检测与测量。断开蓄电池负极，等待 5min，进行基本检查。检测步骤及测量记录，如图 7-6 所示。

表 7-2 故障码及数据流情况

系统模块	能否进入	故障码	主要数据流
VCU	能	P0CEC15，电机系统冷却水泵控制信号错误	

第六步，故障点确认。根据检测结果判断 ER08 继电器开关故障。ER08 继电器开关故障，导致冷却水泵供电异常，报故障。

第七步，故障排除及验证。按维修手册的要求更换 ER08 继电器，启动车辆，使用故

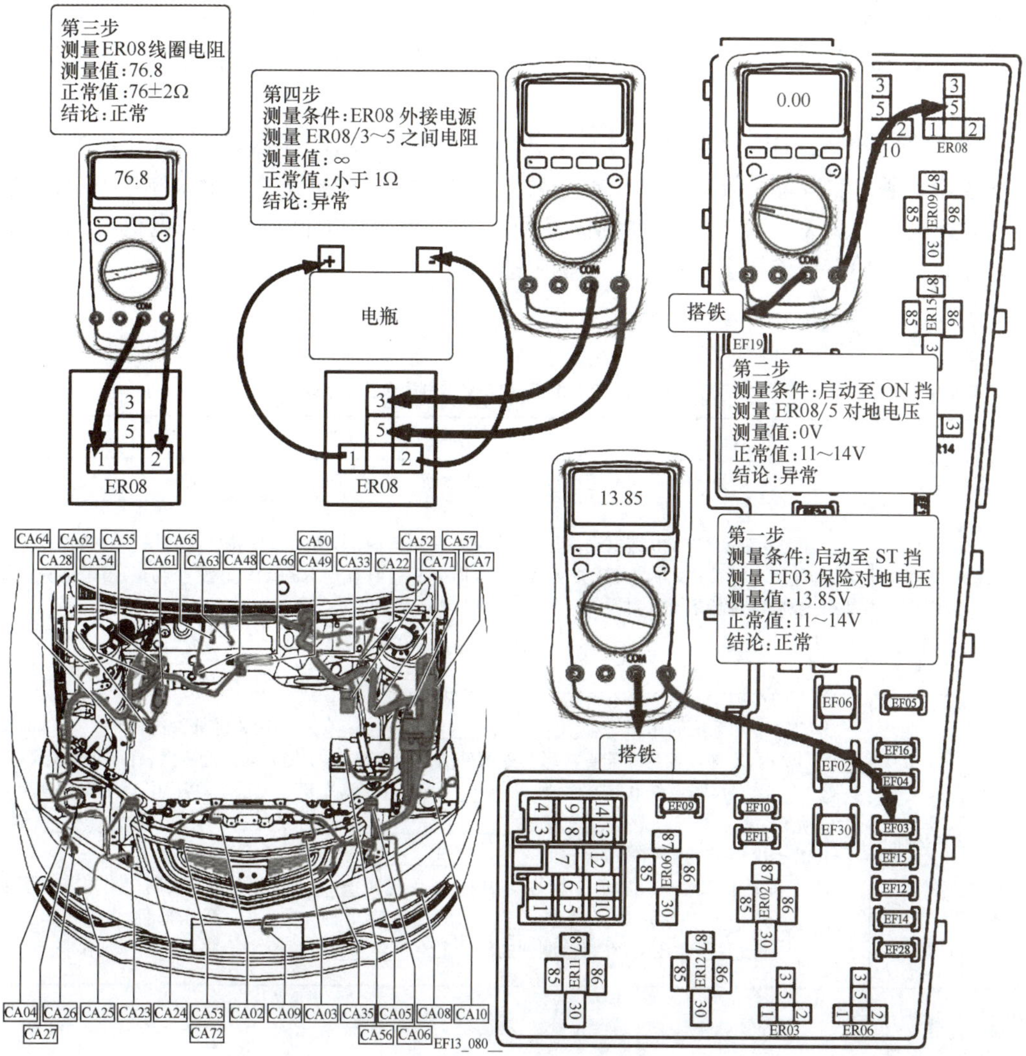

图 7-6　检测步骤及测量情况

障诊断仪故障码和数据流的读取，VCU 模块显示无故障码，确认故障已排除。

六、故障机理

本故障案例的故障机理是，由吉利帝豪 EV300 电动汽车动力冷却系统电路图可以分析出，ER08 继电器由 VCU 控制工作，ER08 继电器给冷却水泵供电，ER08 继电器出现故障车辆无法冷却系统工作不正常，高压部件无法冷却易发生安全故障，电机控制器温度高，电机过热 VCU 将限功率行驶，因而，在行驶一段时间后，出现电机过热故障指示灯亮起，限功率故障指示灯亮起，车辆限速。

七、案例小结

（1）电动汽车工作过程中会产生的热量，热管理系统通过冷却系统进行循环，带走汽车部件工作过程中的热量。整车热管理系统出现故障，根据故障现象、故障码及数据流判断整车热管理系统故障，还是整车热管理其中的一个系统出现故障，整车热管理系统不工作，找出整车热管理系统共同点，比如主继电器如果出现故障，整车热管理系统是不能工作。

（2）ER08 继电器由 VCU 控制工作，ER08 主继电器给冷却水泵供电，ER08 继电器出现故障车辆无法冷却系统工作不正常，高压部件无法冷却易发生安全故障，电机控制器温度高，电机过热 VCU 将限功率行驶，因而，在行驶一段时间后，出现电机过热故障指示灯亮起，限功率故障指示灯亮起，车辆限速。

八、实训任务

实训任务 14　　　　动力冷却系统不能正常工作故障诊断与排除

<table>
<tr><td>姓名</td><td></td><td>班级</td><td></td><td>学号</td><td></td><td>日期</td><td></td></tr>
<tr><td>任务名称</td><td colspan="5">动力冷却系统不能正常工作故障诊断与排除</td><td>成绩</td><td></td></tr>
<tr><td>任务描述</td><td colspan="7">一辆吉利帝豪 EV300 纯电动汽车，用户反映启动车辆，车辆无法行驶。根据用户的描述故障现象，经技师上电检查，将点火开关从 ACC→ON→ST 挡，发现 READY 灯没有点亮，蓄电池充电警告灯点亮，系统故障警告灯点亮</td></tr>
<tr><td colspan="8">一、信息收集</td></tr>
<tr><td>1. 诊断基础</td><td colspan="7">① 动力冷却系统的作用是对______、______、______等车辆关键部件进行______，使其______内，冷却或加热性能直接影响零部件的性能表现，对于提升动力经济性，有重要意义
② ______控制主继电器工作，如果______出现故障，车辆是无法上高压电，因驱动电机和动力电池等一些______，在工作过程中______，______运行安全失去保障，这时______不允许上高压电，并将检测到的故障报给______，______会将故障显示到仪表上
③ 吉利帝豪 EV300 电动汽车的动力冷却系统中______由 VCU 控制工作，它主要给______、______等元器件供电______出现故障车辆______，高压部件______，这时______不允许上高压电，并将检测到的故障报给______，______会将故障显示到仪表上</td></tr>
<tr><td>2. 绘制动力冷却系统控制简图、标注插接器位置图和针脚图</td><td colspan="7"></td></tr>
<tr><td>3. 综合分析故障原因</td><td colspan="7"></td></tr>
<tr><td>4. 制定诊断流程图</td><td colspan="7"></td></tr>
</table>

续表

<table>
<tr><td colspan="8">二、任务准备</td></tr>
<tr><td rowspan="3">1. 车辆预检</td><td>车辆 VIN 码</td><td colspan="2"></td><td colspan="2">车辆型号</td><td colspan="2"></td></tr>
<tr><td>车辆外观</td><td colspan="2">□正常 □划痕 □破损</td><td colspan="2">损伤情况</td><td colspan="2"></td></tr>
<tr><td>车辆内饰</td><td colspan="2">□正常 □划痕 □破损</td><td colspan="2">损伤情况</td><td colspan="2"></td></tr>
<tr><td rowspan="9">2. 安全防护</td><td>场地警戒与检查</td><td colspan="6">□隔离栏　□警示牌　□灭火器</td></tr>
<tr><td>检查项目</td><td colspan="3">状态记录</td><td colspan="3">处理方案</td></tr>
<tr><td>安全帽</td><td>□正常</td><td colspan="2">□破损 □脏污 □过期</td><td colspan="3">□更换 □维修 □清洁</td></tr>
<tr><td>护目镜</td><td>□正常</td><td colspan="2">□破损 □脏污 □过期</td><td colspan="3">□更换 □维修 □清洁</td></tr>
<tr><td>绝缘手套</td><td>□正常</td><td colspan="2">□破损 □脏污 □过期</td><td colspan="3">□更换 □维修 □清洁</td></tr>
<tr><td>绝缘鞋</td><td>□正常</td><td colspan="2">□破损 □脏污 □过期</td><td colspan="3">□更换 □维修 □清洁</td></tr>
<tr><td>绝缘工具套装</td><td>□正常</td><td colspan="2">□破损 □脏污 □过期</td><td colspan="3">□更换 □维修 □清洁</td></tr>
<tr><td>绝缘垫外观</td><td>□正常</td><td colspan="2">□破损 □脏污 □过期</td><td colspan="3">□更换 □维修 □清洁</td></tr>
<tr><td>绝缘垫检测</td><td colspan="3">绝缘阻值</td><td colspan="3">□更换 □维修</td></tr>
<tr><td colspan="8">三、故障诊断</td></tr>
<tr><td rowspan="5">1. 故障现象</td><td>故障描述</td><td colspan="6"></td></tr>
<tr><td>仪表故障灯</td><td colspan="6">□无 □有：</td></tr>
<tr><td>故障码</td><td colspan="6">□无 □有：</td></tr>
<tr><td rowspan="2">故障相关
数据流</td><td>1</td><td colspan="5"></td></tr>
<tr><td>2</td><td colspan="5"></td></tr>
<tr><td rowspan="2">2. 故障分析</td><td>故障原因分析</td><td colspan="6"></td></tr>
<tr><td>故障可能的部位</td><td colspan="6"></td></tr>
<tr><td rowspan="9">3. 检测流程</td><td rowspan="2" colspan="2">小组分工</td><td>主操作员</td><td></td><td>记录员</td><td colspan="2"></td></tr>
<tr><td>安全员</td><td></td><td>汇报员</td><td colspan="2"></td></tr>
<tr><td>步骤</td><td colspan="2">检测项目</td><td>测量条件及方法</td><td>测量值</td><td>正常值</td><td>结果</td></tr>
<tr><td>1</td><td colspan="2"></td><td></td><td></td><td></td><td>□正常
□异常</td></tr>
<tr><td>2</td><td colspan="2"></td><td></td><td></td><td></td><td>□正常
□异常</td></tr>
<tr><td>3</td><td colspan="2"></td><td></td><td></td><td></td><td>□正常
□异常</td></tr>
<tr><td>4</td><td colspan="2"></td><td></td><td></td><td></td><td>□正常
□异常</td></tr>
<tr><td>5</td><td colspan="2"></td><td></td><td></td><td></td><td>□正常
□异常</td></tr>
<tr><td>6</td><td colspan="2"></td><td></td><td></td><td></td><td>□正常
□异常</td></tr>
</table>

续表

<table>
<tr><td colspan="5">四、故障点确认及排除方案</td></tr>
<tr><td>故障确认</td><td colspan="2"></td><td>维修方案</td><td>□更换 □维修 □调整</td></tr>
<tr><td>教师确认</td><td colspan="4">教师签字：</td></tr>
<tr><td colspan="5">五、故障验证</td></tr>
<tr><td rowspan="5">故障
修复验证</td><td>故障现象</td><td colspan="3"></td></tr>
<tr><td>仪表故障灯</td><td colspan="3">□无 □有：</td></tr>
<tr><td>故障码</td><td colspan="3">□无 □有：</td></tr>
<tr><td rowspan="2">相关数据流</td><td>1</td><td colspan="2"></td></tr>
<tr><td>2</td><td colspan="2"></td></tr>
<tr><td colspan="5">六、任务评价</td></tr>
<tr><td rowspan="2">自我评价</td><td>基本技能和关键技能是否掌握？</td><td colspan="2">任务目标是否实现？效果如何？</td><td>给自己打分</td></tr>
<tr><td></td><td colspan="2"></td><td></td></tr>
<tr><td rowspan="3">小组评价</td><td>基本技能和关键技能是否掌握？</td><td colspan="2">任务目标是否实现？效果如何？</td><td>给他(她)打分</td></tr>
<tr><td></td><td colspan="2"></td><td></td></tr>
<tr><td colspan="4">小组评价人员：</td></tr>
<tr><td>工单评价</td><td colspan="4">教师签名：</td></tr>
<tr><td>整体评价</td><td colspan="4">整体评价＝(10％自评＋10％小组评＋80％教师评价)</td></tr>
<tr><td colspan="5">教师签名：</td></tr>
</table>

教学课件

真空助力系统引起车辆不能正常行驶故障

任务二　真空助力系统引起车辆不能正常行驶故障

学习目标	
素质目标	1. 养成遵守个人和车间安全作业要求、注重个人安全防护，形成安全作业意识。 2. 养成严格执行汽车的检修规范，养成严谨科学的工作态度。 3. 逐步养成“整理、整顿、清扫、清洁、素养、安全”的6S习惯。 4. 养成专业工作，领悟工匠精神的特质。
知识目标	1. 理解新能源汽车真空助力系统的结构与工作原理。 2. 掌握新能源汽车真空助力系统的故障诊断方法。
能力目标	1. 能根据仪表显示的现象、故障码、数据流及电路图分析故障原因。 2. 能制定真空助力系统故障的诊断流程。 3. 能根据制定的诊断流程对真空助力异常故障进行诊断与排除。 4. 能根据诊断结果判定故障点，并对故障点进行维修或更换故障元器件。

【任务寄语】 无论我们从事的是什么样的工作，如果不能够排除情绪干扰，不能专心工作，那么就都很难将它做好，更不可能做出骄人的成绩。在工作中，专心就如同生命一样重要。如果你无法做到专心，而是一直在各种各样的情绪干扰下工作，那么你永远都不可能在职场中立足和成长。事实上，只有在工作中彻底排除情绪干扰，一心面对工作，才能把全身的每一个细胞都调动起来去更好地完成工作，专业专注是工匠精神的特质。

一、新能源汽车制动系统

教学视频

制动系统引起车辆不能正常行驶故障

制动系统是新能源汽车上非常重要的一个系统，直接影响到行车安全。新能源汽车的制动系统工作原理与传统汽车大致类似，但真空助力的动力来源有所不同，新能源汽车上广泛采用电动真空助力器作为制动助力器。电动真空助力系统由制动器、真空助力器、ESC（车身稳定程序）、电动真空助力泵（传统汽车没有）等部分组成，（吉利帝豪 EV 电动汽车集成在 ESC 模块中），如图 7-7 所示。

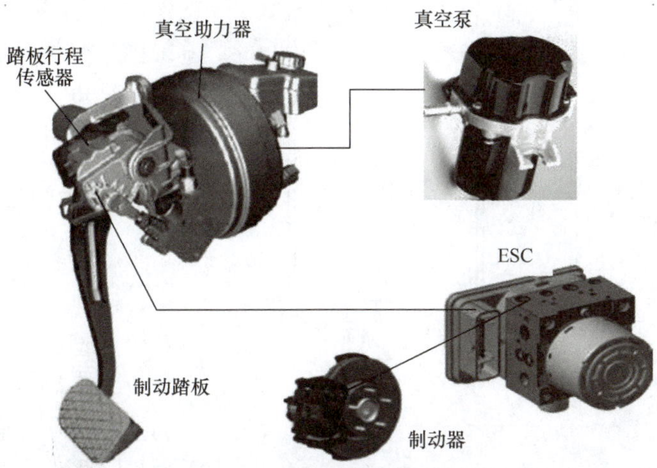

图 7-7　电动真空助力系统组成

1. 电动真空助力系统的工作过程

吉利帝豪 EV 电动汽车的电动真空系统，如图 7-8 所示，当驾驶员启动汽车时，12V 电源接通，ESC 电子稳定控制器开始自检，如果真空罐内的真空度小于设定值，真空压力传感器输出相应电压值至 ESC 电子稳定控制器，此时 ESC 电子稳定控制器控制电动真空泵开始工作；当真空度达到设定值后，真空压力传感器输出相应的电压值至 ESC 电子稳定控制器，此时 ESC 电子稳定控制器控制真空泵停止工作；当真空罐内的真空度因此制动消耗，真空度小于设定值时，电动真空泵再次开始工作，如此循环。

2. 电动真空泵的工作原理

电动真空泵根据真空传感器反馈给 ESC 电子稳定控制器的真空度信号，由 ESC 电子稳定控制器确定真空泵的启动和停止时间：当真空度低于 50kPa 时，ESC 控制器使真空泵启动；当真空度高于 75kPa 时，ESC 电子稳定控制器使真空泵停止；当真空度低于 34kPa 时，整车控制器报警。

电动真空泵的供电电压（12V）由蓄电池经过 20A 低压熔丝后到真空泵继电器的电源

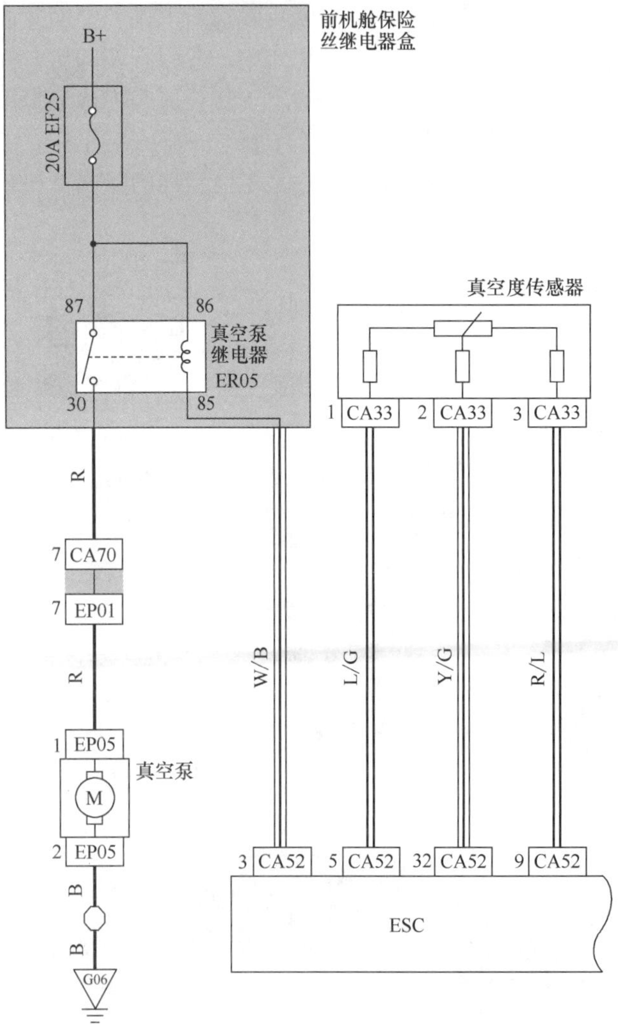

图 7-8　吉利帝豪 EV 电动汽车的电动真空系统电路图

输入端，真空泵继电器电源输出端直接与真空泵正极相连，真空泵负极直接与蓄电池负极相连。真空泵继电器的开闭（真空泵的启动）受 ESC 电子稳定控制器的控制，其控制依据是根据真空压力传感器送入的信号电压的大小来决定是否启动真空泵。当满足条件后，ESC 电子稳定控制器的 CA52/3 脚输出使能信号给真空泵继电器，真空泵即开始工作。真空压力传感器与 ESC 电子稳定控制器的连接关系：传感器的供电和搭铁由 ESC 电子稳定控制器完成，分别接入 ESC 电子稳定控制器的 CA52/5 脚和 9 脚，信号电压由传感器送入 ESC 电子稳定控制器的 CA52/32 脚。

二、故障案例

一辆吉利帝豪 EV300 纯电动汽车，用户反映启动车辆后，车辆行驶中制动踏板踩下去比较费力，车速仪表最高到 30km/h。根据用户的描述故障现象，经技师上电查看发现，将点火开关从 ACC→ON→ST 挡，高压启动正常，READY 灯点亮；但挂挡行驶后，仪表限功率指示灯点亮，实地试车后车辆也无法正常提速，且制动无助力，未听见真空泵工作声音。主要故障灯和显示异常如表 7-3 所示。经过技师诊断排除，确认是电动真空泵损坏，更换电动真空泵后故障现象消失，车辆可以正常行驶。

表 7-3　故障灯及显示异常情况

仪表盘显示的故障灯或故障信息	特点	其他异常
	挂挡行驶后点亮	听不到真空泵工作的声音

三、故障分析

仪表盘上的功率限制指示灯点亮，一般有两种情况，一种是表示电机温度太高，须停车并使电机降温，另一种是电动真空泵出现故障，制动无助力。

吉利帝豪 EV300 电动汽车的真空管理系统对电动真空泵工作进行自动控制，当助力系统真空度低于设定值时电子稳定控制器（ESC）控制电动真空泵工作，为真空助力器提供真空，当真空度值高于设定值时，ESC 电子稳定控制器电动真空泵停止工作。真空度设定值会随着车速的变化而相应提高，保证行车安全的前提下延长电动真空泵（EVP）的使用寿命。

电动真空泵电路图 7-8 所示，真空压力传感器检测真空罐里的压力，将信号传给 ESC 电子稳定控制器，ESC 电子稳定控制器接收到真空压力传感器信号，控制电动真空泵工作，真空罐里压力是有一定范围的，小于范围最小值电动真空泵开始工作，大于范围的最大值电动真空泵停止工作。真空压力传感器检测真空管路压力值并将真空压力信号传递给 ESC 电子稳定控制器，ESC 电子稳定控制器根据压力值的变换控制真空泵继电器的吸合与断开，从而来控制真空泵的工作情况。当真空压力传感器或电动真空泵出现故障，系统为保证车辆行车安全，将采取限功率行驶，同时 ESC 认为电动真空泵出现故障，将信号传递给 BCM，BCM 再将信号传给仪表，仪表会显示限制功率指示灯。

电动真空泵出现故障制动系统没有助力，只是靠人给的力量制动，车速过高会出现安全事故，这是非常危险的，电动真空泵出现故障 BCM 会将信号传递给 VCU，VCU 将会限制电机转速和车速，使电机转速和车速在 30km/h 以内。

由于车辆能正常上电，说明动力电池、电机控制器 VCU 等主要模块自检都能完成通过；但挂挡行驶后，车辆出现限速故障灯且电动真空泵未工作，说明车辆在挂挡行驶后检测到制动真空压力异常，存在安全隐患，于是控制车辆驱动电机限功率行驶。根据电动真空泵控制原理，可以分析出当真空助力器上的真空压力传感器检测到真空压力低于阈值后会将信号给到 ESC 电子稳定控制器，ESC 电子稳定控制器收到真空压力偏低信号后会控制电动真空泵启动，当真空压力再次达到规定值后，ESC 控制真空泵停止，如此循环控制制动真空助力。因此该故障车辆制动无助力是由于电动真空泵未工作造成的，其中的原因主要有：真空压力传感器及其线路故障，电动真空泵及其线路故障，ESC 模块故障等，故障分析如图 7-9 所示。

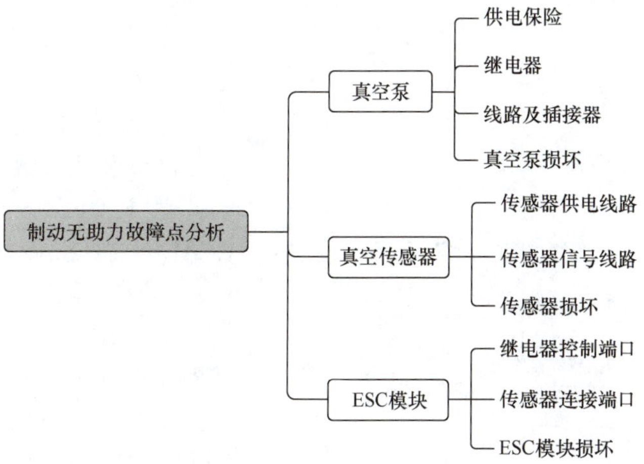

图 7-9 制动无助力故障分析

四、诊断流程

电动汽车制动无助力故障时，一般遵循图 7-10 所示的故障诊断流程进行排除。

吉利帝豪 EV300 电动汽车出现制动无助力，仪表功率限制指示灯点亮的故障时，经与用户沟通，进行故障确认，根据故障现象及故障码、数据流，仪表功率限制指示灯点亮故障应该从电动真空泵本身及其相关线路、保险、继电器等方面进行故障诊断分析。

将故障再现，初步分析故障位置，使用解码器检查故障码和数据流，分析判断故障位置，通过分析判断制定仪表功率限制指示灯点亮故障维修流程，进行制动无助力，仪表功率限制指示灯点亮故障检测与维修。

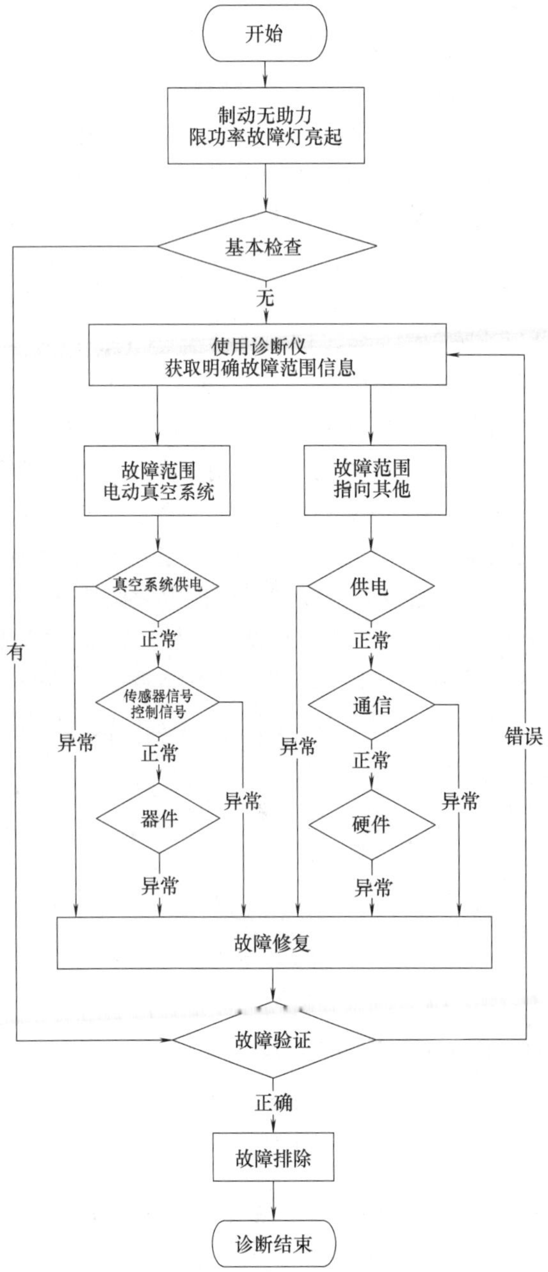

图 7-10　制动无助力故障诊断流程

五、故障检测与修复

下面根据前面分析的诊断流程，完成故障案例——吉利帝豪 EV300 电动汽车制动无助力，限功率故障灯亮起故障的检测、诊断与修复。

第一步，确认故障现象。根据用户描述的故障现象，将点火开关从 ACC→ON→ST 挡，高压启动正常，READY 灯点亮；但挂挡行驶后，仪表限功率指示灯点亮，实地试车后车辆也无法正常提速，且制动无助力，未听见真空泵工作声音。

第二步，连接故障诊断仪。关闭点火开关，将故障诊断仪与车辆诊断口连接。

第三步，启动车辆，使用故障诊断仪进入相关系统模块读取故障码和相关数据流，选择 ESC 模块进入，读取故障码和相关数据流，读取到的故障码为 P004020，电子真空泵故障，C0AD08，真空传感器故障。故障诊断仪读取的相关故障码和数据流，如表 7-4 所示，通过仪表显示的信息和故障诊断仪所读取的信息，初步判断为电动真空泵系统可能出现故障，故障部位可能是保险、线路等，由简易难的故障诊断思路，可以先对电动真空泵电路进行检查。

表 7-4 故障码及数据流情况

系统模块	能否进入	故障码	主要数据流
ESC	能	P004020,电子真空泵故障	

第四步，确定故障范围。根据故障诊断仪的相关故障码和数据流，结合吉利帝豪EV300电动真空泵控制电路图，确定故障范围电动真空泵及其相关线路、保险、插接器、继电器等。

第五步，故障范围检测与测量，检测步骤及测量，如图 7-11 所示。

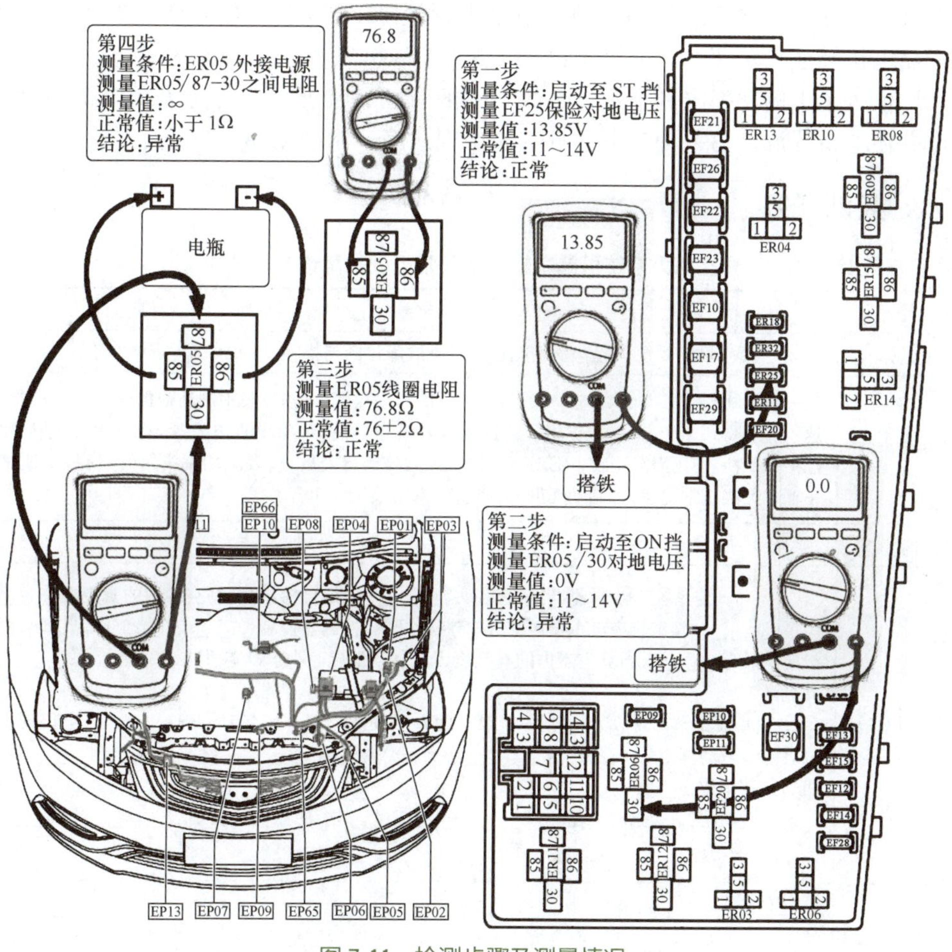

图 7-11 检测步骤及测量情况

第六步，故障点确认。经检查发现电动真空泵继电器触点损坏，元件损坏。

第七步，故障排除及验证。更换同型号继电器。启动车辆，真空泵正常工作，使用故障诊断仪进行故障码和数据流的读取，ESC 模块显示无故障码，确认故障已排除。

六、故障机理

本故障案例的故障机理是，真空压力传感器检测真空管路压力值并将真空压力信号传递给 ESC，ESC 根据压力值的变换控制真空泵继电器的吸合与断开，从而来控制真空泵的工作情况。当真空压力传感器或电动真空泵出现故障，系统为保证车辆行车安全，将采取限功率行驶，同时 ESC 认为电动真空泵出现故障，将信号传递给 BCM，BCM 再将信号传给仪表，仪表会显示限制功率指示灯。

七、案例小结

（1）电动真空泵出现故障，行驶时加速踏板踩到底车速最高到 30km/h，仪表功率限制指示灯点亮，没有听到电动真空泵工作的声音。

（2）电动真空泵出现故障制动系统没有助力，只是靠人给的力量制动，车速过高会出现安全事故，这是非常危险的，电动真空泵出现故障 BCM 会将信号传递给 VCU，VCU 将会限制电机转速和车速，使电机转速和车速在 30km/h 以内。

（3）仪表盘上的功率限制指示灯点亮，一般有两种情况，一种是表示电机温度太高，须停车并使电机降温，另一种是电动真空泵出现故障，制动无助力。

八、实训任务

实训任务 15　　真空助力系统引起车辆不能正常行驶故障诊断与排除

<table>
<tr><td>姓名</td><td></td><td>班级</td><td></td><td>学号</td><td></td><td>日期</td><td></td></tr>
<tr><td>任务名称</td><td colspan="5">真空助力系统引起车辆不能正常行驶故障诊断与排除</td><td>成绩</td><td></td></tr>
<tr><td>任务描述</td><td colspan="7">一辆吉利帝豪 EV300 纯电动汽车，用户反映启动车辆，车辆行驶中制动踏板踩下去比较费力，车速仪表最高到 30km/h。根据用户的描述故障现象，经技师上电查看发现，将点火开关从 ACC→ON→ST 挡，高压启动正常，READY 灯点亮；但挂挡行驶后，仪表限功率指示灯点亮，实地试车后车辆也无法正常提速，且制动无助力，未听见真空泵工作声音</td></tr>
<tr><td colspan="8">一、信息收集</td></tr>
<tr><td>1. 诊断基础</td><td colspan="7">① 电动真空系统工作原理，当车辆启动，________开始自检，如果真空罐内的真空度________设定值，________输出相应电压值至 ESC 控制器，ESC 控制器控制________开始工作；当真空度达到设定值后，________；当真空罐内的真空度因此制动消耗而小于设定值时，电动真空泵________，如此循环
② 电动真空泵出现故障，________没有助力，只是靠________制动，车速________会出现安全事故，因此，电动真空泵出现故障，________会将信号传递给________，VCU 将会限制________，使电机转速和车速在________以内
③ 车辆出现制动无助力是由于________造成的，其中的原因主要有：________及其________，________及其________，________等</td></tr>
<tr><td>2. 绘制真空助力系统电路简图、标注插接器位置图和针脚图</td><td colspan="7"></td></tr>
</table>

续表

<table>
<tr><td>3. 综合分析故障原因</td><td colspan="5"></td></tr>
<tr><td>4. 制定诊断流程图</td><td colspan="5"></td></tr>
<tr><td colspan="6">二、任务准备</td></tr>
<tr><td rowspan="3">1. 车辆预检</td><td>车辆 VIN 码</td><td colspan="2"></td><td>车辆型号</td><td></td></tr>
<tr><td>车辆外观</td><td colspan="2">□正常 □划痕 □破损</td><td>损伤情况</td><td></td></tr>
<tr><td>车辆内饰</td><td colspan="2">□正常 □划痕 □破损</td><td>损伤情况</td><td></td></tr>
<tr><td rowspan="9">2. 安全防护</td><td>场地警戒与检查</td><td colspan="4">□隔离栏 □警示牌 □灭火器</td></tr>
<tr><td>检查项目</td><td colspan="2">状态记录</td><td colspan="2">处理方案</td></tr>
<tr><td>安全帽</td><td>□正常</td><td>□破损 □脏污 □过期</td><td colspan="2">□更换 □维修 □清洁</td></tr>
<tr><td>护目镜</td><td>□正常</td><td>□破损 □脏污 □过期</td><td colspan="2">□更换 □维修 □清洁</td></tr>
<tr><td>绝缘手套</td><td>□正常</td><td>□破损 □脏污 □过期</td><td colspan="2">□更换 □维修 □清洁</td></tr>
<tr><td>绝缘鞋</td><td>□正常</td><td>□破损 □脏污 □过期</td><td colspan="2">□更换 □维修 □清洁</td></tr>
<tr><td>绝缘工具套装</td><td>□正常</td><td>□破损 □脏污 □过期</td><td colspan="2">□更换 □维修 □清洁</td></tr>
<tr><td>绝缘垫外观</td><td>□正常</td><td>□破损 □脏污 □过期</td><td colspan="2">□更换 □维修 □清洁</td></tr>
<tr><td>绝缘垫检测</td><td colspan="2">绝缘阻值</td><td colspan="2">□更换 □维修</td></tr>
<tr><td colspan="6">三、故障诊断</td></tr>
<tr><td rowspan="5">1. 故障现象</td><td>故障描述</td><td colspan="4"></td></tr>
<tr><td>仪表故障灯</td><td colspan="4">□无 □有：</td></tr>
<tr><td>故障码</td><td colspan="4">□无 □有：</td></tr>
<tr><td rowspan="2">故障相关数据流</td><td>1</td><td colspan="3"></td></tr>
<tr><td>2</td><td colspan="3"></td></tr>
<tr><td rowspan="2">2. 故障分析</td><td>故障原因分析</td><td colspan="4"></td></tr>
<tr><td>故障可能的部位</td><td colspan="4"></td></tr>
</table>

续表

3. 检测流程	小组分工	主操作员		记录员		
		安全员		汇报员		
	步骤	检测项目	测量条件及方法	测量值	正常值	结果
	1					□正常 □异常
	2					□正常 □异常
	3					□正常 □异常
	4					□正常 □异常
	5					□正常 □异常
	6					□正常 □异常
四、故障点确认及排除方案						
故障确认			维修方案	□更换 □维修 □调整		
教师确认				教师签字：		
五、故障验证						
故障 修复验证	故障现象					
	仪表故障灯	□无 □有：				
	故障码	□无 □有：				
	相关数据流	1				
		2				
六、任务评价						
自我评价	基本技能和关键技能是否掌握？		任务目标是否实现？效果如何？		给自己打分	
小组评价	基本技能和关键技能是否掌握？		任务目标是否实现？效果如何？		给他(她)打分	
	小组评价人员：					
工单评价	教师签名：					
整体评价	整体评价＝(10％自评＋10％小组评＋80％教师评价)					
教师签名：						

附录

吉利帝豪EV车型缩略语

英语缩略语	中文说明	英语缩略语	中文说明
A/C	空调	ESCL	电子转向柱锁控制模块
ABS	制动防抱死控制系统	EPS	电子助力转向系统
AC	空调控制模块	EPB	电子驻车制动系统
ACU	安全气囊控制模块	FL	左前玻璃升降防夹模块
ACM	辅助控制模块	FR	左后玻璃升降防夹模块
AV	影音娱乐系统	FR、RR	前、后
BCS	车身控制系统	HVAC	电动空调控制模块
BCM	车身控制模块	HECU	液压电子控制单元
BMS	电池管理系统	GSM	电子换挡器
BRC	制动控制系统	IP（Cluster）	组合仪表
CAN	总线通信系统	LIN	串行通信系统
CCS	定速巡航系统	LH、RH	左、右
CO	冷却系统	LT	照明系统
DC/DC	高压转换器	P/S	动力转向
DI	驾驶员信息系统	TCU	减速器控制器
DLC	故障诊断接口	TEM	远程监控
EBD	电子制动力分配系统	PAID	倒车雷达模块
ED	电路图	PEPS	无钥匙进入、启动控制模块
ESC	电子稳定控制系统	PG	电源、接地、电路元件
SB	座椅安全带	PS	动力转向系统
SC	起动和充电系统	PTC	暖风制暖温控系统
SE	座椅	PEU	电机控制器
SOC	动力电池电量	SAS	方向盘转角传感器
SRS	辅助约束系统	STC	转向控制系统
SSB	一键启动开关	VSS	车速传感器
VCU	电动汽车整车控制器	T—BOX/E—CALL	紧急救援系统
TPMS	胎压监测系统	TPS	节气门位置传感器
4WD	四轮驱动系统	RCM	后摄像头模块
OBC	车载充电机	RLS	雨量光线传感器
OBD	故障诊断接口	HCO	动力电池冷却系统
CMP	凸轮轴位置传感器	HCU	混合动力汽车整车控制器
AVM	全景影像	IMMO	发动机防盗系统控制模块
ALT	发电机		

参考文献

[1] 徐利强，李平，张瑞民. 纯电动汽车故障诊断与排除 [M]. 北京：机械工业出版社，2021.

[2] 周欢，雷波，李永富. 新能源汽车综合故障诊断 [M]. 长春：吉林大学出版社，2021.

[3] 刘福华，康朝国. 新能源汽车结构原理与检修 [M]. 北京：中国轻工业出版社，2021.

[4] 徐嘉炯，谢敬武，龚源. 纯电动汽车综合故障诊断 [M]. 天津：天津科学技术出版社，2021.

[5] 吴书龙，周佩锋，吴红霞. 汽车电路分析与线路测量 [M]. 上海：同济大学出版社，2017.

[6] 姜丽娟，张思扬. 新能源汽车故障诊断 [M]. 北京：机械工业出版社，2018.

[7] 何泽刚. 纯电动汽车常见故障诊断与排除 [M]. 北京：机械工业出版社，2018.

[8] 谭婷，董隆，吴春燕. 新能源汽车电气技术 [M]. 上海：同济大学出版社，2020.

[9] 严朝勇. 纯电动汽车故障诊断与维修 [M]. 青岛：中国石油大学出版社，2018.

[10] 林程. 电动汽车工程手册：纯电动汽车整车设计 [M]. 北京：机械工业出版社，2020.

[11] 付善华，赵荣. 工匠精神 [M]. 上海：同济大学出版社，2017.

[12] 柳薇，张宝生. 职业素养 [M]. 上海：同济大学出版社，2017.

[13] 刘静文，陈朝阳，张建伟. 新时代劳动教育 [M]. 天津：天津科学技术出版社，2021.